아임 in
들기 · 말하기 평가 대비 청크 훈련서
I'm in Chunk Listening
청크 리스닝

저자

정동완
김해외국어고등학교 영어 교사
경상남도 외국어 영재교육원 강사
영어 영재 수업 관련 강의 다수

윤동주
내동중학교 영어 교사
국제학교 국제교류 프로그램 운영
지역 연합 학력 향상프로그램 심화반 강사

강현지
거창중학교 영어 교사

아임 in 청크 리스닝 Level 1
I'm in Cunk Listening

저자 | 정동완, 윤동주, 강현지
초판 1쇄 인쇄 | 2011년 9월 26일
초판 2쇄 발행 | 2012년 7월 16일

발행인 | 박효상

책임 편집 | 강성실
편집 | 모희진, 이종만
디자인 | 손정수, 윤영선
영업 | 이종선, 이태호, 이전희
조판 | 양정희

출판등록 | 제10-1835호
발행처 | 사람in
주소 | 121-839 서울시 마포구 서교동 378-16번지 4F
전화 | 02) 338-3555(代)   팩스 | 02) 338-3545
E-mail | saramin@netsgo.com
Homepage | www.saramin.com

:: 책값은 뒤표지에 있습니다.
:: 파본은 바꾸어 드립니다.

ⓒ 정동완, 윤동주, 강현지 2011

ISBN 978-89-6049-266-0 18740
      978-89-6049-265-3 (set)

사람이 중심이 되는 세상, 세상과 소통하는 책 **사람in**

기획편집 1팀_강성실, 모희진, 이종만 | 기획편집 2팀_임수진, 김효주 | 단행본팀_강현옥, 오혜령
디자인팀_손정수, 윤영선 | 마케팅_이종선, 이태호, 이전희 | 디지털사업부_강현승 | 관리_남채윤

정동완 · 윤동주 · 강현지 지음

Preface

영어교육을 전공하고 카투사로 군복무를 시작하기까지 저는 제 스스로가 영어를 어느 수준 이상으로 잘한다고 생각했습니다. 하지만 군 생활을 하면서 미군 병사와 단 한 문장도 온전하게 주고받지를 못하는 제 모습에 큰 충격을 받게 되었고 현기증을 느끼기까지 했습니다. 그때까지 저는 실생활에서 쓸 수 없는 영어를 하고 있었던 것입니다. 그때 느꼈던 현기증은 아마 막혀있던 체증과 문제를 깨닫게 된 통찰의 반응이었을 것입니다.

이렇게 카투사로 군복무를 하면서 영어 학습에 대한 감춰진 비밀을 알게 되었습니다. 영어 단어는 음식 재료와 같고, 영어 문장과 청크 표현은 반찬이나 요리와 같다는 것이었습니다. 음식 재료만 가지고서도 기본적 생활을 하고 먹고 살 수 있듯이, 단어만 가지고도 살기 위한 영어를 구사하는 것은 가능합니다. 하지만 음식 재료를 두고 요리라고 하지 않듯이 단어만을 늘어놓은 것을 보고 영어를 잘한다고 하지는 않습니다.

어학연수를 받았거나 국내에서 학습한 분들 중에 영어를 잘하는 친구들이 있을 것입니다. 영어로 말하는 속도가 빠르고 유창하죠. 부러울 것입니다. 본인도 모르게 영어를 덩어리로 먹고 사용하여 생긴 결과라 생각됩니다. 하지만 이분들 또한 본인이 주로 쓰는 표현만 계속 반복하여 쓰고 있다는 것을 발견하게 됩니다. 다양한 표현보다는 본인이 자주 접하는 표현 위주로 사용한 결과입니다. 다양한 요리, 즉 다양한 의미 덩어리를 접하지 않은 결과입니다.

본 교재는 청크(의미 덩어리) 단위로 영어를 듣고 이해하여 영어식 사고의 향상을 돕는 듣기 교재입니다. 또한 영어 교사들의 영어 실력 향상 비법을 그대로 옮겨 담은 훈련서이기도 합니다. 대부분의 기존 학습법이 영어를 단어로 접근하고 있는 실정인데, 단어는 영어 학습에서 정말 중요하지만 단어로만 접근해서는 영어 구사 능력이 절대 발전하지 못합니다.

이 교재를 통해 진정한 영어를 즐기는 학습자를 만들고자 합니다.

1. 단어 중심 사고에서 의미의 기본 단위인 청크(의미 덩어리)를 익히게 한다.
2. 청크를 반복하여 익힌 후 말하게 함으로써 영어의 맛을 알게 한다.
3. 중·고등학교 교육청 듣기 평가 자료를 훈련의 소재로 활용함으로써 영어를 제대로 접근해야 하는 학습자들의 실제 필요성(영어 듣기 성적 향상)을 동시에 얻게 한다.
4. 교육청 듣기 평가 전략을 안내하고 적용하게 함으로써 청크(덩어리) 영어와 함께 시너지 효과를 거두게 한다.

고등학교 자료 준비 및 개발을 담당해주신 노혜원, 최정민, 안성은 선생님
중학교 자료 준비 및 개발을 담당해주신 윤동주, 강현지 선생님
원어민 감수해주신 Glenn Scott, Brandon Cates

1, 2, 3차 아이디어 제인 및 교재의 밑바당을 마련해 준 김해외국어고등학교 학생
왕은정, 권은정, 전현준, 정다원, 양곤, 이선주, 박유진, 한경원, 최지선, 전주원
마지막 검토에 학습자로서 좋은 의견 및 내용 감수를 해준 김해외국어고등학교 학생
서수민, 이가영, 김사라, 이경연, 여진영, 안희준, 정은원, 박지혜, 김은진, 김지수, 전버들
일반고 및 외국어 영재원 학생으로 교재 감수에 수고해준
여동규, 김대영, 유현우, 이승민, 노용욱, 송윤성, 이지혜, 강하은, 정은미, 강지혜, 김대연, 류화동,
박종도, 이장동, 박미정, 류석현, 박소영, 김아현, 이새결, 하진명, 김규리, 양진, 손현정,

텍스트를 물결로 표현해 주신 인제대학교 컴퓨터 공학과 홍정수, 허승언님

선생님과 학생들의 적극적인 참여와 희생이 없었다면, 저희들의 생각은 또 그냥 생각으로 그쳤을 것
입니다. 정말 감사합니다.

정동완

이 책의 구성 및 특징

STRATEGIC LISTENING

Mission Question

교육청 듣기 평가 기출문제들을 유형별로 정리하고 그 중에서 보편성을 가지는 문제들을 엄선, 제공하여 향후 실전에서 접하게 될 문제에 적응력을 200% UP한다!

STRATEGIC LISTENING

각 유형별로 준비된 세부 전략을 듣기 단계별로 꼼꼼히 익힌 후에, 듣기 풀이에 실제 적용하여 하향식(Top-Down Process) 정보처리를 가능하게 한다.

CHUNK LISTENING

Pronunciation

녹음을 듣고 청크에 해당하는 표현중 발음상 헷갈릴 수 있는 부분을 정확하게 구분하는 능력을 키우는 훈련 파트이다.

Chunk Training

대본을 보면서 녹음을 듣고 강세가 느껴지는 부분, 끊어지는 부분을 짚어내는 능력을 키우는 훈련으로 의미 덩어리를 잡아내는 청킹 능력을 강화하는 효과가 있다.

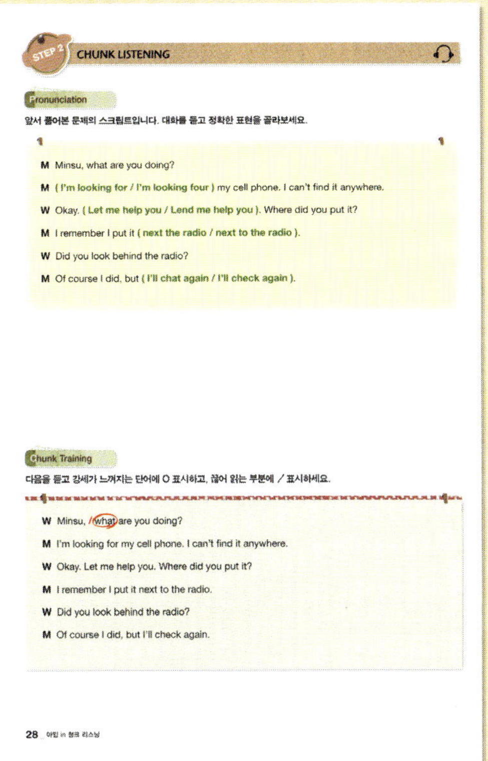

Chunk List

문제에서 제시된 핵심 청크를 반복해서 따라하고 본인 것으로
체득하는 과정으로 단어를 반복해서 암기하는 것보다 내용 중심
의 청크를 늘려가는 훈련 파트이다.

Intonation

눈으로 강세와 끊어 읽기, 연음을 보면서 말하기 훈련을 반복함
으로써 영어식 사고를 강화하고 영어 듣기 & 말하기에 세련됨을
가미한다.

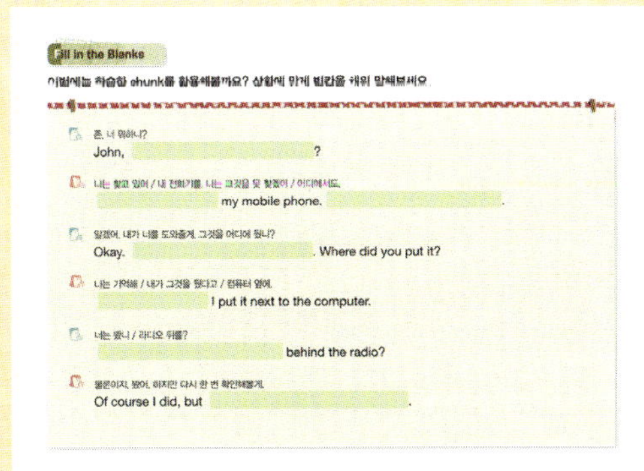

Fill in the Blanks

청크를 실제로 사용해보는 단계로, 우리말을 먼저 읽고 여기에
해당되는 청크를 떠올려서 빈칸을 채워 직접 말해보는 청크 훈
련의 마무리이다. 이 정도까지 단계별 훈련을 성실히 마치면 이
번 미션에서 제시된 청크들은 모두 학습자의 것이 된다.

목차

아임 in 청크 리스닝 Level 1

Section 01

Chunking과 전략 활용 듣기

Why Chunk Training

1. 영어는 국어와 어순이 달라, 학습하는 데에 많은 어려움이 있어요.

이유 국어와 영어는 다른 부모를 가지고 있는 다른 언어예요.

대책 무엇이 다른지를 알아야 합니다. 국어는 '나는(주어) 밥을(목적어) 먹으러 간다(동사)'의 순서라면, 영어는 'I(주어) am going to go(동사) to eat(목적어)'로 순서가 다르죠. 이와 같은 다름을 이해하기 위해 어법이라는 것을 학습하죠. 하지만 영어식 사고에 익숙해지기 위해 노력해야지 머릿속으로 이해하는 것으로는 부족해요. 본 교재의 청크 익숙해지기 활동을 통하면 영어식 사고에 손쉽게 다가가 학교 시험은 물론 영어학습에 대한 근본적인 대책을 세울 수 있을 거예요.

2. 외워야 할 단어가 많고, 읽고 듣고 말하기를 할 때 국어보다 심하게 느리죠.

이유 정보 처리를 느리게 하는 원인은 단어 중심으로 영어를 접근하기 때문입니다.

대책 단어 중심 학습에서 청크(최소 표현단위, 의미단위) 학습으로 전환 해야 합니다. 말 잘하는, 듣기 잘하는 친구가 부러웠나요? 청크 학습으로 기존의 단어 학습법에서 벗어나면 영어식 사고의 폭을 넓히는 아주 운명적인 만남을 갖게 될 거예요.

3. 낱개의 단어와 표현은 들었는데, 전체적으로 무엇을 말하고자 하는지 파악하기 어려워해요.

이유 단어와 표현만 들어서는 전체적인 파악이 어렵습니다. 이것은 나무는 보는데 전체 숲이 어떻게 생겼는지 파악을 못하는 것과 같은 상황이에요.

대책 대화와 말하기에는 목적이 있고, 형식이 있는데, 그것이 하나의 약속이에요. 그 약속을 아는 것을 전략이라고 부르는데, 이 책을 통해 듣기 전략을 세우고 적용하는 연습을 할 거예요. 듣기 점수의 향상이 눈앞에 보일 거예요. 전략을 먼저 익히세요. 그리고 전략을 활용해서 들으세요!

> 본 교재는 여기 세 가지 문제를 동시에 해결할 방법을 다루고 있습니다. 꼭 외국에 나가서 살지 않아도 영어를 학습의 대상이 아닌 하나의 언어로 접하게 되는 방법, 즉 Chunk(의미 덩어리)를 인식하며 읽고, 듣고, 쓰고, 말하는 것을 익히게 될 것이며, 전략을 세워 듣고 말하는 바를 정확하게 이해할 수 있게 될 것입니다.

1단계 발음 및 글자의 식별(Discriminating between sounds and spellings)

청자의 귀에 들어오는 연속된 소리의 흐름을 [p, f, l, r, w, e, b, v …]처럼 구분하여 인지하는 과정으로 귀와 눈으로 보고, 듣는 수준입니다. 어린 아이들이 소리와 철자에 익숙해지도록 사람들의 대화 소리에 노출시키는 것도 식별 능력을 가지게 하려는 것이죠.

2단계 단어의 인식(Recognizing words)

"In case you can't answer it, ask him about it."이라는 연속된 소리의 흐름을 듣고 이를 case, can't, answer, ask처럼 개별 단어로 인식하는 단계로 보통의 중·고등학생, 영어를 시작하는 단계의 학습자들이 이 수준의 듣기, 말하기, 읽기를 합니다. 대부분 word by word 방식의 정보 처리로 이해 속도가 늦어서 읽기, 듣기에 어려움을 겪는 그런 단계입니다.

본 교재는 1~2단계를 뛰어 넘어 다음에서 설명하는 3~4단계의 영어 학습으로 여러분을 안내하는 국내 최초의 청크 훈련서입니다.

3단계 청크 단위의 인식(Identifying groupings of words)

연속된 소리의 흐름을 단어 단위로 인식할 수 있다고 하여 이 소리의 흐름을 온전하게 이해하는 것은 아닙니다. 여기에는 단어와 단어 사이에 의미가 통하도록 하는 grouping 과정이 필요하지요. 앞의 예문에서 'In case', 'you can't answer it', 'ask him', 'about it' 각각을 하나의 최소 의미단위(sense group)로 인식하고 받아들여야 합니다. grouping은 영어식 사고를 위한 필수 과정으로, 문법, 구문, 연어 등에 관한 지식이 필수적으로 동반돼야 합니다. "word by word"에서 "phrase by phrase" 청자로 거듭나야 하는데, 듣기 훈련 과정에서 의식적으로 청크를 인식 하면서, 다독과 다청을 통해 영어의 다양한 의미 덩어리(chunk/sense group)들을 충분히 습득하게 되면 "phrase by phrase" 단계로 누구나 올라설 수 있습니다. 이것이 청크 단위 인식을 기본으로 하는 영어식 사고의 핵심입니다.

4단계 문맥과 배경지식을 활용하여 예측하고 이를 확인하기

위에서 설명한 바와 같은, 청크 단위를 인식하며 듣는 수준에 도달하면 기존 단어식 접근보다 듣기 속도가 향상됩니다. 내용 이해의 속도가 향상될 때, 이제는 관심을 대화의 틀로 돌려봅니다. 모든 대화에는 일정한 틀이 존재하며, 이 틀을 이해하는 것이 전략입니다. 이를 하향식(top-down)이해라고 부르며, 이미 알고 있는 배경지식을 총동원하여 문제에 제시된 그림이나 선택지, 도표 등을 미리 살펴본 후 녹음에서 듣게 될 것에 대해 예측(guessing)하고 확인(confirming)하여 내용에 대한 이해를 깊고 빠르게 할 수 있게 합니다. 중요 내용을 기억하기 위한 전략을 유형별로 갖추고 있어야 하며, 강세와 리듬을 숙지하여 말하는 사람의 진의를 파악하는 것이죠. 무슨 목적으로 어떻게 말하는가를 아는 것이 대화의 핵심이고, 듣기 문제의 출제 의도입니다. **청크로 듣기 속도를 향상시키고, 전략으로 대화의 핵심 내용을 파악하세요.**

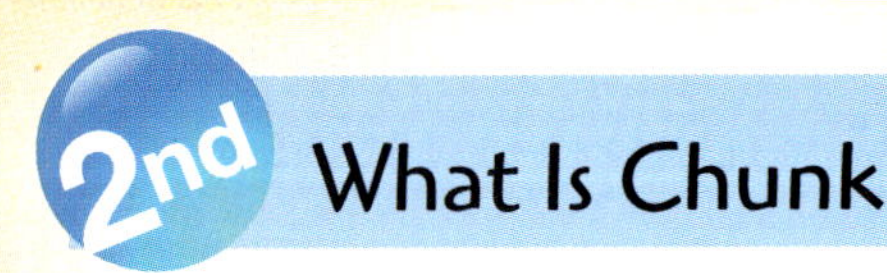

What Is Chunk Training

청크는 무엇인가?

1. 여러 가지 이름의 청크 의미단위(sense group), phrase by phrase, '내용어'(content words), 의미단락(thought group), 의미 덩어리 단위(thought group; chunk; cluster)라는 이름을 가지고 있습니다. 문법을 이용해 쉽게 시각화할 수도 있습니다. 본 교재는 '듣기 & 말하기 훈련서'이므로 발음 중심 청크와 표현 중심 청크를 중심으로 학습할 것입니다.

2. 발음 중심 청크 효과적인 의사 전달을 위하여 한 청크(의미 덩어리) 또는 여러 개의 의미 덩어리를 단락 지어 끊어 읽는데, 화자의 말하는 속도, 또는 강조하고자 하는 바에 따라 끊어 읽는 위치는 다를 수 있지만 그 속에는 일반적인 규칙이 있습니다. 의미 덩어리로 끊어서 읽거나(/) 숨을 쉬고 읽으며(//), 억양과 박자를 맞춰야 합니다.

3. 표현 중심 청크 청크는 다양한 표현 양식으로도 나타나는데, 연어(collocations)와 숙어(idioms)가 대표적인 표현 중심 청크입니다. 예를 들면 'I was wondering if'와 'all the best' 등이 있습니다. 대화 연결어(discourse markers)인 'as I was saying' 또는 'as far as I know'도 필수적으로 익혀야 할 표현 중심 청크입니다.

좀 이해가 안되시죠? ^^ 자세한 것은 뒷부분에 제시되니, 긴장 타시고 대기~!

청크의 특징은?

청크(생각 뭉치)가 연속되는 것을 암시하는 방법에는 두 가지가 있습니다.

1. 대부분의 생각 뭉치는 명사로 끝납니다. 생각 뭉치의 끝을 약간 올리면 다음 생각 뭉치가 계속 이어짐을 암시하므로, 생각 뭉치의 끝을 강세를 주면서 약간 올리다가 문장의 마지막에서는 푹 내립니다.

2. 연음법칙이 적용되는 전치사 in, on, at, into, of 등은 명사 앞이나 동사 끝에 약하게 붙여서 빠르게 읽어 다음에 생각 뭉치가 계속됨을 암시합니다.

3. 영어를 Chunk 단위로 인지하지 못하면 회화(독해)력이 향상되지 않습니다. 덩어리로 읽으면 분당 2–3배 정도 많은 단어를 처리할 수 있습니다.

How to Practice Chunking

청크를 인지하는 방법에는 크게 문법을 이용한 청킹, 발음을 이용한 청킹, 표현을 이용한 청킹, 이렇게 세 가지 방식이 있습니다.

1. 문법을 활용한 Chunking으로 스크립트(script)를 청크 단위로 인식해 자주 대화하듯이 읽으세요.

〈Chunk 분리 일반 법칙〉

아래 문장을 / 표시에서 끊어 읽어 보세요. 끊어진 부분 중에 굵은 글씨로 표시된 부분들이 청크(의미 덩어리)예요.

A. 긴 주어

  1. **A very pretty red rose** / is in the vase.

  2. **To love one's country** / is easy.

  3. **That he is a genius** / is generally admitted.

  4. **Making much money** / is not the end of life.

B. 긴 보어, 또는 긴 목적어

  1. The question is / **how to live**.

  2. That is / **what I have been looking for**.

  3. I thought / **that he was smart**.

  4. I don't know / **how to solve the problem**.

  5. I didn't think / **it would be rainy yesterday**.

C. 명사 형용사구

  1. She is the girl / **from our home town**. (청크를 올바르게 인식한 경우)

  2. She is / **the girl from our home town**. (청크를 잘못 인식한 경우)

  3. Tell me the story / **about Romeo and Juliet**. (청크를 올바르게 인식한 경우)

  4. Tell me / the story **about Romeo and Juliet**. (청크를 잘못 인식한 경우)

D. (4, 5형식에서) 긴 목적어

  1. He gave me / **a very important information**.

  2. I make it a rule / **to take a walk every night**.

  3. I think it natural / **that we should be free**.

E. 부사구, 부사절, 독립부정사

1. **After he finished the work** //, he went out / **for dinner**.

2. I waited / **until he finished the work**.

3. **Once upon a time**, / there lived a foolish king.

4. Read many books / **in order that you may succeed**.

5. **To make matters worse**, / it began to rain.

F. 관계대명사, 관계부사

1. She is not a man / **who tells a lie**.

2. This is the house / **in which my uncle lives**.

3. Tell me the place / **where you will go**.

4. a. Do you know the day / **when he was born**?

   b. **The day when he was born** / is quite unknown.

5. a. This is the woman / **whom I saw at the station**.

   b. **The man whom I saw at the station** / is my father.

G. 진주어, 진목적어

1. It is certain / **that she is rich and smart**.

2. It is impossible / **for me to swim across the river**.

3. It is kind of you / **to teach me English**.

4. It is no use / **crying over spilt milk**.

H. 접속사, 생략된 부분

1. My father is a soldier; // **My sister** / (is) a teacher.

2. He went there to speak; // **others** / (went there) to listen.

3. Some books are to be tasted, // **others** / to be swallowed, // **and some few** / to be chewed and digested.

4. John attended the meeting, // **but Smith didn't**.

5. Not only the boss // **but also the workes** / wish for a holiday.

I. 삽입어, 도치, 호격

1. New York /, **as every body knows**, / is a large city.

2. You are, / **to tell the truth**, / afraid of the dog.

3. I cannot, / however, / approve of your idea.

4. This book, **I think**, / is for you.

5. Come here, **Mary**, / and take this.

1) 한국어는 syllable-timed language

한국어는 각 음절이 가지는 음가를 하나하나 인지하는 언어이며, 한국어가 아닌 다른 언어를 말할 때에도 단어마다 끊어서 발음하는 경향이 있습니다.

```
I                                    / travel   /monthly.
아이                                  / 트래블    / 몬쓸리
                         ((ㅌ)ㅊ퉤버으(ㄹ))  몬/먼쓸리


I            / have  /  to   / travel  / monthly.
아이          / 해브   /  투   / 트래블  / 몬쓸리
             (해f)        (투/터)  ((ㅌ)ㅊ퉤버으(ㄹ))  몬/먼쓸리


I  /  will  / have  /  to   / travel  / montly.
아이 /  월   / 해브   /  투   / 트래블  / 몬쓸리
                (해f)    (투/터) ((ㅌ)ㅊ퉤버으(ㄹ))    몬/먼쓸리
```

2) 영어는 stress-timed language

영어는 발음 시 강세가 있는 음절의 수에 따라 시간이 걸리는 언어입니다.

3) 내용어(Content Words)와 기능어(Function Words)

내용어 문장의 의미를 부여하는 단어로 내용 전달의 핵심 요소가 되는 내용어(content words / **강음 strong form**) – 명사, 동사, 형용사, 부사, 지시대명사, 의문사가 있고, <u>발음 시 강세가 오기 때문에 길게 발음</u>

기능어 문법적인 기능 또는 논리관계를 표시하는 단어로 내용어들을 뒷받침해주는 기능어(function words / **약음 weak form**)– be동사, 관사, 전치사, 접속사, 조동사, 대명사가 있고, <u>약하게 발음되어 짧게 발음</u>

4) 기능어(Function Words)

1. 관사

walk of fame → walkof fame
기능어라서 강세가 없고 앞단어에 자연스럽게 붙어서 소리가 납니다. 마치 한 단어처럼.
I have a lot of money. → I have a/ lot of/ money.
여기에서도 부정관사는 앞 단어에 묻어갑니다.
the ship hit an iceberg → the ship hit an/ iceberg

2. 전치사

I have a lot of money. → I havea   lotof   money
이렇게 끊어서 읽으셔야 겠죠?

3. 소유대명사

Did you see the poster saying that our debate club meeting tonight has been moved?
여기서 our는 강세가 거의 없습니다. [au] 정도로 약하게 발음하면 됩니다.

4. 관계대명사

I think that Brad is handsome.(that에 강세 없음)
cf. I don't have that much money. (지시대명사 that에는 강세 있음)

어휘 청크에 관심을 가져야 하는 이유는 문법과 발음을 활용한 청크 확인은 듣기와 말하기를 할 때 총과 같은 역할을 하는 반면, 어휘 청크는 특수 무기에 해당하기 때문입니다. 즉 낱개의 단어가 총알이라 비유했을 때, 어휘 청크는 수류탄과 포격탄과 같이 파괴력(전달력)이 높은 특수 무기이므로 학습자가 꼭 익혀서 내공을 쌓아야 합니다.

1) 연어(Collocations)와 숙어(Idioms)

청크에는 일상적 연어 표현과 숙어 그리고 구어동사 등이 있어요. 아래의 예를 보면서 설명해 드릴께요.

Ⓐ Driving / under the influence of alcohol / is a serious offence.

→ 연어 표현(collocational phrase)으로 직역하면 '아래에서 영향 −의 알코올' 즉 '알코올의 영향 아래에서는' 이라고 낱개의 단어들이 모여 하나의 표현을 형성하는 거예요.

Ⓑ You're not old / and you really should not think / that you're over the hill / at 60.

→ 숙어(idiom)를 낱개의 단어로 쪼개서는 그 의미를 파악할 수 없어요. over the hill은 '(질병 등의) 위기를 벗어나서; 절정기를 지나서, 나이 먹어; (미국 속어) 무단결석한'이라는 의미입니다. 이는 숙어가 낱개의 단어가 모여 새로운 특수 무기가 된 거예요.

Ⓒ The thief made off / with valuable personal possessions / and a great deal of money.

→ made off는 구어 동사(phrasal verb)로 made(만들다)라는 의미와는 전혀 관계가 없는 '(급히) 떠나다, 도망치다'의 의미로 이 또한 멋진 무기로 쓸 수 있는 표현이에요.

2) 일상적 공손 표현(Common polite expressions)

'다음에 봐(See you later)' 혹은 '앉으세요(Take a seat)'는 일상생활에서 자주 쓰이는 청크로 유창함(fluency)을 신장하는 데에 효력이 아주 좋아요. 해외 유학을 다녀온 친구들이 영어 잘하는 것 같죠. 다 이런 일상어가 몸에 체화되어 그런 거예요. 여러분도 이 교재를 통해 일상 청크를 익히면 해외 유학이나 비싼 영어 마을을 다녀온 것과 같은 효과를 얻을 거예요.

> All the best. (작별 · 건배 · 편지 끝맺음 등의 말) 그대에게 행복을.
> See you soon. 다음에 봐.
> Mind how you go! 몸조심하고 잘 지내!
> Have a nice day! 좋은 하루 보내요!
> How do you do? (처음 만난 사람에게) 안녕하세요.

3) 담화 표지어(Discourse markers)

담화 표지어는 구어와 문어, 양쪽 모두에 사용되고 있어요. 뒤에 오는 내용을 연결해주는 역할을 하는데, 뒤에 이어질 내용을 생각하는 시간을 벌거나 힌트를 주거나, 전환을 시키는 거지요. 이미 우리는 '반면에(on the one hand)', '자! 이제 전환을 좀 해보면(turning now to)', '결론은(in conclusion)' 등의 표현을 생활에서 쓰고 있어요. 단어 하나로 담화 표지를 할 수도 있어요. '자, 이제 (now)', '그래서(so)', '사실상(actually)' 그리고 '글쎄(well)'가 그런 것들이지요. 유창성이 높아지려면 담화 표지어를 자주 사용하면 됩니다. 샘을 믿으세요.

> I see what you mean but 당신의 말이 무슨 뜻인지 알겠어요. 그런데
> By the way 그런데
> Sort of 다소, 말하자면
> Mind you 알겠니, 잘 들어.
> You know 알다시피
> Let's see. 자, 어디 보자.

Steps for Chunk Training

"전략과 청크를 알면 영어가 새롭게 보입니다. 다음의 예시 문제를 통해 미리 학습하고, 2장부터 진행하는 청크 & 전략 듣기 활동을 통해 영어 실력 향상을 꾀합니다. 됩니다. 한 달 동안 이 과정을 착실히 따라하고, 반복에 반복을 하면요. 안 되면 저를 욕하세요."

하나의 문제를 크게 3개의 단계로 연습을 할 거예요.

첫 번째, 전략을 익혀 듣기에 적용합니다. 유형별 전략을 꼼꼼히 보시고, 듣기를 하면서 전략을 적용합니다.

두 번째, 청크 익히기 활동입니다. 발음상 헷갈리는 청크를 맞춰보고, 청크를 익히고, 청크 덩어리를 직접 체크하면서 들으며, 청크 덩어리 인식 연습을 하게 됩니다.

세 번째, 청크 말하기 활동입니다. 직접 체크한 것의 답을 확인하면서, 익숙해지기 위해 4~5회 반복해서 듣고, 따라 합니다. 그리고 해석의 빈칸을 보고, 생각나는 청크를 넣어서 직접 말하기를 하면서 영어의 감을 확실히 체화시킬 것입니다. 흥분되고 설렐 거예요. ^^

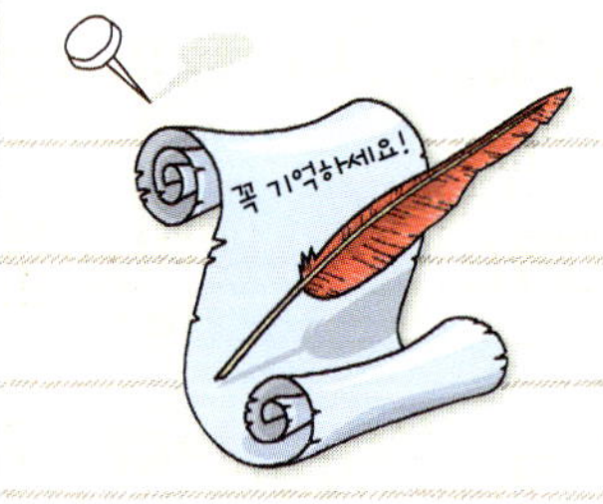

1) 자! 이제 시작합니다. 각 장별 전체 전략을 제시합니다. 가볍게 죽 읽으세요. 각 장마다 제시된 6개의 듣기 문제를 풀 때마다 한 번씩, 총 6번 읽으면 됩니다. 아래는 Chapter 3에서 온 예입니다.

- 각 장별로 유형별 전략을 앞에 실어 전략을 통한 내용 듣기 훈련
- 듣기 전과 듣기 중, 그리고 답안을 찾는 단계별 전략을 제시
- 각 전략을 숙지하고, 총 12과에 걸친 훈련을 통해 초점에 맞춘 듣기 훈련 지향

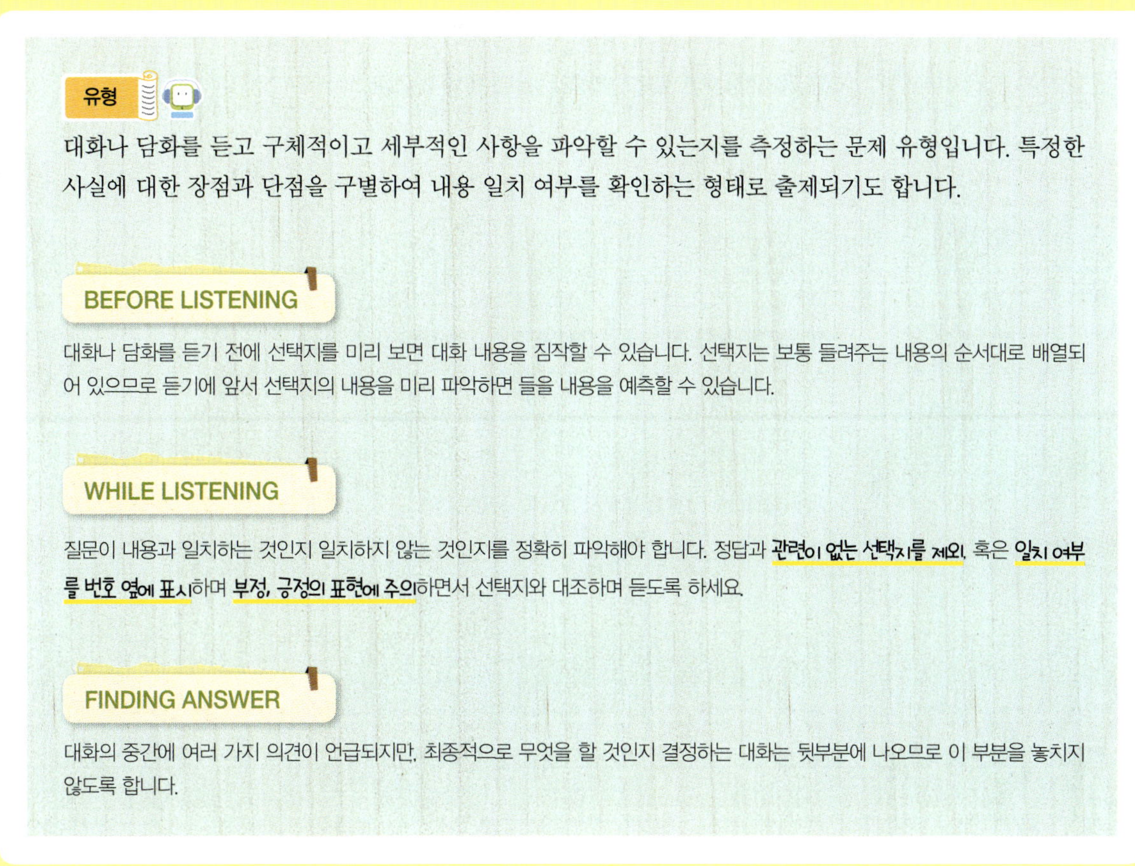

유형

대화나 담화를 듣고 구체적이고 세부적인 사항을 파악할 수 있는지를 측정하는 문제 유형입니다. 특정한 사실에 대한 장점과 단점을 구별하여 내용 일치 여부를 확인하는 형태로 출제되기도 합니다.

BEFORE LISTENING

대화나 담화를 듣기 전에 선택지를 미리 보면 대화 내용을 짐작할 수 있습니다. 선택지는 보통 들려주는 내용의 순서대로 배열되어 있으므로 듣기에 앞서 선택지의 내용을 미리 파악하면 들을 내용을 예측할 수 있습니다.

WHILE LISTENING

질문이 내용과 일치하는 것인지 일치하지 않는 것인지를 정확히 파악해야 합니다. 정답과 관련이 없는 선택지를 제외, 혹은 일치 여부를 번호 옆에 표시하며 부정, 긍정의 표현에 주의하면서 선택지와 대조하며 듣도록 하세요.

FINDING ANSWER

대화의 중간에 여러 가지 의견이 언급되지만, 최종적으로 무엇을 할 것인지 결정하는 대화는 뒷부분에 나오므로 이 부분을 놓치지 않도록 합니다.

2) 이제 MP3 파일을 활용하여 듣기 문제 하나를 풀어봅니다.

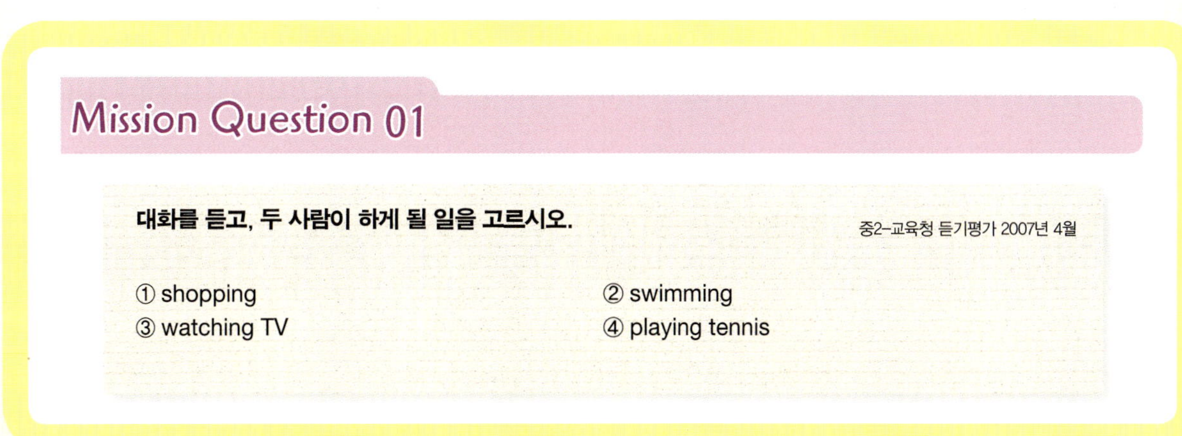

Mission Question 01

대화를 듣고, 두 사람이 하게 될 일을 고르시오. 중2-교육청 듣기평가 2007년 4월

① shopping   ② swimming
③ watching TV   ④ playing tennis

3) 이제 해당 문제 밑에 제시된 전략을 꼼꼼히 살펴봅니다.

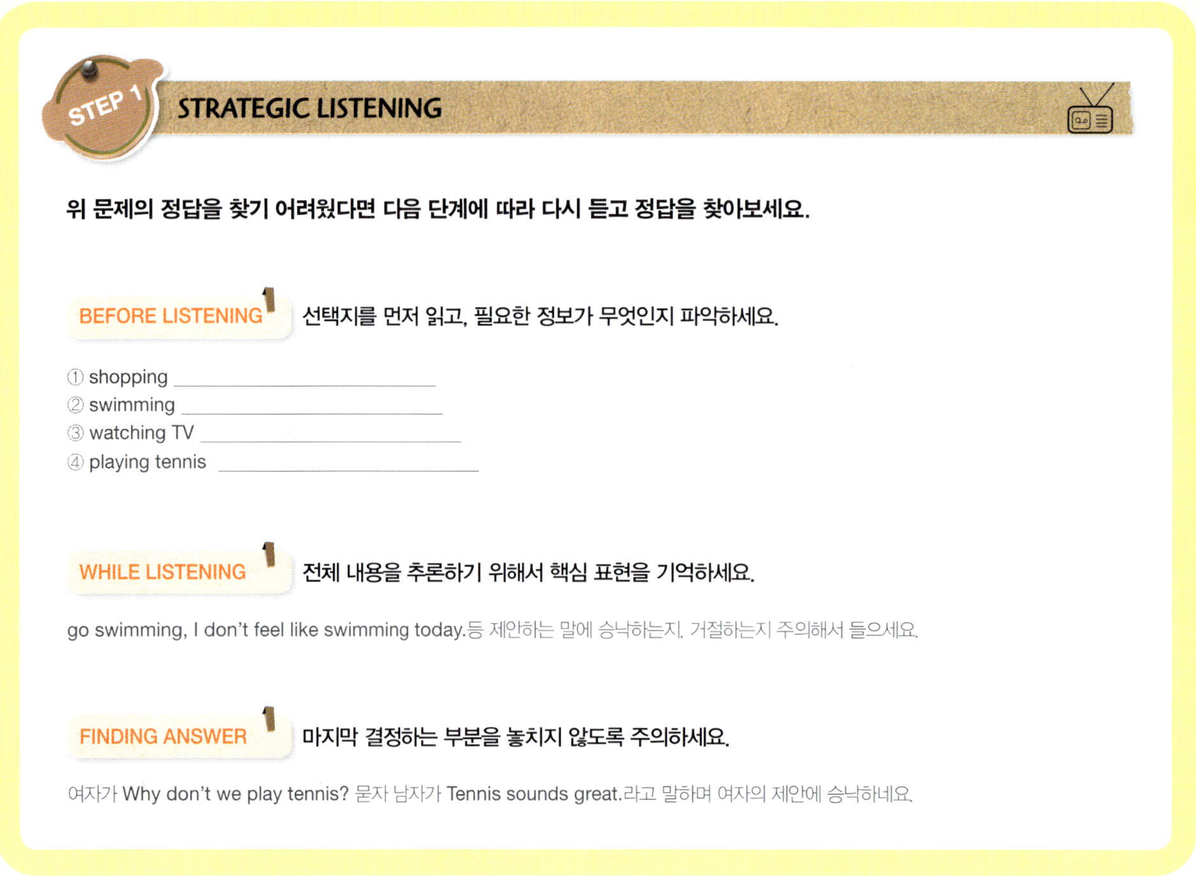

4) 위의 전략을 활용하여 다시 한 번 듣기를 합니다. 뭘 들어야 되는지 생각하면서 들어보세요. 처음엔 잘 안될 것이 에요. 하지만 묵묵히 전체 과를 끝내면 엄청난 내공을 얻게 되니, 이 책 덮으면 그걸로 듣기 훈련은 끝입니다.

5) 2단계 Chunk 듣기 활동입니다. 이제 내용 듣기를 했으니, 하나씩 하나씩 표현 덩어리를 익혀보겠습니다.

2단계 Chunk 듣기 훈련을 위한 미니멀 페어 듣기 과정입니다. 이번에는 들리는 Chunk 표현에 체크를 하면서 들어보세요. 발음이 헷갈리니 집중해서서 Chunk 덩어리를 느껴보세요.

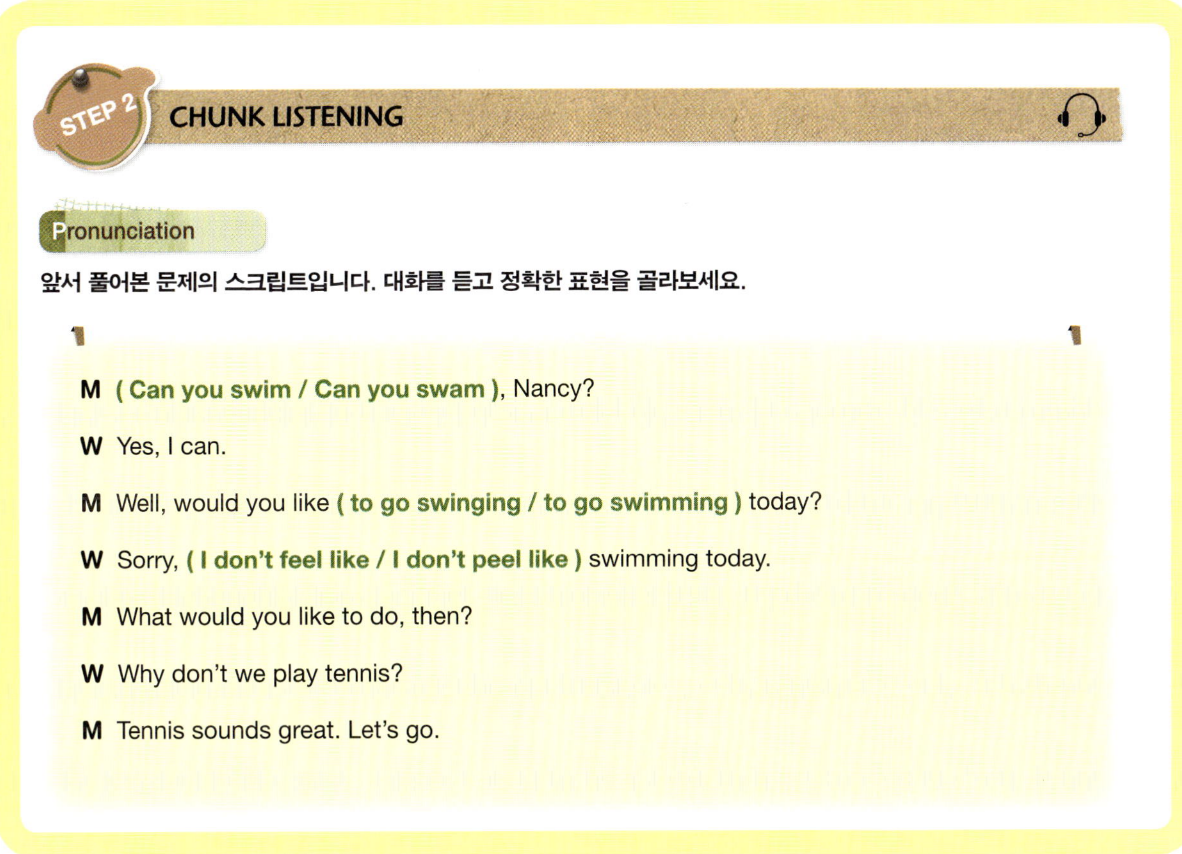

6) 2단계 Chunk 듣기 훈련 (강세에는 동그라미 표시를, 끊어 들리는 부분에는 /를 표시해보세요)

전체 지문을 보면서, 강세를 받는 단어와 끊어 들리는 부분을 표기함으로서 덩어리 듣기 훈련을 함

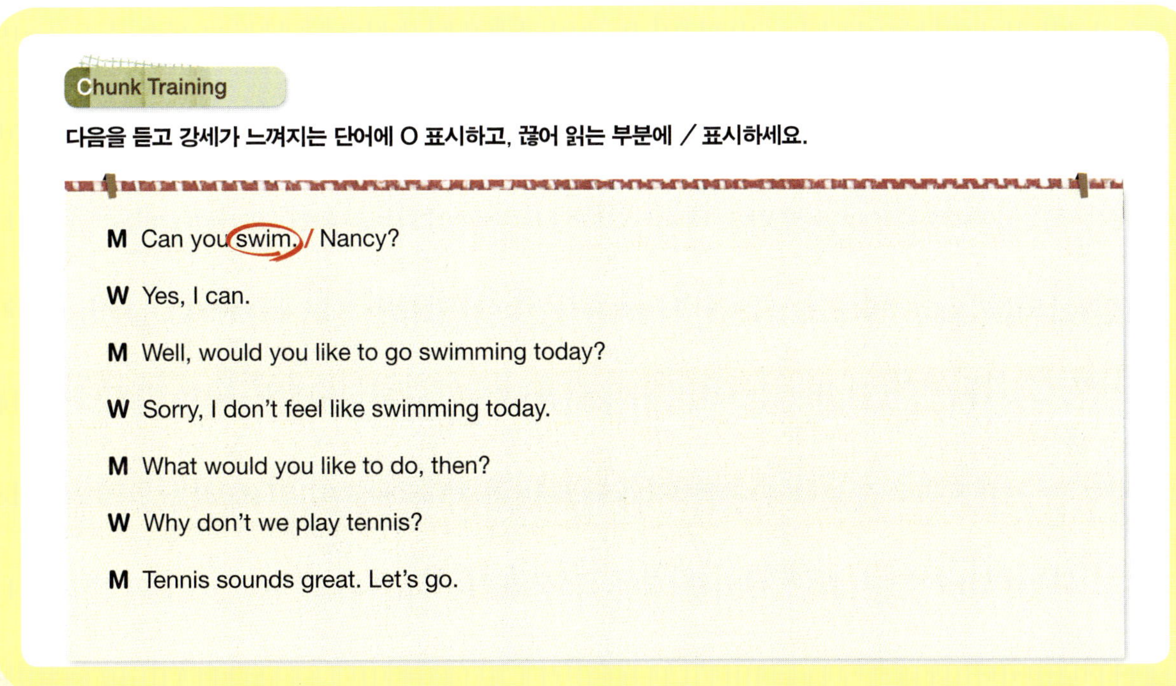

7) 3단계 Chunk 말하기 훈련입니다. 1단계 내용 듣기, 2단계 Chunk 듣기, 지금은 Chunk를 익혀 말하는 단계입니다. 최소 다섯 번씩 핵심 Chunk를 소리 내어 말해보세요.

- 기존의 단어 제시를 벗어나, Chunk 중심의 단어장 제시
- 여러 번 말을 하면서 표현을 익히게 하여, 단어중심의 영어를 표현 중심의 영어로 바꾸고자 함

STEP 3 CHUNK SPEAKING

Chunk List

대화문에 등장한 핵심 chunk입니다. 다섯 번씩 소리 내어 읽고 적어 보세요.

	① ② ③ ④ ⑤		① ② ③ ④ ⑤
Can you swim? 넌 수영할 수 있니?	☑ ☐ ☐ ☐ ☐	What would you like to do? 넌 뭐하고 싶은데?	☐ ☐ ☐ ☐ ☐
go swimming 수영하러 가다	☐ ☐ ☐ ☐ ☐	Tennis sounds great. 테니스 치는 거 좋겠다.	☐ ☐ ☐ ☐ ☐
Why don't we~ ? 우리 ~하지 않을래?	☐ ☐ ☐ ☐ ☐	I don't feel like ~할 기분이 아니다	☐ ☐ ☐ ☐ ☐

8) 강세를 받는 부분과 호흡이 있는 덩어리를 보면서, 듣고 따라 말해보세요.

- 1단계 내용 듣기와 2단계 청크 듣기 이후에 말하기 훈련
- 3단계 청크 말하기 훈련을 통해 듣기 & 말하기 동시 훈련

Intonation

이번에는 영어의 느낌을 살려서 인토네이션과 강세(파랑, 분홍 글씨), 끊어 읽기(/ 한번 호흡)에 유의하여 다섯 번씩 소리 내어 읽어보세요.

		① ② ③ ④ ⑤
M	Can you swim, Nancy?	☑ ☐ ☐ ☐ ☐
W	Yes, I can.	☐ ☐ ☐ ☐ ☐
M	Well, would you like / to go swimming today?	☐ ☐ ☐ ☐ ☐
W	Sorry, I don't feel like / swimming today.	☐ ☐ ☐ ☐ ☐
M	What would you like / to do, then?	☐ ☐ ☐ ☐ ☐
W	Why don't we / play tennis?	☐ ☐ ☐ ☐ ☐
M	Tennis sounds great. Let's go.	☐ ☐ ☐ ☐ ☐

9) Chunk 말하기 – 빈칸 메우며 말하기를 통해 지금까지 익혀온 Chunk를 직접 말해보세요. 지금 정확하게 생각나지 않아도 좋아요. 정답지의 답을 참고하며 덩어리 말하기를 해보세요. 정말 영어가 영어답게 될 거예요. 처음에는 영어식 사고가 되지 않아 어려움을 느낄 것입니다. 한 달 동안 전 과정을 통해 매번 반복을 해서 영어를 여러분의 무기로 만드세요.

- 기존 스크립트를 조금 변형한 형태에서 핵심 청크를 활용하기
- 해석을 보고, 상황을 떠올리고 표현에 맞는 청크를 실제로 활용

Fill in the Blanks

이번에는 학습한 chunk를 활용해볼까요? 상황에 맞게 빈칸을 채워 말해보세요.

너 수영할 수 있니, 사라?
　　　　　　　　　 swim, Sarah?

응, 난 할 수 있어.
Yes, I can.

그럼, ~할래 / 오늘 수영하러가다?
Well, 　　　　　　　　　 go swimming today?

미안, 기분이 아니야 / 수영하기에 / 오늘은.
　　　　　　　　　 swimming today.

무엇을 원해 / 하기를, 그럼?
　　　　　　　　　 to do, then?

~하는 게 어때 / 쇼핑하러 가다?
　　　　　　　　　 go shopping?

쇼핑 좋아, 가자.
Shopping sounds great. 　　　　　　　　　.

10) mp3 활용 가이드 – 여러분은 지금까지의 단계를 거치면서 같은 내용을 약 5회 정도 듣게 됩니다. 물론 그보다 더 많이 말을 하게 될 것이고요. 이 책 외의 다른 듣기 교재들은 이 교재를 통해 어떻게 듣고, 무엇을 들어야 되는지 충분히 훈련을 한 후에 시작하면 됩니다. 입에 혓바늘이 생겨서 입이 아플 정도로 소리 내어 말하세요. 저는 제가 중·고등학교 때 왜 이런 훈련을 받을 수 없었는지 많이 아쉽지만, 여러분에게 좋은 훈련의 기회를 드리는 것에서 대신 만족하려 합니다. 건투를 빕니다.

MP3 활용 방법을 정확히 숙지해 수업과 자습에 적절히 활용하세요.

MP3 활용

1. Mission Question 실전에 임하는 자세로 문제를 풀어본다.

2. Step 1 – Strategic Listening 전략을 확인하고, 각 전략별 단계에 맞춰 듣기 한다.

3. Step 2 – Pronunciation 미니멀 페어 활동에 맞게 들으며 정확한 발음을 찾아 체크한다.

4. Step 2 – Chunk Training mp3파일을 들으면서 스크립트에 강세를 받는 부분은 동그라미, 쉬어가는 부분은 / 표기를 한다.

5. Step 3 – Chunk List 먼저 Chunk 묶음별로 녹음된 음성을 따라 읽고, 리스트를 보면서 다섯 번씩 소리 내어 읽고 적어 본다.

6. Step 3 – Intonation 스크립트를 보면서 강세 받는 부분과 청크로 묶이는 부분을 의식적으로 인식하며 다섯 번씩 말하기 훈련을 한다.

7. 이제 마지막으로 스크립트를 보지 않고 성우의 말을 두 번 Shadow Speaking(따라 말하기) 한다.

<MP3 활용법>

Section 02

Actual Strategies & Chunk Training

Chapter 01 Questions with Pictures I

그림 정보 파악

Fundamental Principle

1. 문제를 미리 읽고 대화의 상황에 대한 정보를 얻어라.
2. 무엇을 알아야 하는지 스스로에게 물어라.
3. 단어 듣기에서 chunk(의미덩어리) 듣기로 전환하라.
4. 대화나 설명의 처음 시작에 주목하라.

유형

두 사람의 대화를 듣고, 여자(남자)가 구입할 물건, 두 사람이 말하는 인물, 남자(여자)가 취해야 할 동작, 두 사람이 만들 학급 신문의 디자인 등 구체적 사안을 선택하는 유형입니다.

BEFORE LISTENING

대화를 듣기 전에 그림의 인물이나 사물, 도안 등을 보고 특징을 파악해 두세요. 또한 건물을 찾는 문제라면 현재의 위치, 건물과 거리의 이름을 확인하도록 합니다. 대강의 담화 내용을 미리 추측해 보세요.

WHILE LISTENING

▫ 인물의 동작이나 자세와 관련된 문제는 **동사에 집중**하는 것이 결정적인 단서입니다.

▫ 사물의 **형태나 크기를 설명하는 명사나 형용사 표현**들은 미리 익혀두어야 해요. 또한 비교 표현이 자주 등장하므로 **비교급이나 최상급의 표현**에도 익숙해져야 합니다.

▫ 물건을 고르는 문제인 경우, 그 과정에서 제안된 내용에 대한 대화자의 반응에 주의하세요. 결정적 단서가 되는 **부정, 긍정의 표현(No, Yes 등)**에 주목합니다.

▫ 사물과 인물을 **묘사하는 표현**, 신체의 명칭(head, hair, shoulder 등), 방향을 나타내는 **전치사(across, behind, next to 등)**나 **길 안내 표현(Go straight 등)**을 익혀두면 많은 도움이 됩니다.

FINDING ANSWER

▫ 대화의 마지막에서 상대방이 유추한 인물이나 사물과 일치하는지 아닌지 알려주는 경우가 많으므로 주의해서 들어야 합니다.

▫ 이 유형에는 질문과 응답이 반복되는 경우가 많아서 질문이 나오면 그 다음에 이어지는 응답에 귀를 쫑긋해야 하는데 특히 You mean~?이 나오면 모든 정신을 집중하세요!

> **example** **A** You mean the one with glasses?
> **B** No, she isn't wearing glasses.

대화를 듣고, 남자가 지금 찾고 있는 것을 고르시오.

중2–교육청 듣기평가 2008년 4월

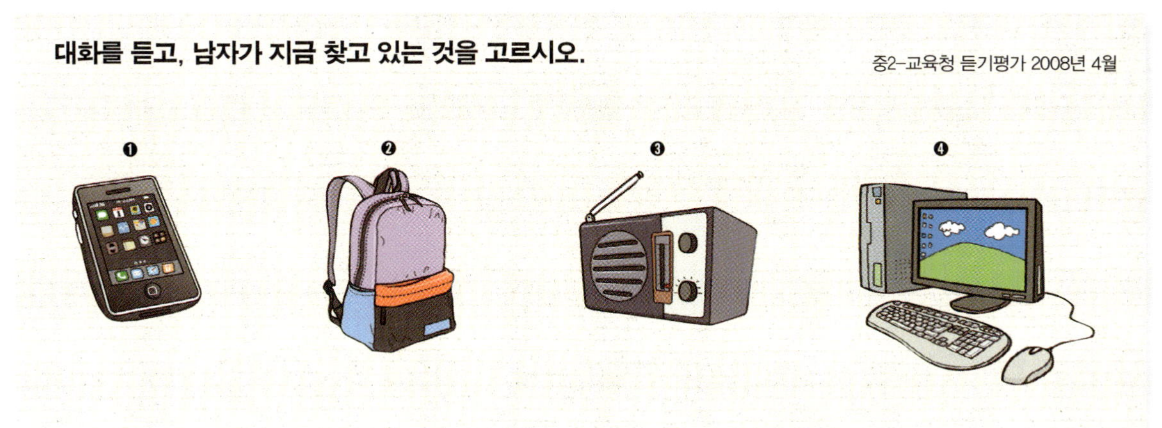

 **STEP 1**   **STRATEGIC LISTENING** 

위 문제의 정답을 찾기 어려웠다면 다음 단계에 따라 다시 듣고 정답을 찾아보세요.

BEFORE LISTENING   그림에 대한 정보(선택지)를 미리 생각해보세요.

❶ (　　　)   ❷ (　　　)   ❸ (　　　)   ❹ (　　　)

WHILE LISTENING   제안된 내용에 대한 대화자의 반응에 주의하세요.

대화의 전반부에서 남자가 I'm looking for my cell phone.이라고 했네요. 초반에 답을 알 수 있는 말이 나왔기 때문에 뒤에서 다른 물건의 이름으로 오답을 유도하겠죠?

FINDING ANSWER   들은 내용을 토대로 전체 내용을 추론해 보세요.

장소를 설명하는 next to the radio, behind the radio라는 말에서 radio가 반복해서 나오지만 찾고 있는 물건은 라디오가 아니에요. 주의하세요.

Pronunciation

앞서 풀어본 문제의 스크립트입니다. 대화를 듣고 정확한 표현을 골라보세요.

M Minsu, what are you doing?

M (**I'm looking for / I'm looking four**) my cell phone. I can't find it anywhere.

W Okay. (**Let me help you / Lend me help you**). Where did you put it?

M I remember I put it (**next the radio / next to the radio**).

W Did you look behind the radio?

M Of course I did, but (**I'll chat again / I'll check again**).

Chunk Training

다음을 듣고 강세가 느껴지는 단어에 O 표시하고, 끊어 읽는 부분에 / 표시하세요.

W Minsu, / what are you doing?

M I'm looking for my cell phone. I can't find it anywhere.

W Okay. Let me help you. Where did you put it?

M I remember I put it next to the radio.

W Did you look behind the radio?

M Of course I did, but I'll check again.

CHUNK SPEAKING

대화문에 등장한 핵심 chunk입니다. 다섯 번씩 소리 내어 읽고 적어 보세요.

	① ② ③ ④ ⑤		① ② ③ ④ ⑤
be looking for ~을 찾고 있다	☑ ☐ ☐ ☐ ☐	let me help you 내가 도와줄게	☐ ☐ ☐ ☐ ☐
I'll check again 내가 다시 확인해볼게	☐ ☐ ☐ ☐ ☐	where did you put it? 어디에 뒀니?	☐ ☐ ☐ ☐ ☐
next to ~옆에	☐ ☐ ☐ ☐ ☐	behind the radio 라디오 뒤에	☐ ☐ ☐ ☐ ☐

이번에는 영어의 느낌을 살려서 인토네이션과 강세(파랑, 분홍 글씨), 끊어 읽기(/ 한번 호흡)에 유의하여 다섯 번씩 소리 내어 읽어보세요.

		① ② ③ ④ ⑤
M	Minsu, What are you doing?	☑ ☐ ☐ ☐ ☐
W	I'm looking for / my cell phone. I can't find it / anywhere.	☐ ☐ ☐ ☐ ☐
M	Okay. Let me help you. where did you put it?	☐ ☐ ☐ ☐ ☐
W	I remember / I put it / next to the radio.	☐ ☐ ☐ ☐ ☐
M	Did you look / behind the radio?	☐ ☐ ☐ ☐ ☐
W	Of course I did, but I'll check again.	☐ ☐ ☐ ☐ ☐

이번에는 학습한 chunk를 활용해볼까요? 상황에 맞게 빈칸을 채워 말해보세요.

존, 너 뭐하니?
John, ________________________?

나는 찾고 있어 / 내 전화기를. 나는 그것을 못 찾겠어 / 어디에서도.
________________ my mobile phone. ________________.

알겠어. 내가 너를 도와줄게. 그것을 어디에 뒀니?
Okay. ________________. Where did you put it?

나는 기억해 / 내가 그것을 뒀다고 / 컴퓨터 옆에.
________________ I put it next to the computer.

너는 봤니 / 라디오 뒤를?
________________ behind the radio?

물론이지, 봤어. 하지만 다시 한 번 확인해볼게.
Of course I did, but ________________.

Mission Question ① Cell Phone

Step 1 Strategic Listening_Before Listening
① cell phone   ② bag   ③ radio   ④ computer

Step 2 Chunk Listening_Pronunciation
I'm looking for │ Let me help you │ next to the radio │ I'll check again

Step 3 Chunk Speaking_Fill in the blanks
what are you doing? │ I'm looking for │ I can't find it anywhere │ Let me help you │ I remember │ Did you look │ I'll check again

대화를 듣고, 두 사람이 미나에게 줄 선물을 고르시오.

중2–교육청 듣기평가 2009년 9월

 **STEP 1**

STRATEGIC LISTENING 

위 문제의 정답을 찾기 어려웠다면 다음 단계에 따라 다시 듣고 정답을 찾아보세요.

BEFORE LISTENING   그림에 대한 정보(선택지)를 미리 생각해보세요.

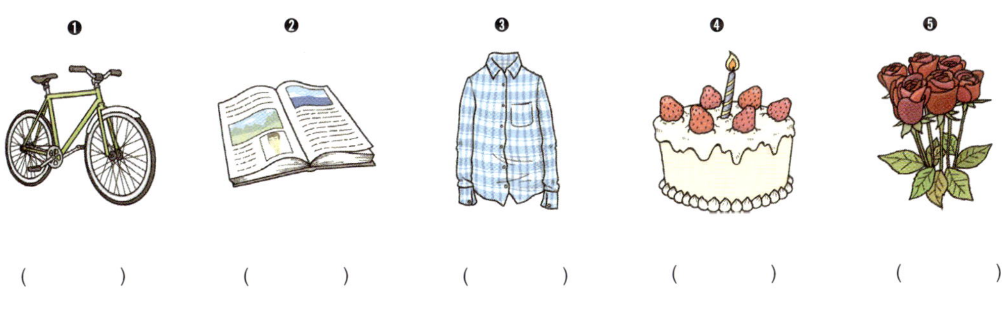

(   )   (   )   (   )   (   )   (   )

WHILE LISTENING   제안된 내용에 대한 대화자의 반응에 주의하세요.

FINDING ANSWER   들은 내용을 토대로 전체 내용을 추론해 보세요.

It'll be Mi-na's birthday soon.이라는 말에서 곧 미나의 생일이고 미나의 생일 선물을 고르는 대화라는 걸 알 수 있죠. 그렇다면 생일 선물로 제안한 내용에 대해 상대방이 어떻게 반응하는지 잘 들어야 해요. How about a book?이라고 제안했는데 That's boring.이라고 했으므로 책은 오답입니다. 그래서 남자가 Then let's make a special cake for her.라고 다시 제안을 했더니, That's a good idea.라고 하네요. 그러므로 답 은 케이크입니다.

Pronunciation

앞에서 풀어본 문제의 스크립트입니다. 대화를 듣고 정확한 표현을 골라보세요.

M (**What's the date today / What's the day today**)?

W It's September 17th.

M You know what? It'll be Mi-na's birthday soon.

W Really? I didn't know that. What should we get Mi-na for her birthday?

M How about a book?

W (**That's bowling / That's boring**).

M Then (**let's make / let's made**) a special cake for her.

W That's a good idea.

Chunk Training

다음을 듣고 강세가 느껴지는 단어에 O 표시하고, 끊어 읽는 부분에 / 표시하세요.

M What's the date today?

W It's September 17th.

M You know what? It'll be / Mi-na's birthday soon.

W Really? I didn't know that. What should we get Mi-na for her birthday?

M How about a book?

W That's boring.

M Then let's make a special cake for her.

W That's a good idea.

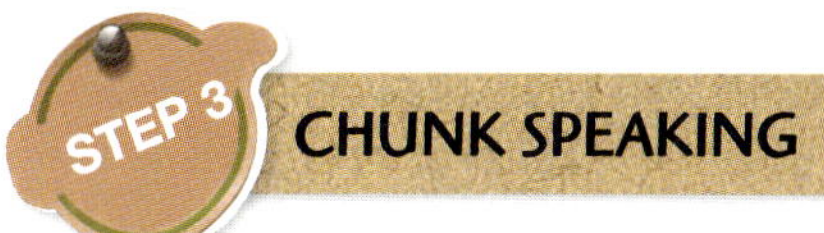

Chunk List

대화문에 등장한 핵심 chunk입니다. 다섯 번씩 소리 내어 읽고 적어보세요.

	① ② ③ ④ ⑤		① ② ③ ④ ⑤
What's the date today? 오늘 며칠이니?	☑ ☐ ☐ ☐ ☐	You know what? 너 그거 아니?	☐ ☐ ☐ ☐ ☐
That's boring. 그건 따분해.	☐ ☐ ☐ ☐ ☐	I didn't know that. 난 몰랐어.	☐ ☐ ☐ ☐ ☐
That's a good idea. 좋은 생각이야.	☐ ☐ ☐ ☐ ☐	let's make ~를 만들자	☐ ☐ ☐ ☐ ☐

Intonation

이번에는 영어의 느낌을 살려서 인토네이션과 강세(파랑, 분홍 글씨), 끊어 읽기(/ 한번 호흡)에 유의하여 다섯 번씩 소리 내어 읽어보세요.

	① ② ③ ④ ⑤
M What's the date today?	☑ ☐ ☐ ☐ ☐
W It's September 17th.	☐ ☐ ☐ ☐ ☐
M You know what? It'll be / Mi-na's birthday soon.	☐ ☐ ☐ ☐ ☐
W Really? I didn't know that.	☐ ☐ ☐ ☐ ☐
What should we get Mi-na / for her birthday?	☐ ☐ ☐ ☐ ☐
M How about / a book?	☐ ☐ ☐ ☐ ☐
W That's boring.	☐ ☐ ☐ ☐ ☐
M Then let's make / a special cake for her.	☐ ☐ ☐ ☐ ☐
W That's a good idea.	☐ ☐ ☐ ☐ ☐

이번에는 학습한 chunk를 활용해볼까요? 상황에 맞게 빈칸을 채워 말해보세요.

오늘 며칠이니?
____?

3월 27일이야.
It's March 27th.

너 그거 아니? 곧 리사의 생일이야.
You know what? It'll be Lisa's birthday soon.

정말? / 난 몰랐어.
Really? I didn't know that.

우리는 리사에게 무엇을 주지? / 그녀의 생일 때
__________________________________ for her birthday?

어때 / 사전은?
__________________________ a dictionary?

그건 따분해.
That's boring.

그럼 우리 사 주자 / 자전거를 / 그녀에게.
Then __________________________ a bike for her.

좋은 생각이야.
__________________________________.

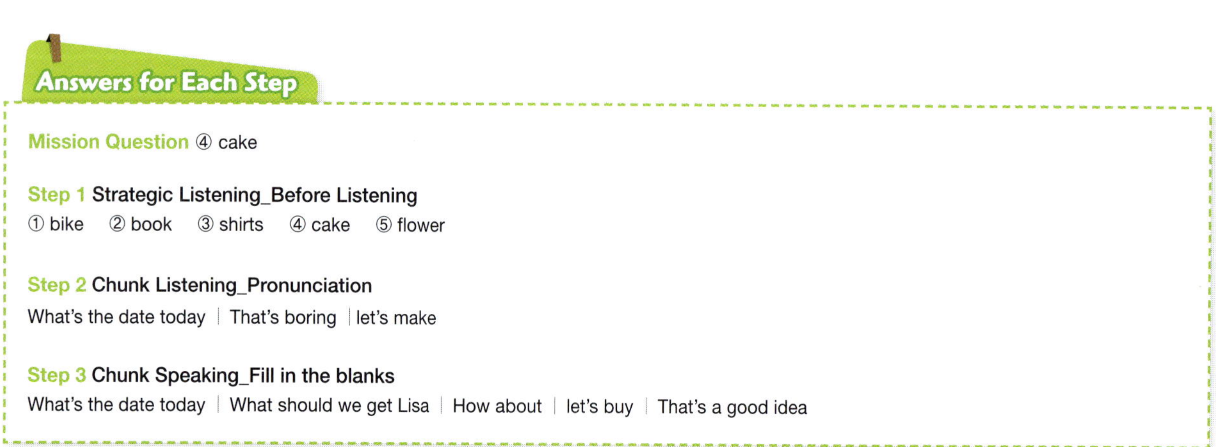

Mission Question 03

대화를 듣고, 남자가 계산에 이용할 도구를 고르시오.

중3-교육청 듣기평가 2009년 4월

❶ ❷ ❸ ❹ ❺

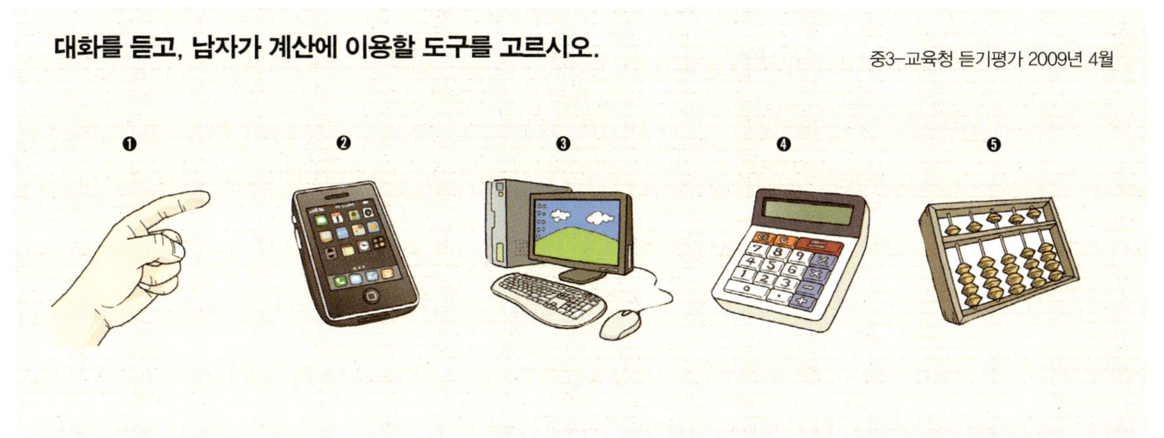

STEP 1 STRATEGIC LISTENING

위 문제의 정답을 찾기 어려웠다면 다음 단계에 따라 다시 듣고 정답을 찾아보세요.

BEFORE LISTENING 그림에 대한 정보(선택지)를 미리 생각해보세요.

❶ ❷ ❸ ❹ ❺

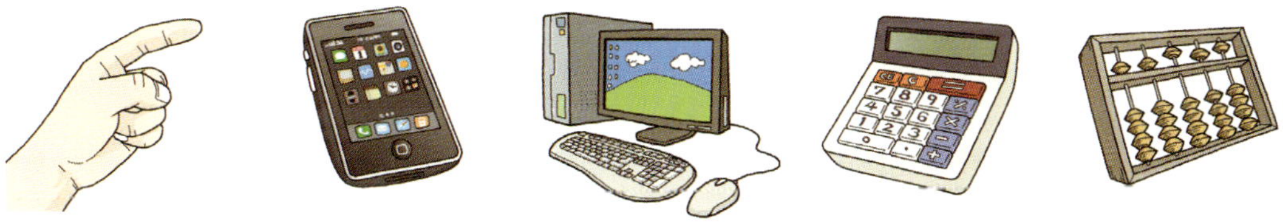

( ) ( ) ( ) ( ) ( )

WHILE LISTENING 제안된 내용에 대한 대화자의 반응에 주의하세요.

W You could use your fingers.
M Are you kidding?

여자가 fingers를 언급하자 남자는 "농담하지 말라"는 말을 합니다.

FINDING ANSWER 대화의 마지막에서 상대방이 유추한 인물이나 사물이 맞는지 틀리는지 판정해주는 경우가 많으므로 이에 주의해야 해요.

W Then you can use your cell phone. Most cell phones have a calculator.
M You're right! I forgot about that. Thanks.

여자가 cell phone에 대해 얘기하니까 남자가 "고맙다"고 하는군요.

Pronunciation

앞서 풀어본 문제의 스크립트입니다. 대화를 듣고 정확한 표현을 골라보세요.

M **(Can I borrow / Can I burrow)** your calculator? I should finish my math homework.

W Sorry, mine doesn't work. **(Why don't you / Why don't we)** use your computer?

M It's at home. I should finish my homework right now.

W You could **(use your figures /use your fingers)**.

M Are you kidding? The numbers are too big.

W Then you can use your cell phone. Most cell phones have a calculator.

M You're right! **(I forgot about that / I forgotten about that)**. Thanks.

Chunk Training

다음을 듣고 강세가 느껴지는 단어에 O 표시하고, 끊어 읽는 부분에 / 표시하세요.

M Can I borrow / your calculator? I should finish my math homework.

W Sorry, mine doesn't work. Why don't you use your computer?

M It's at home. I should finish my homework right now.

W You could use your fingers.

M Are you kidding? The numbers are too big.

W Then you can use your cell phone. Most cell phones have a calculator.

M You're right! I forgot about that. Thanks.

Chunk List

대화문에 등장한 핵심 chunk입니다. 다섯 번씩 소리 내어 읽고 적어 보세요.

	❶ ❷ ❸ ❹ ❺		❶ ❷ ❸ ❹ ❺
Can I borrow- ~를 빌릴 수 있을까?	☑ ☐ ☐ ☐ ☐	borrow your calculator 너의 계산기를 빌리다	☐ ☐ ☐ ☐ ☐
finish my math homework 수학 숙제를 마치다	☐ ☐ ☐ ☐ ☐	use your fingers 손가락을 사용하다	☐ ☐ ☐ ☐ ☐
Are you kidding? 장난하니?	☐ ☐ ☐ ☐ ☐	I forgot about that 그것에 대해 잊었다	☐ ☐ ☐ ☐ ☐

Intonation

이번에는 영어의 느낌을 살려서 인토네이션과 강세(파랑, 분홍 글씨), 끊어 읽기(/ 한번 호흡)에 유의하여 다섯 번씩 소리 내어 읽어보세요.

		❶ ❷ ❸ ❹ ❺
M	Can I borrow / your calculator? I should finish my math homework.	☑ ☐ ☐ ☐ ☐
W	Sorry, / mine doesn't work. / Why don't you / use your computer?	☐ ☐ ☐ ☐ ☐
M	It's at home. I should / finish my homework / right now.	☐ ☐ ☐ ☐ ☐
W	You could use your fingers.	☐ ☐ ☐ ☐ ☐
M	Are you kidding? / The numbers are too big.	☐ ☐ ☐ ☐ ☐
W	Then / you can use / your cell phone. Most cell phones have / a calculator.	☐ ☐ ☐ ☐ ☐
M	You're right! I forgot / about that. Thanks.	☐ ☐ ☐ ☐ ☐

이번에는 학습한 chunk를 활용해볼까요? 상황에 맞게 빈칸을 채워 말해보세요.

내가 빌릴 수 있니 / 너의 계산기를? 나는 ~해야 해 / 수학 숙제를 끝내다.

    your calculator?   my math homework.

미안 / 내것은 고장 났어. / ~하지 그래 / 네 컴퓨터를 사용?

Sorry, mine   .   use your computer?

집에 있어. 나는 ~해야 해 / 숙제를 끝내다 / 바로 지금.

It's at home. I should finish my homework right now.

너는 사용할 수 있어 / 네 손가락을.

    your fingers.

농담하니? 수가 너무 커.

    ? The numbers are too big.

그럼 / 너는 쓸 수 있어 / 너의 핸드폰을. 대부분의 폰은 가지고 있어 / 계산기를.

    your cell phone. Most cell phones have a calculator.

네가 맞아! 나는 잊고 있었어 / 그것을. 고마워

You're right!   that. Thanks.

Mission Question 04

대화를 듣고, 여자가 설명하는 동물로 알맞은 것을 고르시오.

중3–교육청 듣기평가 2007년 4월

STEP 1 STRATEGIC LISTENING

위 문제의 정답을 찾기 어려웠다면 다음 단계에 따라 다시 듣고 정답을 찾아보세요.

BEFORE LISTENING 그림에 대한 정보(선택지)를 미리 생각해보세요.

(   ) (   ) (   ) (   ) (   )

WHILE LISTENING 제안된 내용에 대한 대화자의 반응에 주의하세요.

M Okay. Does it live on land?
W No, it lives in the sea, but (   ).

바다에 살지만 물고기는 아니라고 말합니다.

FINDING ANSWER 대화의 마지막에서 상대방이 유추한 인물이나 사물이 맞는지 틀리는지 판정해주는 경우가 많으므로 이에 주의해야 해요.

M Is it a penguin?
W No. It's one of (   ).

펭귄이냐고 물어보니까, 가장 큰 동물 중 한 종류라고 말하네요. 가장 중요한 힌트가 되겠네요.

Pronunciation

앞서 풀어본 문제의 스크립트입니다. 대화를 듣고 정확한 표현을 골라보세요.

W **(I'm thinking of / I'm seeking of)** an animal. Guess what animal it is.

M Okay. Does it **(live on sand / live on land)**?

W No, it lives in the sea but it is **(not a fish /not a pixy)**.

M Is it a penguin?

W No. It's **(one of the biggest / one of the busiest)** animals in the world.

Chunk Training

다음을 듣고 강세가 느껴지는 단어에 O 표시하고, 끊어 읽는 부분에 / 표시하세요.

W I'm thinking of / an animal. Guess what animal it is.

M Okay. Does it live on land?

W No, it lives in the sea but it is not a fish.

M Is it a penguin?

W No. It's one of the biggest animals in the world.

Chunk List

대화문에 등장한 핵심 chunk입니다. 다섯 번씩 소리 내어 읽고 적어 보세요.

	① ② ③ ④ ⑤		① ② ③ ④ ⑤
I'm thinking of ~을 생각하고 있다	☑ ☐ ☐ ☐ ☐	Guess what animal it is! 어떤 동물일지 맞춰봐!	☐ ☐ ☐ ☐ ☐
live on land 육지에서 살다	☐ ☐ ☐ ☐ ☐	live in the sea 바다에 살다	☐ ☐ ☐ ☐ ☐
one of the biggest animals 가장 큰 동물 중 하나	☐ ☐ ☐ ☐ ☐	in the world 세상에서	☐ ☐ ☐ ☐ ☐

Intonation

이번에는 영어의 느낌을 살려서 인토네이션과 강세(파랑, 분홍 글씨), 끊어 읽기(/ 한번 호흡)에 유의하여 다섯 번씩 소리 내어 읽어보세요.

		① ② ③ ④ ⑤
W	I'm thinking of / an animal. Guess / what animal it is.	☑ ☐ ☐ ☐ ☐
M	Okay. Does it live / on land?	☐ ☐ ☐ ☐ ☐
W	No, it lives / in the sea but it is not a fish.	☐ ☐ ☐ ☐ ☐
M	Is it a penguin?	☐ ☐ ☐ ☐ ☐
W	No. It's / one of the biggest animals / in the world.	☐ ☐ ☐ ☐ ☐

이번에는 학습한 chunk를 활용해볼까요? 상황에 맞게 빈칸을 채워 말해보세요.

나는 생각하고 있어 / 동물을. 맞춰봐 / 어떤 동물일지.
_______________ an animal. _______________ animal it is.

알았어. 그것이 육지에 사니?
Okay. Does it _______________ land?

아니, 그것은 바다에 살아 / 하지만 그것은 물고기가 아니야.
No, it _______________ but it is not a fish.

그거 펭귄이니?
Is it a penguin?

아니, 이것은 / 제일 큰 동물 중 하나야 / 세상에서.
No. It's one of the biggest animals in the world.

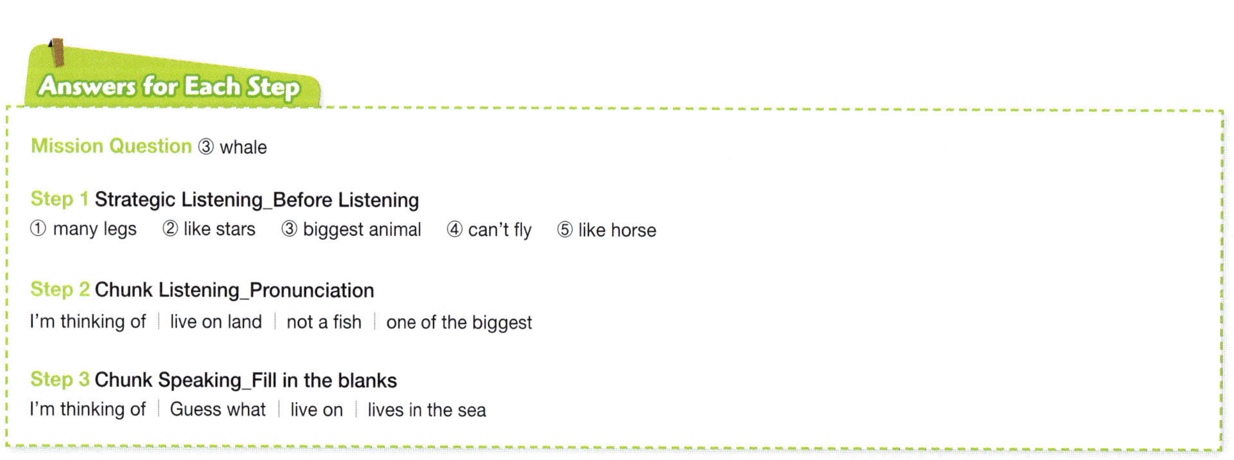

Answers for Each Step

Mission Question ③ whale

Step 1 Strategic Listening_Before Listening
① many legs   ② like stars   ③ biggest animal   ④ can't fly   ⑤ like horse

Step 2 Chunk Listening_Pronunciation
I'm thinking of | live on land | not a fish | one of the biggest

Step 3 Chunk Speaking_Fill in the blanks
I'm thinking of | Guess what | live on | lives in the sea

대화를 듣고, 학급 문집의 표지로 가장 알맞은 것을 고르시오. 중3–교육청 듣기평가 2009년 9월

STEP 1 STRATEGIC LISTENING

위 문제의 정답을 찾기 어려웠다면 다음 단계에 따라 다시 듣고 정답을 찾아보세요.

BEFORE LISTENING 다음 표현을 영어로 생각해봅시다.

제목 → (　　　　　　　), 그림 → (　　　　　　　), 배경 → (　　　　　　　)
아래 → (　　　　　　　), 중앙 → (　　　　　　　), 위　→ (　　　　　　　)

WHILE LISTENING 제안된 내용에 대한 대화자의 반응에 주의하세요.

M How about putting the title on the top center?
W Well, we can make it a little different, like (　　　　　　　　).

제목을 좀 다르게 중앙에 배치하자는 의견이 나왔네요.

FINDING ANSWER 대화의 마지막에서 상대방이 유추한 인물이나 사물이 맞는지 틀리는지 판정해주는 경우가 많으므로 이에 주의해야 해요.

M What about using the school picture?
W Well, it's for our class, so I think (　　　　　　　　).

학급문집이기 때문에, 학교보다는 학급 사진을 사용하자고 하네요. 그림과 제목으로 답이 되는 것을 찾으면 돼요.

Pronunciation

앞서 풀어본 문제의 **스크립트**입니다. 대화를 듣고 정확한 표현을 골라보세요.

M Our job is to design our class year book cover. How about **(putting the title / putting the tie)** on the top center? It's quite common, you know.

W Well, we can **(made it / make it)** a little different, like placing it in the very middle.

M Then, we **(won't have / want to have)** space for our picture.

W We can use the picture as a background.

M Oh, that's a good idea. Then **(which kind of / what kind of)** picture do you like?

W Hmm. **(How about / What about)** using the school picture?

M Well, it's for our class, so I think it's better to use our class picture.

W Great. Let's go for it !

Chunk Training

다음을 듣고 강세가 느껴지는 단어에 O 표시하고, 끊어 읽는 부분에 / 표시하세요.

M Our job is / to design our class year book cover. How about putting the title on the top center? It's quite common, you know.

W Well, we can make it a little different, like placing it in the very middle.

M Then we won't have space for our picture.

W We can use the picture as a background.

M Oh, that's a good idea. Then what kind of picture do you like?

W Hmm. What about using the school picture?

M Well, it's for our class, so I think it's better to use our class picture.

W Great. Let's go for it!

CHUNK SPEAKING

대화문에 등장한 핵심 chunk입니다. 다섯 번씩 소리 내어 읽고 적어 보세요.

	❶ ❷ ❸ ❹ ❺		❶ ❷ ❸ ❹ ❺
put the title 제목을 넣다	☑ ☐ ☐ ☐ ☐	on the top center 맨 위 중앙에	☐ ☐ ☐ ☐ ☐
place it 그것을 놓아두다	☐ ☐ ☐ ☐ ☐	as a background 배경으로	☐ ☐ ☐ ☐ ☐
what kind of picture 어떤 종류의 사진	☐ ☐ ☐ ☐ ☐	Let's go for it! 한번 해보자!	☐ ☐ ☐ ☐ ☐

이번에는 영어의 느낌을 살려서 인토네이션과 강세(파랑, 분홍 글씨), 끊어 읽기(/ 한번 호흡)에 유의하여 다섯 번씩 소리 내어 읽어보세요.

❶ ❷ ❸ ❹ ❺

M Our job is / to design our class year book cover. How about / putting the title / on the top center? It's quite common, you know. ☑ ☐ ☐ ☐ ☐

W Well, / we can make it / a little different, like placing it / in the very middle. ☐ ☐ ☐ ☐ ☐

M Then / we won't have space / for our picture. ☐ ☐ ☐ ☐ ☐

W We can use the picture / as a background. ☐ ☐ ☐ ☐ ☐

M Oh, that's a good idea. Then / what kind of picture / do you like? ☐ ☐ ☐ ☐ ☐

W Hmm. What about / using the school picture? ☐ ☐ ☐ ☐ ☐

M Well, it's for our class, so I think / it's better / to use our class picture. ☐ ☐ ☐ ☐ ☐

W Great. / Let's go for it !/ ☐ ☐ ☐ ☐ ☐

이번에는 학습한 chunk를 활용해볼까요? 상황에 맞게 빈칸을 채워 말해보세요.

우리가 할 일은 / 우리 반 연감 표지를 디자인하는 거야.
__________ our class year book cover.

어때 / 제목을 놓는 건 / 맨 위 중앙에? 그건 꽤 흔해, 너도 알잖아.
__________ put __________ the title on the top center? It's quite common, you know.

음. / 우리는 그걸 만들 수 있어 / 약간 다르게, 그것을 놓는다든지 / 가장 중앙에.
Well. __________ a little different, like placing it in the very middle.

그럼 / 우리는 공간을 가지지 못해 / 우리의 사진을 위해서.
Then __________ our picture.

우리는 사진을 쓸 수 있어 / 배경으로.
We can use the picture as a background.

오, 그거 좋은 아이디어다. 그럼 / 어떤 종류의 사진을 너는 좋아하니?
Oh, __________ . Then __________ ?

음, ~가 어떨까 / 학교의 사진을 쓰는 것은?
Hmm. __________ us __________ the school picture?

음, 이것은 우리 반을 위한 거야, 그래서 나는 생각해 / 이것이 더 낫다고 / 우리 반 사진을 쓰는 것이.
Well, it's for our class, so I think __________ use our class picture.

근사해! 그걸로 하자!
Great. Let's go for it!

Mission Question ②

Step 1 Strategic Listening_Before Listening
title │ picture │ background │ bottom │ center │ top

Step 2 Chunk Listening_Pronunciation
putting the title │ make it │ won't have │ what kind of │ What about

Step 3 Chunk Speaking_Fill in the blanks
Our job is to design │ How about │ -ting │ We can make it │ We won't have space for
that's a good idea │ what kind of picture do you like │ What about │ -ing │ it's better to

Mission Question 06

다음을 듣고, 찾고 있는 아이와 일치하는 그림을 고르시오.

 **STRATEGIC LISTENING** 

위 문제의 정답을 찾기 어려웠다면 다음 단계에 따라 다시 듣고 정답을 찾아보세요.

BEFORE LISTENING 아이를 묘사할 표현을 영어로 생각해봅시다.

① ______________________________
② ______________________________
③ ______________________________
④ checked T shirt, black pants
⑤ ______________________________

WHILE LISTENING 제안된 내용에 대한 대화자의 반응에 주의하세요.

담화의 전반부 "We're looking for a boy"에서 남자아이를 찾고 있음이 나오네요. 핵심 정보 두 가지가 나옵니다. 첫 번째, He's wearing a T-shirt. 두 번째로 black shorts라고 나오네요.

FINDING ANSWER 담화의 마지막에서 상대방이 유추한 인물이나 사물이 맞는지 판정해주는 경우가 많으므로 이에 주의하세요.

마지막에 He's also wearing a baseball cap.이라고 하네요. 야구 모자를 쓰고 있고 검은색 바지를 입고 있으며 티셔츠를 입고 있는 아이를 선택하면 되겠네요.

Pronunciation

앞서 풀어본 문제의 스크립트입니다. 담화를 듣고 정확한 표현을 골라보세요.

W Hello, shoppers! We're (**looking for / looking four**) a boy.

His name is David Rogers. He (**was lust / was lost**) in the clothing section.

He's (**wearing a T-shirt / bearing a T-shirt**) and black shorts.

He's also wearing a white baseball cap.

If you find him, please (**tell him to / take him to**) the information desk near the main

exit. Thank you.

Chunk Training

다음을 듣고 강세가 느껴지는 단어에 O 표시하고, 끊어 읽는 부분에 / 표시하세요.

W Hello, shoppers! We're looking / for a boy.

His name is David Rogers. He was lost in the clothing section.

He's wearing a T-shirt and black shorts.

He's also wearing a white baseball cap.

If you find him, please take him to the information desk near the main exit.

Thank you.

Chunk List

담화문에 등장한 핵심 chunk입니다. 다섯 번씩 소리 내어 읽고 적어 보세요.

	❶ ❷ ❸ ❹ ❺		❶ ❷ ❸ ❹ ❺
look for ~를 찾다	☑☐☐☐☐	be lost 길을 잃다	☐☐☐☐☐
in the clothing section 의류 매장에서	☐☐☐☐☐	wear a T-shirt 티셔츠를 입다	☐☐☐☐☐
take one to ~ ~를 ~로 데리고 가다	☐☐☐☐☐	near the main exit 출입구 근처에	☐☐☐☐☐

Intonation

이번에는 영어의 느낌을 살려서 인토네이션과 강세(파랑, 분홍 글씨), 끊어 읽기(/ 한번 호흡)에 유의하여 다섯 번씩 소리 내어 읽어보세요.

W Hello, shoppers! We're looking / for a boy. His name is David Rogers. 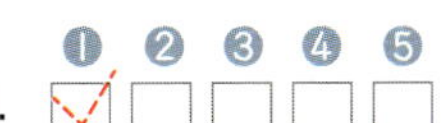

He was lost in the clothing section.

He's wearing a T-shirt and black shorts.

He's also wearing a white baseball cap.

If you find him, please take him to the information desk.

near the main exit. Thank you.

이번에는 학습한 chunk를 활용해볼까요? 상황에 맞게 빈칸을 채워 말해보세요.

안녕하세요, 고객님! 저희는 찾고 있습니다 / 소년을.
Hello, shoppers! We're looking for a boy.

그의 이름은 / David Rogers입니다.
His name is David Rogers.

그는 길을 잃었습니다 / 의류 구역에서.
He _______________ the clothing section.

그는 입고 있습니다 / 티셔츠와 검정색 반바지를.
He's _______________.

그는 또 쓰고 있습니다 / 하얀 야구 모자를.
He's also _______________.

만약 그를 찾으시면 / 부탁입니다 / 그를 안내데스크로 데려 오세요 / 중앙 출구 근처의.
If you find him, please _______________ near the main exit.

감사합니다.
Thank you.

Chunk Review

Chunk	의미	①	②	③	④	⑤
be looking for		✓				
let me help you						
I'll check again						
where did you put it?						
next to						
behind the radio						
What's the date today?						
You know what?						
That's boring.						
I didn't know that.						
That's a good idea.						
let's make						
Can I borrow ~						
borrow your calculator						
finish my math homework						
use your fingers						
Are you kidding?						
I forgot about that						
I'm thinking of						
Guess what animal it is!						
live on land						
live in the sea						
one of the biggest animals						
in the world						
put the title						
on the top center						
place it						
as a background						
what kind of picture						
Let's go for it!						
look for						
be lost						
in the clothing section						
wear a T-shirt						
take one to ~						
near the main exit						

Chapter 02 Searching for Specific Information I
특정 정보(할 일) 찾기 I

Fundamental Principle

1. 문제를 미리 읽고 대화의 상황에 대한 정보를 얻어라.

2. 무엇을 알아야 하는지 스스로에게 물어라.

3. 단어 듣기에서 chunk(의미덩어리) 듣기로 전환하라.

4. 대화나 설명의 처음 시작에 주목하라.

유형

대화를 듣고, 두 사람이 오후, 주말 등에 하게 될 일을 고르는 유형의 문제로, 거의 매년 한 문제씩 출제되고 있습니다.

BEFORE LISTENING

선택지를 먼저 읽고, 필요한 정보가 무엇인지 파악해야 합니다. 특히 대화에 나오는 단어의 유의어(ship → ferry 등)가 나올 수 있음을 주의하세요.

WHILE LISTENING

날씨나 메뉴와 관련된 명사 표현들을 놓치지 않도록 집중하세요. 예를 들어 sunny, cloudy, warm이나 pizza, cold noodles, hamburger 등이 있겠죠.

FINDING ANSWER

대화의 중간에 여러 가지 의견이 언급되지만, 최종적으로 무엇을 할 것인지 결정하는 대화는 뒷부분에 나오므로 이 부분을 놓치지 않도록 합니다.

Mission Question 01

대화를 듣고, 여자의 생일로 알맞은 것을 고르시오.

중2-교육청 듣기평가 2007년 4월

Sun	Mon	Tue	Wed	Thu	Fri	Sat
1	2	3	4	5	6	7
8	9	10	11	12	13	14
15	16	17	18	19	20	21
22	23	24	25	26	27	28

① 12일　　　② 14일　　　③ 21일　　　④ 28일

STEP 1　STRATEGIC LISTENING

위 문제의 정답을 찾기 어려웠다면 다음 단계에 따라 다시 듣고 정답을 찾아보세요.

BEFORE LISTENING　선택지를 먼저 읽고, 필요한 정보가 무엇인지 파악하세요.

Sun	Mon	Tue	Wed	Thu	Fri	Sat
1	2	3	4	5	6	7
8	9	10	11	12	13	14
15	16	17	18	19	20	21
22	23	24	25	26	27	28

12일은 목요일, 14일, 21일, 28일은 토요일이네요. 그렇다면 며칠이라고 하는지, 무슨 요일이라고 하는지도 주의해서 들어야 하고 몇 번째 토요일이라고 하는지도 주의해서 들어야겠죠?

WHILE LISTENING　관련된 명사 표현들을 놓치지 않도록 집중하세요.

When is your birthday?란 질문에 It's the third Saturday of this month.라고 답했기 때문에 답은 21일이네요.

FINDING ANSWER　마지막 결정하는 부분을 놓치지 않도록 주의하세요.

Oh, it's next Saturday!라고 말하는 걸로 보아 답은 확실히 토요일입니다.

Pronunciation

앞서 풀어본 문제의 스크립트입니다. 대화를 듣고 정확한 표현을 골라보세요.

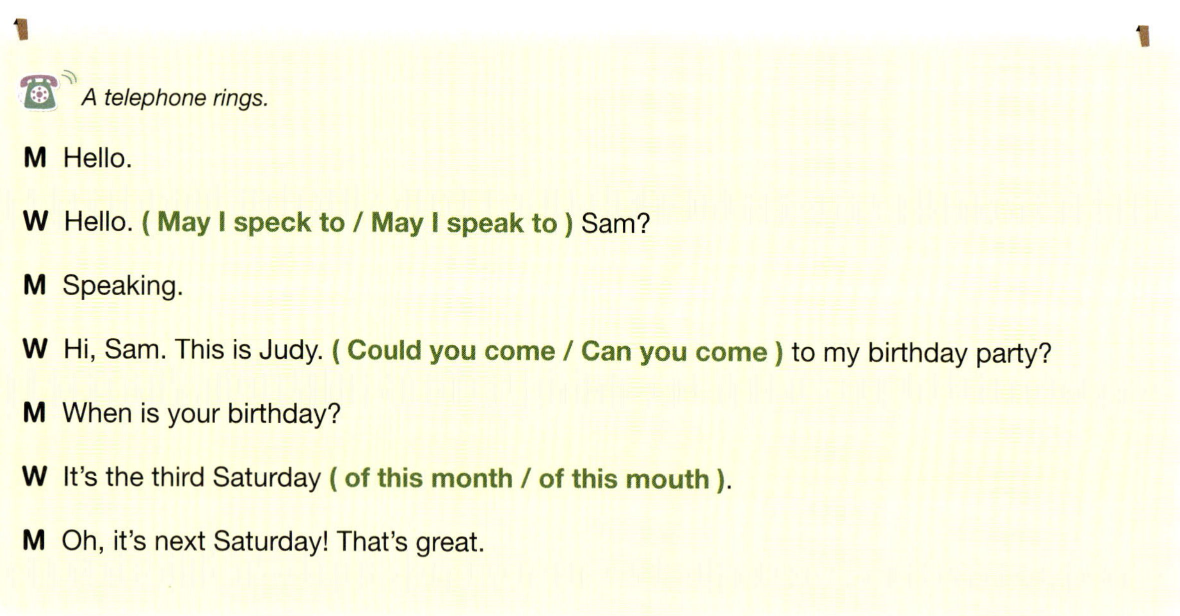

A telephone rings.

M Hello.

W Hello. **(May I speck to / May I speak to)** Sam?

M Speaking.

W Hi, Sam. This is Judy. **(Could you come / Can you come)** to my birthday party?

M When is your birthday?

W It's the third Saturday **(of this month / of this mouth)**.

M Oh, it's next Saturday! That's great.

Chunk Training

다음을 듣고 강세가 느껴지는 단어에 O 표시하고, 끊어 읽는 부분에 / 표시하세요.

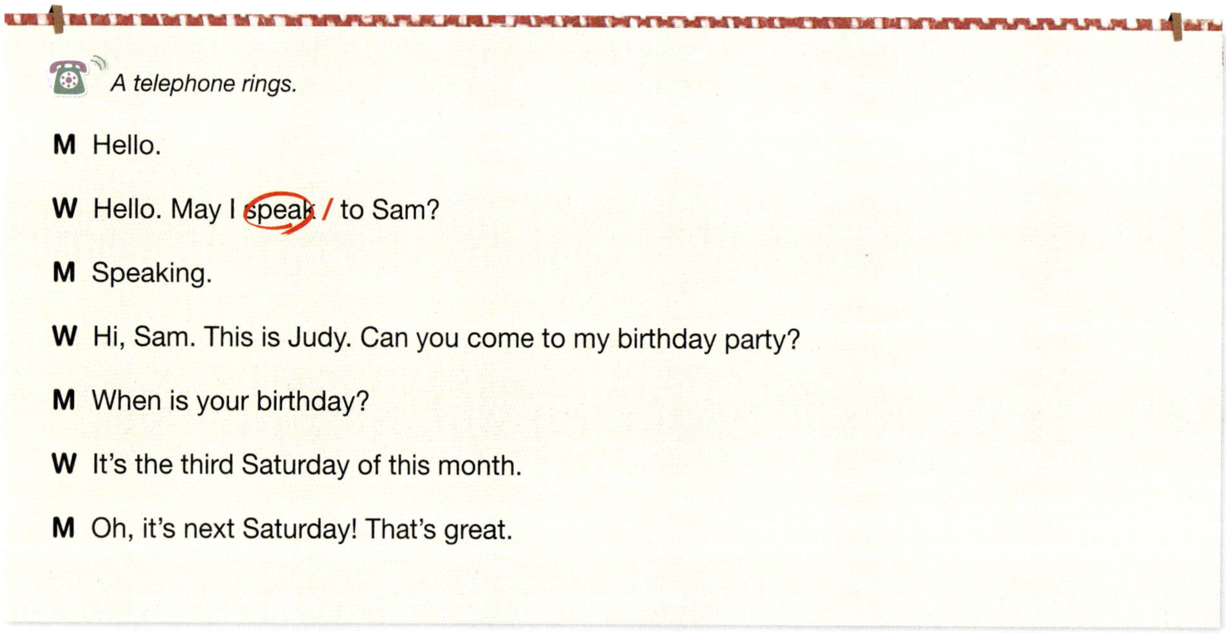

A telephone rings.

M Hello.

W Hello. May I speak / to Sam?

M Speaking.

W Hi, Sam. This is Judy. Can you come to my birthday party?

M When is your birthday?

W It's the third Saturday of this month.

M Oh, it's next Saturday! That's great.

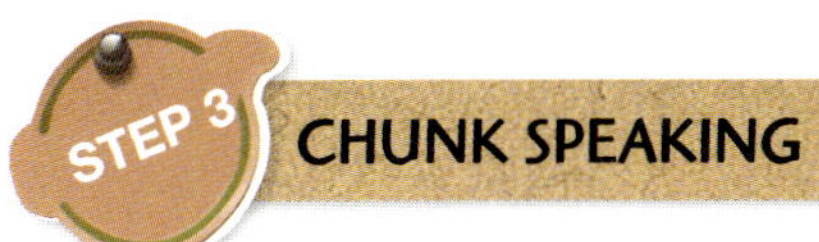

CHUNK SPEAKING

Chunk List

대화문에 등장한 핵심 chunk입니다. 다섯 번씩 소리 내어 읽고 적어 보세요.

	① ② ③ ④ ⑤		① ② ③ ④ ⑤
May I speak to ~와 얘기할 수 있을까요?		This is~ 나는 ~야	
Can you come? 너는 올 수 있니?		When is your birthday? 네 생일이 언젠데?	
That's great! 좋아!		third Saturday of this month 이번 달 셋째 토요일	

Intonation

이번에는 영어의 느낌을 살려서 인토네이션과 강세(파랑, 분홍 글씨), 끊어 읽기(/ 한번 호흡)에 유의하여 다섯 번씩 소리 내어 읽어보세요.

① ② ③ ④ ⑤

M Hello.

W Hello. May I speak / to Sam?

M Speaking.

W Hi, Sam. This is Judy. Can you come / to my birthday party?

M When is your birthday?

W It's the third Saturday / of this month.

M Oh, it's next Saturday! That's great.

이번에는 학습한 chunk를 활용해볼까요? 상황에 맞게 빈칸을 채워 말해보세요.

A telephone rings.

여보세요.
Hello.

여보세요. 바꿔주실래요 / 스콧을?
Hello.   Scott?

전데요.
Speaking.

안녕 스콧. 나는 샐리야. 너는 올 수 있니 / 내 생일파티에?
Hi, Scott. This is Sally.   my birthday party?

네 생일이 언젠데?
          ?

넷째 주 토요일이야 / 이번 달.
It's the fourth Saturday of this month.

오, 다음 주 토요일이네! 좋아.
Oh, it's next Saturday! That's great.

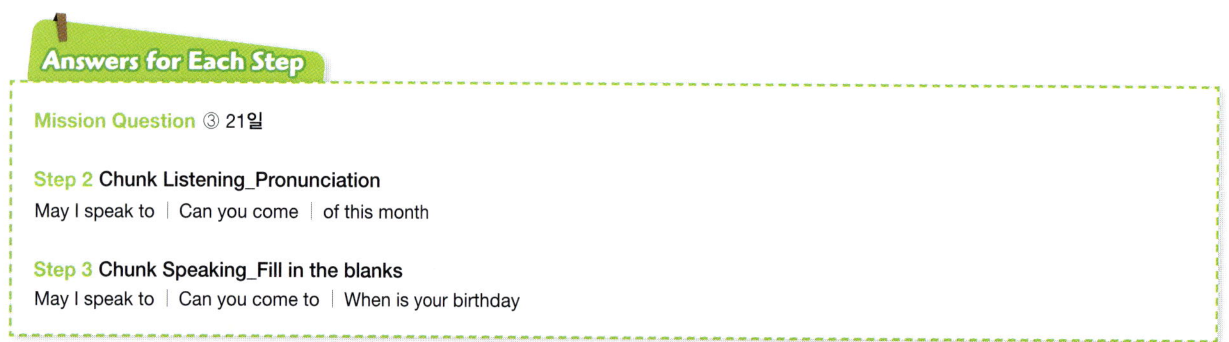

Answers for Each Step

Mission Question ③ 21일

Step 2 Chunk Listening_Pronunciation
May I speak to | Can you come | of this month

Step 3 Chunk Speaking_Fill in the blanks
May I speak to | Can you come to | When is your birthday

대화를 듣고, 남자가 지난 토요일에 한 일을 고르시오.

중2-교육청 듣기평가 2007년 9월

① 공부하기　　　② 이사하기　　　③ 영화 보기　　　④ 자원봉사

STEP 1　STRATEGIC LISTENING

위 문제의 정답을 찾기 어려웠다면 다음 단계에 따라 다시 듣고 정답을 찾아보세요.

BEFORE LISTENING　선택지를 먼저 읽고, 필요한 정보가 무엇인지 파악하세요.

① 공부하기 ______________________________________
② 이사하기 ______________________________________
③ 영화 보기 ______________________________________
④ 자원봉사 ______________________________________

WHILE LISTENING　관련된 표현들을 놓치지 않도록 집중하세요.

지난주에 한 일을 고르는 문제이므로 과거의 경험을 묻는 What did you do?란 표현이 나올 수 있겠죠? 초반에 여자가 I saw 'Spider man Ⅲ'.라고 하지만 남자가 한 일을 찾는 문제이므로 ③번의 영화 보기는 오답입니다. 그리고 여자가 What did you do?라고 묻자 남자가 I moved to a new house last Saturday.라고 대답합니다.

FINDING ANSWER　마지막 결정하는 부분을 놓치지 않도록 주의하세요.

새로 이사한 집이 어떤지 묻고 답하는 것으로 보아 남자가 지난 토요일에 한 일은 이사하기가 확실하네요.

Pronunciation

앞에서 풀어본 문제의 스크립트입니다. 대화를 듣고 정확한 표현을 골라보세요.

M How was your weekend?

W (**Great** / **Grape**). I saw 'Spiderman III'.

M (**Nearly** / **Really**)? How was it?

W It was very interesting. What did you do?

M I moved to a new house last Saturday. I had to work all weekend.

W How's (**your new palace** / **your new place**)?

M I like it very much.

Chunk Training

다음을 듣고 강세가 느껴지는 단어에 O 표시하고, 끊어 읽는 부분에 / 표시하세요.

M How was your weekend?

W Great. I saw / 'Spiderman III'.

M Really? How was it?

W It was very interesting. What did you do?

M I moved to a new house last Saturday. I had to work all weekend.

W How's your new place?

M I like it very much.

Chunk List

대화문에 등장한 핵심 chunk입니다. 다섯 번씩 소리 내어 읽고 적어보세요.

	① ② ③ ④ ⑤		① ② ③ ④ ⑤
How was ~? ~는 어땠니?	☑ ☐ ☐ ☐ ☐	What did you do? 무얼 했니?	☐ ☐ ☐ ☐ ☐
moved to ~로 이사했다	☐ ☐ ☐ ☐ ☐	have to ~해야만 한다	☐ ☐ ☐ ☐ ☐

Intonation

이번에는 영어의 느낌을 살려서 인토네이션과 강세(파랑, 분홍 글씨), 끊어 읽기(/ 한번 호흡)에 유의하여 다섯 번씩 소리 내어 읽어보세요.

                                                          ① ② ③ ④ ⑤

M   How was your weekend?   ☑ ☐ ☐ ☐ ☐

W   Great. I saw / 'spiderman III'.   ☐ ☐ ☐ ☐ ☐

M   Really? How was it?   ☐ ☐ ☐ ☐ ☐

W   It was / very interesting. What did you do?   ☐ ☐ ☐ ☐ ☐

M   I moved / to a new house / last Saturday.   ☐ ☐ ☐ ☐ ☐

      I had to work / all weekend.

W   How's / your new place?   ☐ ☐ ☐ ☐ ☐

M   I like it / very much.   ☐ ☐ ☐ ☐ ☐

이번에는 학습한 chunk를 활용해볼까요? 상황에 맞게 빈칸을 채워 말해보세요.

주말은 어떻게 보냈니?
How was ______________________?

좋았어. / 나는 봤어 / 스파이더맨 3편을.
Great. I saw 'Spiderman Ⅲ'.

정말? 그것은 어땠니?
Really? ______________________?

그것은 정말로 재미있었어. 너는 무엇을 했니?
It was very interesting. ______________________?

나는 이사갔다 / 새집으로 / 지난 토요일에.
______________________ a new house last Saturday.

나는 ~해야 했다 / 일을 / 주말에.
I had to work all weekend.

~는 어때 / 너의 새집?
How's ______________________?

나는 그것이 좋아 / 매우.
I like it very much.

Mission Question ② 이사하기

Step 1 Strategic Listening_Before Listening
① studying ② moving to a place ③ watching a movie ④ volunteering

Step 2 Chunk Listening_Pronunciation
Great ｜ Really ｜ your new place

Step 3 Chunk Speaking_Fill in the blanks
your weekend ｜ How was it ｜ What did you do? ｜ I moved to ｜ your new place

Mission Question 03

다음을 듣고, 새로 오신 선생님에 관해 알 수 <u>없는</u> 것을 고르시오.　　중2-교육청 듣기평가 2008년 4월

① 국적　　　　② 이름　　　　③ 좋아하는 운동　　　④ 이메일 주소

 **STRATEGIC LISTENING** 

위 문제의 정답을 찾기 어려웠다면 다음 단계에 따라 다시 듣고 정답을 찾아보세요.

BEFORE LISTENING　선택지를 먼저 읽고, 필요한 정보가 무엇인지 파악하세요.

① 국적 _______________________________
② 이름 _______________________________
③ 좋아하는 운동 _________________________
④ 이메일 주소 __________________________

WHILE LISTENING　관련된 표현들을 놓치지 않도록 집중하세요.

Let me introduce your new teacher, Laura.에서 간단히 이름이 언급되었어요. She is from the United States. Her favorite sport is tennis.에서 국적과 좋아하는 운동을 각각 알 수 있죠.

FINDING ANSWER　마지막 결정하는 부분을 놓치지 않도록 주의하세요.

이메일을 보낼 수 있다는 말은 나왔지만 구체적인 이메일 주소는 언급되지 않았어요. 답은 이메일 주소입니다.

Pronunciation

앞서 풀어본 문제의 스크립트입니다. 담화를 듣고 정확한 표현을 골라보세요.

M Let me introduce your new teacher, Laura.

She is from the United States.

She (**come to Korea** / **came to Korea**) two years ago.

Her favorite sport is tennis.

She will (**teach you American culture** / **reach you American culture**).

You can (**e-mail her** / **mail her**) if you have any questions.

Chunk Training

다음을 듣고 강세가 느껴지는 단어에 O 표시하고, 끊어 읽는 부분에 / 표시하세요.

M Let me introduce / your new teacher, Laura.

She is from the United States.

She came to Korea two years ago.

Her favorite sport is tennis.

She will teach you American culture.

You can e-mail her if you have any questions.

CHUNK SPEAKING

담화문에 등장한 핵심 chunk입니다. 다섯 번씩 소리 내어 읽고 적어 보세요.

	① ② ③ ④ ⑤		① ② ③ ④ ⑤
come to Korea 한국에 오다	☑ ☐ ☐ ☐ ☐	Let me introduce ～를 소개해줄게	☐ ☐ ☐ ☐ ☐
teach you American culture 미국문화를 가르치다	☐ ☐ ☐ ☐ ☐	Her favorite sport 그녀가 선호하는 스포츠	☐ ☐ ☐ ☐ ☐
You can e-mail her. 당신은 그녀에게 메일을 보낼 수 있습니다.	☐ ☐ ☐ ☐ ☐	if you have any questions 당신이 어떤 질문이 있으면	☐ ☐ ☐ ☐ ☐

이번에는 영어의 느낌을 살려서 인토네이션과 강세(파랑, 분홍 글씨), 끊어 읽기(/ 한번 호흡)에 유의하여 다섯 번씩 소리 내어 읽어보세요.

M Let me introduce / your new teacher, Laura.   ① ② ③ ④ ⑤ ☑ ☐ ☐ ☐ ☐

She is / from the United States.

She came to Korea / two years ago.

Her favorite sport / is tennis.

She will teach you / American culture.

You can e-mail her / if you have any questions.

이번에는 학습한 chunk를 활용해볼까요? 상황에 맞게 빈칸을 채워 말해보세요.

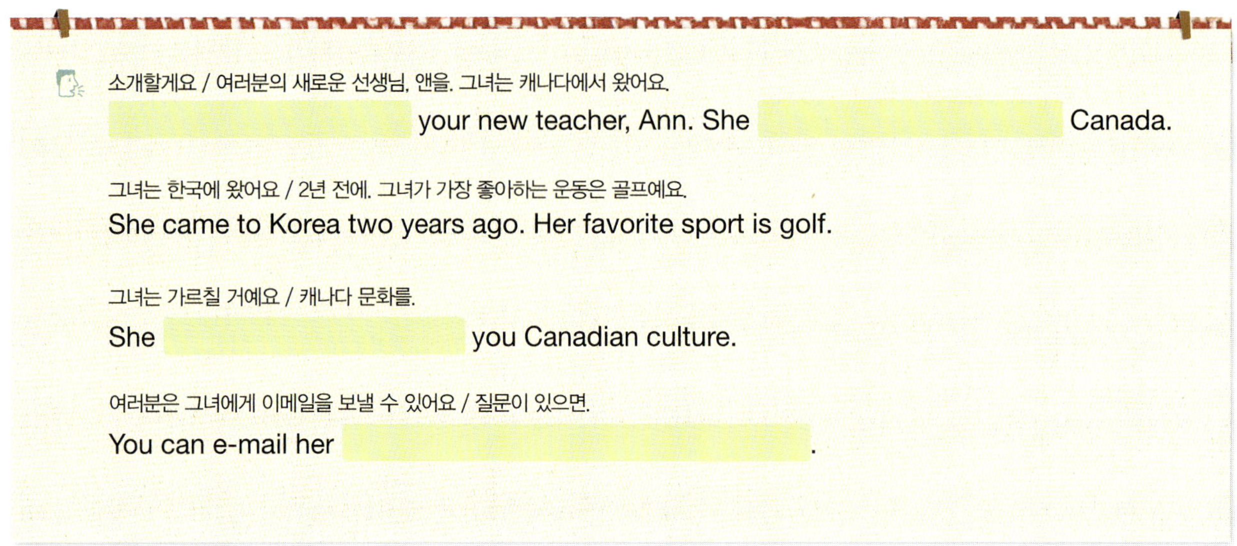

소개할게요 / 여러분의 새로운 선생님, 앤을. 그녀는 캐나다에서 왔어요.

                           your new teacher, Ann. She   Canada.

그녀는 한국에 왔어요 / 2년 전에. 그녀가 가장 좋아하는 운동은 골프예요.

She came to Korea two years ago. Her favorite sport is golf.

그녀는 가르칠 거예요 / 캐나다 문화를.

She   you Canadian culture.

여러분은 그녀에게 이메일을 보낼 수 있어요 / 질문이 있으면.

You can e-mail her   .

Answers for Each Step

Mission Question ④ 이메일 주소

Step 1 Strategic Listening_Before Listening
① ~ is from ~ ② ~ name is ~ ③ favorite sport ④ email address

Step 2 Chunk Listening_Pronunciation
She came to Korea ｜ teach you American culture ｜ e-mail her

Step 3 Chunk Speaking_Fill in the blanks
Let me introduce ｜ is from ｜ will teach ｜ if you have any questions

Mission Question 04

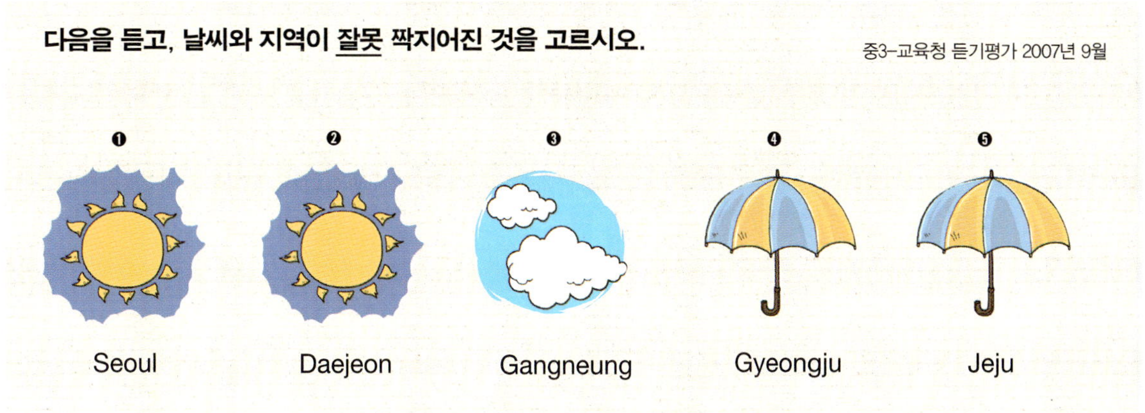

다음을 듣고, 날씨와 지역이 <u>잘못</u> 짝지어진 것을 고르시오.

중3-교육청 듣기평가 2007년 9월

 **STEP 1** 

STRATEGIC LISTENING

위 문제의 정답을 찾기 어려웠다면 다음 단계에 따라 다시 듣고 정답을 찾아보세요.

 **BEFORE LISTENING** 선택지를 먼저 읽고, 필요한 정보가 무엇인지 파악하세요.

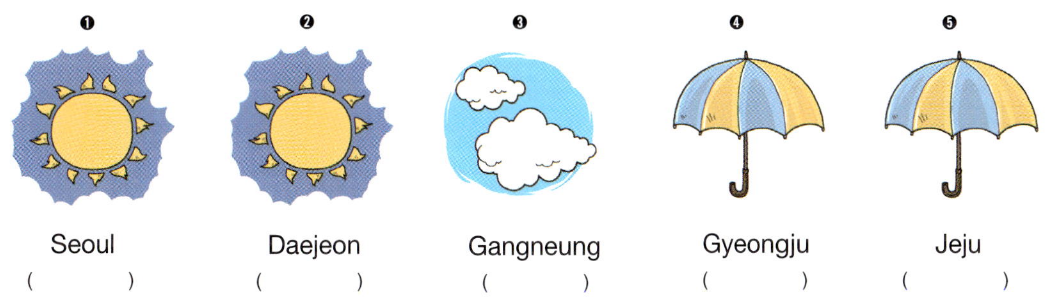

Seoul (   ) Daejeon (   ) Gangneung (   ) Gyeongju (   ) Jeju (   )

WHILE LISTENING 날씨와 관련된 표현들을 놓치지 않도록 집중하세요.

Seoul is still going to be (   ).
Daejeon will be (   )
But in Gangneung and Gyeongju, it will be very (   ).
In Jeju, you should have an (   ).

FINDING ANSWER 지역과 날씨가 나올 때 놓치지 않고 들어요.

잘못 짝지어진 것을 고르는 문제이므로 맞는 것은 체크를 하면서 하나씩 지워나가면 돼요.

Pronunciation

앞서 풀어본 문제의 스크립트입니다. 담화를 듣고 정확한 표현을 골라보세요.

1

W Good morning. This is Rina Kang.

It has been so warm **(throughout the country / thorough the country)**.

However, there will be some changes in weather today.

Seoul is still going to be **(sunny and warm / windy and warm)**.

Daejeon will be the same.

But in Gangneung and Gyeongju, it **(will be / would be)** very cloudy.

If you are in Jeju, you **(should have / shouldn't have)** an umbrella ready.

Chunk Training

다음을 듣고 강세가 느껴지는 단어에 O 표시하고, 끊어 읽는 부분에 / 표시하세요.

W Good morning. This is Rina Kang.

It has been so warm **/** throughout the country.

However, there will be some changes in weather today.

Seoul is still going to be sunny and warm.

Daejeon will be the same.

But in Gangneung and Gyeongju, it will be very cloudy.

If you are in Jeju, you should have an umbrella ready.

CHUNK SPEAKING

Chunk List

담화문에 등장한 핵심 chunk입니다. 다섯 번씩 소리 내어 읽고 적어 보세요.

	① ② ③ ④ ⑤		① ② ③ ④ ⑤
throughout the country 전국적으로	☑ ☐ ☐ ☐ ☐	changes in weather 날씨의 변화들	☐ ☐ ☐ ☐ ☐
it will be cloudy 흐릴 것이다	☐ ☐ ☐ ☐ ☐	sunny and warm 화창하고 따뜻한	☐ ☐ ☐ ☐ ☐
be the same 같다	☐ ☐ ☐ ☐ ☐	should have an umbrella ready 우산을 준비해야 한다	☐ ☐ ☐ ☐ ☐

Intonation

이번에는 영어의 느낌을 살려서 인토네이션과 강세(파랑, 분홍 글씨), 끊어 읽기(/ 한번 호흡)에 유의하여 다섯 번씩 소리 내어 읽어보세요.

W GOOd morning. This is Rina Kang.　　☑ ☐ ☐ ☐ ☐

It has been so warm / throughout the country.

HOwever, there will be some changes / in weather today.

Seoul is still going to be / sunny and warm. Daejeon will be the same.

But in Gangneung and Gyeongju, it will be very cloudy.

If you are in Jeju, you should / have an umbrella ready.

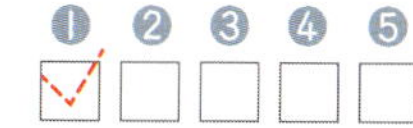

이번에는 학습한 chunk를 활용해볼까요? 상황에 맞게 빈칸을 채워 말해보세요.

좋은 아침입니다. 리나 강입니다. 매우 따뜻했습니다 / 전국적으로.
Good morning. ____________ Rina Kang. ____________ so warm ____________.

하지만, 몇 가지 변화가 있을 겁니다 / 오늘의 날씨는. 서울은 여전히 ~일 것입니다 / 화창하고 따뜻한.
However, ____________ in weather today. Seoul ____________ sunny and warm.

대전도 같을 겁니다. 그러나 강릉과 경주에서는, 매우 흐릴 겁니다.
Daejeon ____________. But in Gangneung and Gyeongju, ____________ very cloudy.

만약 제주도에 있으시다면, 당신은 ~해야 합니다 / 우산을 준비.
If you are in Jeju, you should have an umbrella ready.

Answers for Each Step

Mission Question ④ Gyeongju

Step 1 Strategic Listening_Before Listening
① sunny　② sunny　③ cloudy　④ rainy　⑤ rainy

Step 2 Chunk Listening_Pronunciation
throughout the country ｜ sunny and warm ｜ will be ｜ should have

Step 3 Chunk Speaking_Fill in the blanks
This is ｜ It has been ｜ throughout the country ｜ there will be some changes ｜ is still going to be ｜ will be the same ｜ it will be

Mission Question 05

대화를 듣고, 두 사람이 이용할 교통수단을 고르시오.

중3-교육청 듣기평가 2008년 10월

① bus   ② car   ③ ship   ④ taxi   ⑤ subway

STEP 1   STRATEGIC LISTENING

위 문제의 정답을 찾기 어려웠다면 다음 단계에 따라 다시 듣고 정답을 찾아보세요.

BEFORE LISTENING   선택지를 먼저 읽고, 필요한 정보가 무엇인지 파악하세요.

① bus ______________________________
② car ______________________________
③ ship ______________________________
④ taxi ______________________________
⑤ subway ______________________________

WHILE LISTENING   관련된 명사 표현들을 놓치지 않도록 집중하세요.

the Statue of Liberty across the (   )

FINDING ANSWER   마지막 결정하는 부분을 놓치지 않도록 합니다.

M   That's pretty tall. How can we get to Liberty Island?
W   We have to (   )

여기서 여자가 ferry를 타고 가자고 했는데, 선택지에는 없으니 같은 의미를 가진 다른 단어를 찾아야겠네요.

Pronunciation

앞서 풀어본 문제의 스크립트입니다. 대화를 듣고 정확한 표현을 골라보세요.

W Look! There's the Statue of Liberty **(across the water / across the street)**.

M Wow! It's really wonderful.

W **(It is sure / It sure is)**. I read in our guidebook that it's 151 feet tall.

M **(That's pretty tall / That's pretty toll)**. How can we **(get to / go to)** Liberty Island?

W We have to **(take a way / take a ferry)**.

M Okay. Let's go.

Chunk Training

다음을 듣고 강세가 느껴지는 단어에 O 표시하고, 끊어 읽는 부분에 / 표시하세요.

W Look! There's / the Statue of Liberty across the water!

M Wow! It's really wonderful.

W It sure is. I read in our guidebook that it's 151 feet tall.

M That's pretty tall. How can we get to Liberty Island?

W We have to take a ferry.

M Okay. Let's go.

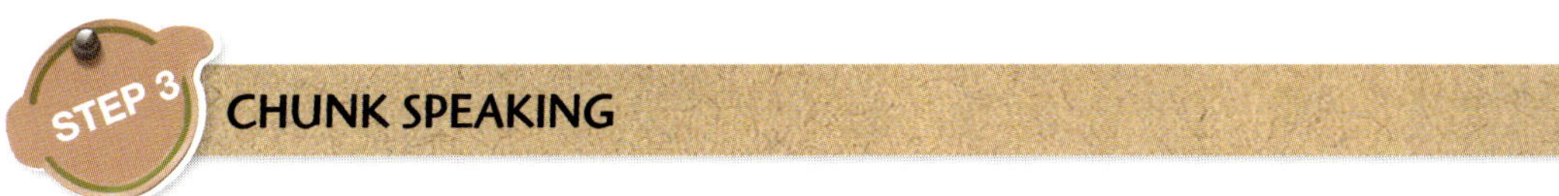

Chunk List

대화문에 등장한 핵심 chunk입니다. 다섯 번씩 소리 내어 읽고 적어 보세요.

	① ② ③ ④ ⑤		① ② ③ ④ ⑤
the Statue of Liberty 자유의 여신상	☑☐☐☐☐	across the water 물 건너서	☐☐☐☐☐
That's pretty tall 그것은 매우 크다	☐☐☐☐☐	it's 151 feet tall 151 피트 높이이다	☐☐☐☐☐
How can we get to ~? ~에 어떻게 가니?	☐☐☐☐☐	Let's go 가자	☐☐☐☐☐

Intonation

이번에는 영어의 느낌을 살려서 인토네이션과 강세(파랑, 분홍 글씨), 끊어 읽기(/ 한번 호흡)에 유의하여 다섯 번씩 소리 내어 읽어보세요.

		① ② ③ ④ ⑤
W	Look! There's / the Statue of Liberty / across the water!	☑☐☐☐☐
M	Wow! It's really wonderful.	☐☐☐☐☐
W	It sure is. I read / in our guidebook / that it's 151 feet tall.	☐☐☐☐☐
M	That's pretty tall. How can we get to / Liberty Island?	☐☐☐☐☐
W	We have to / take a ferry.	☐☐☐☐☐
M	Okay. Let's go.	☐☐☐☐☐

이번에는 학습한 chunk를 활용해볼까요? 상황에 맞게 빈칸을 채워 말해보세요.

봐! 저기 있어 / 자유의 여신상이 / 물 건너에!
Look! ___________ the Statue of Liberty across the water.

와우! 정말 환상적이야.
Wow! ___________ fantastic.

정말 그래. 나는 읽었어 / 우리 가이드북에서 / 그것이 151피트 높이라고.
It sure is. ___________ our guidebook that it's 151feet tall.

그건 꽤 높구나. 우리 어떻게 가지 / 자유의 섬에?
That's pretty tall. ___________ Liberty island?

우리는 ~해야 해 / 배를 타다.
___________ take a ferry.

알았어. 가자.
Okay. Let's go.

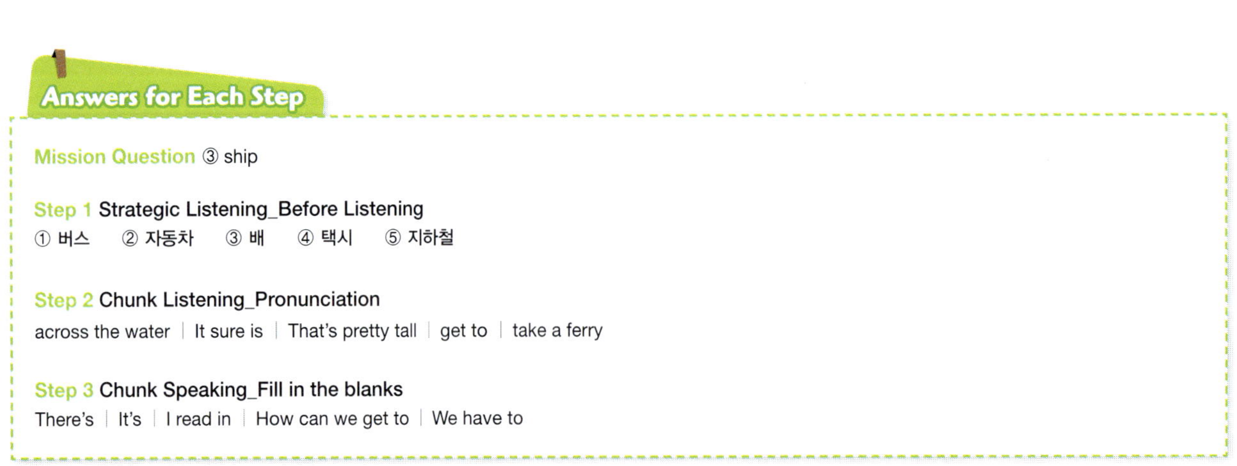

Mission Question 06

대화를 듣고, 추석 다음 날의 날씨를 고르시오 중3-교육청 듣기평가 2009년 9월

① cloudy   ② windy   ③ foggy   ④ rainy   ⑤ sunny

위 문제의 정답을 찾기 어려웠다면 다음 단계에 따라 다시 듣고 정답을 찾아보세요.

BEFORE LISTENING 선택지를 먼저 읽고, 필요한 정보가 무엇인지 파악하세요.

① cloudy ___________________________
② windy ___________________________
③ foggy ___________________________
④ rainy ___________________________
⑤ sunny ___________________________

WHILE LISTENING 관련된 명사 표현들을 놓치지 않도록 집중하세요.

Q 올해 추석은 무슨 요일인가요?
   ~ on Chuseok, which falls on (   ) this year.

질문이 추석 다음날의 날씨를 물어보니까 추석이 언제인지 말하는 표현을 반드시 들어야겠죠? 추석은 토요일이네요.

FINDING ANSWER 마지막 결정하는 부분을 놓치지 않도록 합니다.

M You don't have to worry about it.
   On (   ) it will just be (   ).

일요일의 날씨에 대해 언급하는 내용을 찾으면 정답!!

Pronunciation

앞서 풀어본 문제의 스크립트입니다. 대화를 듣고 정확한 표현을 골라보세요.

W Minho, are you going to your hometown for Chuseok?

M No. I have only **(three days off / three days over)** from Friday to Sunday, and I heard

   (it is going to / it is going) rain heavily.

W Rain for all three days?

M No, the weather will be fine on Friday. It will be windy and rainy on Chuseok, which

   (calls on / falls on) Saturday this year.

W I'm going to drive to Daegu, but **(I don't drive well / I don't derive well)** when it's rainy or foggy.

M When will you come back?

W Sunday afternoon.

M You don't have to **(weary about / worry about)** it. On Sunday it will just be cloudy.

Chunk Training

다음을 듣고 강세가 느껴지는 단어에 O 표시하고, 끊어 읽는 부분에 / 표시하세요.

W Minho, are you going to / your hometown for Chuseok?

M No. I have only three days off from Friday to Sunday, and I heard it is going to rain heavily.

W Rain for all three days?

M No, the weather will be fine on Friday. It will be windy and rainy on Chuseok, which falls

   on Saturday this year.

W I'm going to drive to Daegu, but I don't drive well when it's rainy or foggy.

M When will you come back?

W Sunday afternoon.

M You don't have to worry about it. On Sunday it will just be cloudy.

STEP 3 CHUNK SPEAKING

Chunk List

대화문에 등장한 핵심 chunk입니다. 다섯 번씩 소리 내어 읽고 적어 보세요.

	❶ ❷ ❸ ❹ ❺		❶ ❷ ❸ ❹ ❺
three days off 3일의 휴가	☑ ☐ ☐ ☐ ☐	rain heavily 심하게 비가 오다	☐ ☐ ☐ ☐ ☐
you should 너는 ~해야 한다	☐ ☐ ☐ ☐ ☐	fall on ~에 해당하다	☐ ☐ ☐ ☐ ☐
come back 돌아오다	☐ ☐ ☐ ☐ ☐	worry about ~에 대해 걱정하다	☐ ☐ ☐ ☐ ☐

Intonation

이번에는 영어의 느낌을 살려서 인토네이션과 강세(파랑, 분홍 글씨), 끊어 읽기(/ 한번 호흡)에 유의하여 다섯 번씩 소리 내어 읽어보세요.

W Minho, are you going to / your hometown / for chuseok? ☑ ☐ ☐ ☐ ☐

M No. I have only three days off / from Friday to Sunday, and I heard / it is going to / rain heavily. ☐ ☐ ☐ ☐ ☐

W Rain for all three days? ☐ ☐ ☐ ☐ ☐

M No, / the weather will be fine / on Friday. / It will be windy and rainy / on chuseok, / which falls on saturday / this year. ☐ ☐ ☐ ☐ ☐

W I'm going to drive / to Daegu, but I don't drive well / when it's rainy or foggy. ☐ ☐ ☐ ☐ ☐

M when will you come back? ☐ ☐ ☐ ☐ ☐

W sunday afternoon. ☐ ☐ ☐ ☐ ☐

M You don't have to / worry about it. On Sunday / it will just be cloudy. ☐ ☐ ☐ ☐ ☐

이번에는 학습한 chunk를 활용해볼까요? 상황에 맞게 빈칸을 채워 말해보세요.

민호야, 너는 ~에 갈 거니 / 너의 고향 / 추석에?
Minho,   your hometown for Chuseok?

아니, 나는 3일만 쉬어 / 금요일부터 일요일까지, 그리고 난 들었어 / – 할 것이라고 / 비가 심하게 오다.
No. I   from Friday to Sunday, and I heard it is going to rain heavily.

3일 내내 비가 내린다고?
Rain for all three days?

아니, 날씨는 괜찮아질 거야 / 금요일에. 바람이 불고 비가 올 거야 / 추석에는 /
No, the weather will be fine on Friday.   windy and rainy on Chuseok

토요일이 되는 / 올해.
which falls on Saturday this year.

나는 운전할 거야 / 대구로, 그러나 나는 운전을 잘 못해 / 비가 오거나 안개가 꼈을 때.
          drive to Daegu, but I don't drive well when it's rainy or foggy.

언제 돌아올 거야?
When will you come back?

일요일 오후에.
Sunday afternoon.

너는 –할 필요가 없어 / 그것에 대해 걱정하다. 일요일에는 흐리기만 할 거야.
          it. On Sunday it will be just cloudy.

Answers for Each Step

Mission Question ① cloudy

Step 1 Strategic Listening_Before Listening
① 흐린   ② 바람 부는   ③ 안개 낀   ④ 비오는   ⑤ 맑은

Step 2 Chunk Listening_Pronunciation
three days off ｜ it is going to ｜ falls on ｜ I don't drive well ｜ worry about

Step 3 Chunk Speaking_Fill in the blanks
are you going to ｜ have only three days off ｜ It will be ｜ I am going to ｜ You don have to worry about

Chapter 2에서 학습한 핵심 Chunk의 모음입니다. 소리 내어 다섯 번씩 읽고 빈칸에 그 의미를 적어보세요.

	① ② ③ ④ ⑤
May I speak to	
This is	
Can you come?	
When is your birthday?	
That's great!	
third Saturday of this month	
How was ~?	
What did you do?	
moved to ~	
have to ~	
come to Korea	
Let me introduce	
teach you American culture	
Her favorite sport	
You can e-mail her.	
if you have any questions	
throughout the country	
changes in weather	
it will be cloudy	
sunny and warm	
be the same	
should have an umbrella ready	
the Statue of Liberty	
across the water	
That's pretty tall	
it's 151 feet tall	
How can we get to ~?	
Let's go	
three days off	
rain heavily	
you should	
fall on	
come back	
worry about	

Chapter 03 Searching for Specific Information II

특정 정보(할 일) 찾기 II

Fundamental Principle

1. 문제를 미리 읽고 대화의 상황에 대한 정보를 얻어라.

2. 무엇을 알아야 하는지 스스로에게 물어라.

3. 단어 듣기에서 chunk(의미덩어리) 듣기로 전환하라.

4. 대화나 설명의 처음 시작에 주목하라.

유형

대화나 담화를 듣고 구체적이고 세부적인 사항을 파악할 수 있는지를 측정하는 문제 유형입니다. 특정한 사실에 대한 장점과 단점을 구별하여 내용 일치 여부를 확인하는 형태로 출제되기도 합니다.

BEFORE LISTENING

대화나 담화를 듣기 전에 선택지를 미리 보면 대화 내용을 짐작할 수 있습니다. 선택지는 보통 들려주는 내용의 순서대로 배열되어 있으므로 듣기에 앞서 선택지의 내용을 미리 파악하면 들을 내용을 예측할 수 있습니다.

WHILE LISTENING

질문이 내용과 일치하는 것인지 일치하지 않는 것인지를 정확히 파악해야 합니다. 정답과 관련이 없는 선택지를 제외, 혹은 일치 여부를 번호 옆에 표시하며 부정, 긍정의 표현에 주의하면서 선택지와 대조하며 듣도록 하세요.

FINDING ANSWER

대화의 중간에 여러 가지 의견이 언급되지만, 최종적으로 무엇을 할 것인지 결정하는 대화는 뒷부분에 나오므로 이 부분을 놓치지 않도록 합니다.

Mission Question 01

대화를 듣고, 두 사람이 하게 될 일을 고르시오.

중2-교육청 듣기평가 2007년 4월

① shopping   ② swimming
③ watching TV   ④ playing tennis

STRATEGIC LISTENING 

위 문제의 정답을 찾기 어려웠다면 다음 단계에 따라 다시 듣고 정답을 찾아보세요.

BEFORE LISTENING   선택지를 먼저 읽고, 필요한 정보가 무엇인지 파악하세요.

① shopping ___________________________
② swimming ___________________________
③ watching TV ___________________________
④ playing tennis ___________________________

WHILE LISTENING   전체 내용을 추론하기 위해서 핵심 표현을 기억하세요.

go swimming, I don't feel like swimming today.등 제안하는 말에 승낙하는지, 거절하는지 주의해서 들으세요.

FINDING ANSWER   마지막 결정하는 부분을 놓치지 않도록 주의하세요.

여자가 Why don't we play tennis?라고 묻자 남자가 Tennis sounds great.라고 말하며 여자의 제안에 승낙하네요.

 **STEP 2** **CHUNK LISTENING** 

앞서 풀어본 문제의 스크립트입니다. 대화를 듣고 정확한 표현을 골라보세요.

M **(Can you swim / Can you swam)**, Nancy?

W Yes, I can.

M Well, would you like **(to go swinging / to go swimming)** today?

W Sorry, **(I don't feel like / I don't peel like)** swimming today.

M What would you like to do, then?

W Why don't we play tennis?

M Tennis sounds great. Let's go.

다음을 듣고 강세가 느껴지는 단어에 O 표시하고, 끊어 읽는 부분에 / 표시하세요.

M Can you swim, / Nancy?

W Yes, I can.

M Well, would you like to go swimming today?

W Sorry, I don't feel like swimming today.

M What would you like to do, then?

W Why don't we play tennis?

M Tennis sounds great. Let's go.

STEP 3 CHUNK SPEAKING

Chunk List

대화문에 등장한 핵심 chunk입니다. 다섯 번씩 소리 내어 읽고 적어 보세요.

	① ② ③ ④ ⑤		① ② ③ ④ ⑤
Can you swim? 넌 수영할 수 있니?	☑ ☐ ☐ ☐ ☐	What would you like to do? 넌 뭐하고 싶은데?	☐ ☐ ☐ ☐ ☐
go swimming 수영하러 가다	☐ ☐ ☐ ☐ ☐	Tennis sounds great. 테니스 치는 거 좋겠다.	☐ ☐ ☐ ☐ ☐
Why don't we ~ ? 우리 ~하지 않을래?	☐ ☐ ☐ ☐ ☐	I don't feel like ~할 기분이 아니다	☐ ☐ ☐ ☐ ☐

Intonation

이번에는 영어의 느낌을 살려서 인토네이션과 강세(파랑, 분홍 글씨), 끊어 읽기(/ 한번 호흡)에 유의하여 다섯 번씩 소리 내어 읽어보세요.

① ② ③ ④ ⑤

M Can you swim, Nancy? ☑ ☐ ☐ ☐ ☐

W Yes, I can. ☐ ☐ ☐ ☐ ☐

M Well, would you like / to go swimming today? ☐ ☐ ☐ ☐ ☐

W Sorry, I don't feel like / swimming today. ☐ ☐ ☐ ☐ ☐

M What would you like / to do, then? ☐ ☐ ☐ ☐ ☐

W Why don't we / play tennis? ☐ ☐ ☐ ☐ ☐

M Tennis sounds great. Let's go. ☐ ☐ ☐ ☐ ☐

이번에는 학습한 chunk를 활용해볼까요? 상황에 맞게 빈칸을 채워 말해보세요.

너 수영할 수 있니, 사라?
___________ swim, Sarah?

응, 난 할 수 있어.
Yes, I can.

그럼, ~할래 / 오늘 수영하러 가다?
Well, ___________ go swimming today?

미안, 기분이 아니야 / 수영하기에 / 오늘은.
___________ swimming today.

무엇을 원해 / 하기를, 그럼?
___________ to do, then?

~하는 게 어때 / 쇼핑하러 가다?
___________ go shopping?

쇼핑 좋아. 가자.
Shopping sounds great. ___________.

Answers for Each Step

Mission Question ④ playing tennis

Step 1 Strategic Listening_Before Listening
① 쇼핑하기 ② 수영하기 ③ TV 보기 ④ 테니스치기

Step 2 Chunk Listening_Pronunciation
Can you swim | to go swimming | I don't feel like

Step 3 Chunk Speaking_Fill in the blanks
Can you | would you like to | Sorry, I don't feel like | What would you like | Why don't we | Let's go

Mission Question 02

대화를 듣고, 두 사람이 오후에 함께 하게 될 일을 고르시오.

중2-교육청 듣기평가 2008년 4월

① 도서관 가기
③ 수학 공부하기
② 교실 청소하기
④ 선생님 일손 돕기

STEP 1 STRATEGIC LISTENING

위 문제의 정답을 찾기 어려웠다면 다음 단계에 따라 다시 듣고 정답을 찾아보세요.

BEFORE LISTENING 선택지를 먼저 읽고, 필요한 정보가 무엇인지 파악하세요.

① 도서관 가기 _______________________________
② 교실 청소하기 _______________________________
③ 수학 공부하기 _______________________________
④ 선생님 일손 돕기 _______________________________

WHILE LISTENING 전체 내용을 추론하기 위해서 핵심 표현을 기억하세요.

남자가 Why are you cleaning the classroom alone?라고 묻자 My teacher told me to because I didn't do my homework.라고 대답하는 걸로 보아 숙제를 하지 않아서 벌 청소를 하고 있는 상황이네요. 하지만 cleaning the classroom, I didn't do my homework, some help 등은 두 사람이 오후에 할 일과는 관련이 없는 오답을 유도하는 표현입니다.

FINDING ANSWER 마지막 결정하는 부분을 놓치지 않도록 주의하세요.

Hey, do you want to go to the library with me this afternoon?이라는 여자의 질문에 남자가 Sure.라고 대답했기 때문에 두 사람이 오후에 같이 할 일은 도서관 가기가 되겠네요.

Pronunciation

앞에서 풀어본 문제의 스크립트입니다. 대화를 듣고 정확한 표현을 골라보세요.

M Why are you cleaning the classroom (**alone** / **along**)?

W (**My teacher** / **My pitcher**) told me to because I didn't do my homework.

M Do you want some help?

W No, thanks. Hey, do you want to go to the library (**win me** / **with me**) this afternoon?

M Sure. I'll (**wake for you** / **wait for you**).

Chunk Training

다음을 듣고 강세가 느껴지는 단어에 O 표시하고, 끊어 읽는 부분에 / 표시하세요.

M Why are you cleaning / the classroom alone?

W My teacher told me to because I didn't do my homework.

M Do you want some help?

W No, thanks. Hey, do you want to go to the library with me this afternoon?

M Sure. I'll wait for you.

Chunk List

대화문에 등장한 핵심 chunk입니다. 다섯 번씩 소리 내어 읽고 적어보세요.

	① ② ③ ④ ⑤		① ② ③ ④ ⑤
cleaning the classroom alone 혼자 교실을 청소하다	☑ ☐ ☐ ☐ ☐	My teacher told me 우리 선생님께서 나에게 시키셨어	☐ ☐ ☐ ☐ ☐
Do you want some help? 도움을 원하니?	☐ ☐ ☐ ☐ ☐	I'll wait for you 내가 널 기다려줄게	☐ ☐ ☐ ☐ ☐
didn't do my homework 내 숙제를 안했다	☐ ☐ ☐ ☐ ☐	with me 나와 함께	☐ ☐ ☐ ☐ ☐

Intonation

이번에는 영어의 느낌을 살려서 인토네이션과 강세(파랑, 분홍 글씨), 끊어 읽기(/ 한번 호흡)에 유의하여 다섯 번씩 소리 내어 읽어보세요.

		① ② ③ ④ ⑤
M	Why are you cleaning / the classroom / alone?	☑ ☐ ☐ ☐ ☐
W	My teacher / told me to / because I didn't do / my homework.	☐ ☐ ☐ ☐ ☐
M	Do you want / some help?	☐ ☐ ☐ ☐ ☐
W	No, thanks. Hey, do you want / to go to the library / with me / this afternoon?	☐ ☐ ☐ ☐ ☐
M	Sure. I'll / wait for you.	☐ ☐ ☐ ☐ ☐

이번에는 학습한 chunk를 활용해볼까요? 상황에 맞게 빈칸을 채워 말해보세요.

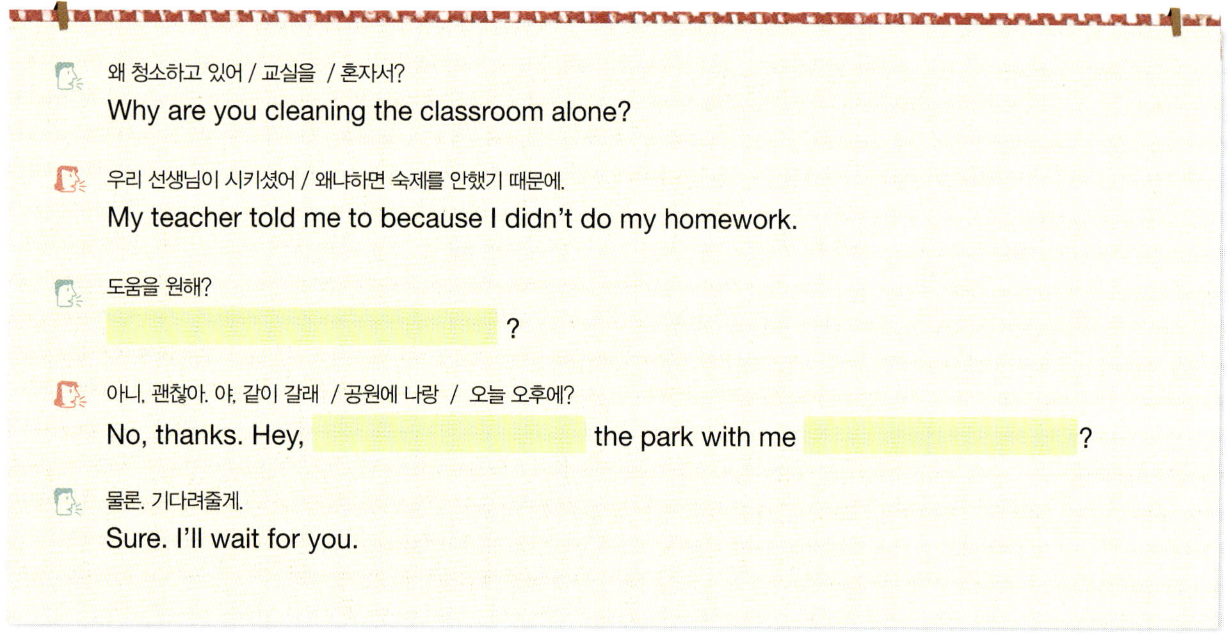

대화를 듣고, 여자가 오후에 할 일을 고르시오.

중2-교육청 듣기평가 2008년 4월

① 청소   ② 수영
③ 낮잠   ④ 테니스

STEP 1   STRATEGIC LISTENING

위 문제의 정답을 찾기 어려웠다면 다음 단계에 따라 다시 듣고 정답을 찾아보세요.

BEFORE LISTENING   선택지를 먼저 읽고, 필요한 정보가 무엇인지 파악하세요.

① 청소 _______________________________
② 수영 _______________________________
③ 낮잠 _______________________________
④ 테니스 _______________________________

WHILE LISTENING   선제 내용을 추론하기 위해서 핵심 표현을 기억하세요.

How about playing tennis with me?와 Let's go to a swimming pool.이라는 제인에 승닉을 하는지, 서절을 하는시 수익해서 늘으세요.

FINDING ANSWER   마지막 결정하는 부분을 놓치지 않도록 주의하세요.

I stayed up late last night.라고 말하며 I think I'd better take a nap after lunch.라는 얘기를 덧붙이네요. 늦게까지 잠을 자지 않았으니 쉬는 것이 좋겠죠?

Pronunciation

앞서 풀어본 문제의 스크립트입니다. 대화를 듣고 정확한 표현을 골라보세요.

M Susan, **(are you free / are you flea)** this afternoon?

W I don't have any plans. Why?

M How about playing tennis with me?

W It's too hot outside.

M **(You're right / You're light)**. Let's go **(to a swimming pool / to a swimming fool)**.

W I'm sorry, I don't feel like it. I stayed up late last night.

M You should **(get some nest / get some rest)**, then.

W Yeah, I think I'd better take a **(nap / lap)** after lunch.

Chunk Training

다음을 듣고 강세가 느껴지는 단어에 O 표시하고, 끊어 읽는 부분에 / 표시하세요.

M Susan, are you free / this afternoon?

W I don't have any plans. Why?

M How about playing tennis with me?

W It's too hot outside.

M You're right. Let's go to a swimming pool.

W I'm sorry, I don't feel like it. I stayed up late last night.

M You should get some rest, then.

W Yeah, I think I'd better take a nap after lunch.

Chunk List

대화문에 등장한 핵심 chunk입니다. 다섯 번씩 소리 내어 읽고 적어 보세요.

	① ② ③ ④ ⑤		① ② ③ ④ ⑤
are you free? 너 시간 있니?	☑ ☐ ☐ ☐ ☐	this afternoon 오늘 오후에	☐ ☐ ☐ ☐ ☐
You're right 네가 맞아	☐ ☐ ☐ ☐ ☐	It's too hot 너무 더워	☐ ☐ ☐ ☐ ☐
take a nap 낮잠을 자다	☐ ☐ ☐ ☐ ☐	get some rest 휴식을 취하다	☐ ☐ ☐ ☐ ☐
I'd better ~하는 게 낫다	☐ ☐ ☐ ☐ ☐	stayed up late last night 어젯밤에 늦게 잠들었다	☐ ☐ ☐ ☐ ☐

Intonation

이번에는 영어의 느낌을 살려서 인토네이션과 강세(파랑, 분홍 글씨), 끊어 읽기(/ 한번 호흡)에 유의하여 다섯 번씩 소리 내어 읽어보세요.

		① ② ③ ④ ⑤
M	Susan, are you free / this afternoon?	☑ ☐ ☐ ☐ ☐
W	I don't have any plans. Why?	☐ ☐ ☐ ☐ ☐
M	How about / playing tennis / with me?	☐ ☐ ☐ ☐ ☐
W	It's too hot / outside.	☐ ☐ ☐ ☐ ☐
M	You're right. Let's go / to a swimming pool.	☐ ☐ ☐ ☐ ☐
W	I'm sorry, I don't feel like it. I stayed up late / last night.	☐ ☐ ☐ ☐ ☐
M	You should / get some rest, then.	☐ ☐ ☐ ☐ ☐
W	Yeah, I think / I'd better / take a nap / after lunch.	☐ ☐ ☐ ☐ ☐

이번에는 학습한 chunk를 활용해볼까요? 상황에 맞게 빈칸을 채워 말해보세요.

오드리, 너 시간 있니 / 오늘 오후에?
Audrey, are you free ______________________?

나는 계획 없어. 왜?
I don't have any plans. Why?

나와 같이 하는 건 어때 / 테니스를?
______________________ playing tennis with me?

너무 더워 / 밖은.
It's too hot outside.

맞아. 수영장 가자 / 우리.
You're right. ______________________ go to a swimming pool.

미안. 그럴 기분 아니야. 어제 늦은 밤까지 깨어 있었어.
I'm sorry, I don't feel like it. I stayed up late last night.

쉬어야 돼 너는 / 그럼.
You should get some rest, then.

응, 좋을 것 같아 / 점심 이후 낮잠 자는 게.
Yeah, ______________________ take a nap after lunch.

Answers for Each Step

Mission Question ③ 수영

Step 1 Strategic Listening_Before Listening
① cleaning   ② swimming   ③ taking a nap   ④ playing tennis

Step 2 Chunk Listening_Pronunciation
are you free ｜ You're right ｜ to a swimming pool ｜ get some rest ｜ nap

Step 3 Chunk Speaking_Fill in the blanks
this afternoon ｜ How about ｜ Let's ｜ I think I'd better

Mission Question 04

대화를 듣고, 두 사람이 대화를 마친 후 할 일을 고르시오.

중3-교육청 듣기평가 2009년 9월

① 연극 연습　　　　② 연극 관람　　　　③ 연극 공연
④ 연극반 가입　　　　⑤ 연극표 구입

 **STEP 1** ── **STRATEGIC LISTENING** 

위 문제의 정답을 찾기 어려웠다면 다음 단계에 따라 다시 듣고 정답을 찾아보세요.

BEFORE LISTENING 선택지를 먼저 읽고, 필요한 정보가 무엇인지 파악하세요.

① 연극 연습 ________________________________
② 연극 관람 ________________________________
③ 연극 공연 ________________________________
④ 연극반 가입 ________________________________
⑤ 연극표 구입 ________________________________

WHILE LISTENING 관련된 명사 표현들을 놓치지 않도록 집중하세요.

be in a play, Snow White. the role of the princess 등 어떤 상황에서 일어나는 대화인지 일단 파악한다.

FINDING ANSWER 마지막 결정하는 부분을 놓치지 않도록 하세요.

M Oh, do you mind if I help you practice? I love that play. I can be your partner, the prince.
W Sure. That will be a great help.

연습을 도와주겠다는 남자의 말이 핵심입니다. 여자는 승낙을 하네요.

Pronunciation

앞서 풀어본 문제의 스크립트입니다. 대화를 듣고 정확한 표현을 골라보세요.

M Where are you **(going / doing)**, Sue?

W I'm going to the school auditorium. As you know, the school festival is **(coming up / becoming up)**.

M Oh, right. You are a member of the **(drama club / drama clove)**.

W Yes, I will be **(in a play / in your play)** this year. So, I have to practice every day.

M What is the title of this year's play?

W Snow White. I play the role of the princess.

M Oh, do **(you mind / you mine)** if I help you practice? I love that play. I can be your partner, the prince.

W Sure. That will be a great help.

Chunk Training

다음을 듣고 강세가 느껴지는 단어에 O 표시하고, 끊어 읽는 부분에 / 표시하세요.

M Where are you going, / Sue?

W I'm going to the school auditorium. As you know, the school festival is coming up.

M Oh, right. You are a member of the drama club.

W Yes, I will be in a play this year. So, I have to practice every day.

M What is the title of this year's play?

W Snow White. I play the role of the princess.

M Oh, do you mind if I help you practice? I love that play. I can be your partner, the prince.

W Sure. That will be a great help.

CHUNK SPEAKING

대화문에 등장한 핵심 chunk입니다. 다섯 번씩 소리 내어 읽고 적어 보세요.

	① ② ③ ④ ⑤		① ② ③ ④ ⑤
school auditorium 학교 강당	✓ ☐ ☐ ☐ ☐	coming up 생기다, 발생하다	☐ ☐ ☐ ☐ ☐
drama club 연극부	☐ ☐ ☐ ☐ ☐	be in a play 출연하다	☐ ☐ ☐ ☐ ☐
Snow White 백설공주	☐ ☐ ☐ ☐ ☐	play the role of ~의 역을 맡다	☐ ☐ ☐ ☐ ☐

이번에는 영어의 느낌을 살려서 인토네이션과 강세(파랑, 분홍 글씨), 끊어 읽기(/ 한번 호흡)에 유의하여 다섯 번씩 소리 내어 읽어보세요.

① ② ③ ④ ⑤

M Where are you going, / Sue?   ✓ ☐ ☐ ☐ ☐

W I'm going to / the school auditorium. As you know, the school festival is coming up.   ☐ ☐ ☐ ☐ ☐

M Oh, right. You are / a member of the drama club.   ☐ ☐ ☐ ☐ ☐

W Yes, I will / be in a play / this year. So, I have to / practice / every day.   ☐ ☐ ☐ ☐ ☐

M What is the title / of this year's play?   ☐ ☐ ☐ ☐ ☐

W Snow White. I play / the role of the princess.   ☐ ☐ ☐ ☐ ☐

M Oh, do you mind / if I help you / practice? I love that play. I can be / your partner, the prince.   ☐ ☐ ☐ ☐ ☐

W Sure. That will be / a great help.   ☐ ☐ ☐ ☐ ☐

이번에는 학습한 chunk를 활용해볼까요? 상황에 맞게 빈칸을 채워 말해보세요.

너 어디 가니, Sue?
______________________, Sue?

나는 가는 중이야 / 학교 강당으로. 너도 알다시피, 학교축제가 곧 다가오잖니.
______________________ the school auditorium. As you know, the school festival is coming up.

오, 맞아. 너는 멤버야 / 연극 클럽의.
Oh, right. You are a member of the drama club.

응, 나는 연극에 출연할 거야 / 올해. 그래서, 나는 ~해야 해 / 연습하다 / 매일.
Yes, I will be in a play this year. So, ______________________ practice every day.

이번 해 연극의 제목이 뭐니?
______________________ of this year's play?

백설 공주. 나는 공주 역을 맡았어.
Snow White. I play the role of the princess.

오, ~해도 괜찮겠니 / 만약 내가 너의 연습을 도와주다? 나는 네 파트너가 될 수 있어.
Oh, ______________________ if I help you practice? I can be your partner.

물론이야. 그건 큰 도움이 될 거야.
Sure. That will be a great help.

대화를 듣고, 두 사람이 제일 먼저 할 일로 알맞은 것을 고르시오.

중3-교육청 듣기평가 2007년 4월

① 영화를 본다.
② 극장 입장권을 산다.
③ 서점에 간다.
④ 아버지 선물을 산다.
⑤ 백화점에 쇼핑을 간다.

STEP 1 STRATEGIC LISTENING

위 문제의 정답을 찾기 어려웠다면 다음 단계에 따라 다시 듣고 정답을 찾아보세요.

BEFORE LISTENING 선택지를 먼저 읽고, 필요한 정보가 무엇인지 파악하세요.

① 영화를 본다. _______________________________
② 극장 입장권을 산다. _______________________________
③ 서점에 간다. _______________________________
④ 아버지 선물을 산다. _______________________________
⑤ 백화점에 쇼핑을 간다. _______________________________

WHILE LISTENING 관련된 표현들을 놓치지 않도록 집중하세요.

W How about (   )? My father's (   ) is just around the corner.

아버지 생일이라 쇼핑을 가자는 말을 하네요. 상황을 파악할 수 있게 해주는 말이네요.

FINDING ANSWER 마지막 결정하는 부분을 놓치지 않도록 합니다.

M Okay. But first, let's (   ).

마지막까지 잘 들어야 하는 이유를 알 수 있어요. 일단 티켓부터 사자고 말하는 부분을 놓치면 엉뚱한 답을 고르겠죠?

Pronunciation

앞서 풀어본 문제의 스크립트입니다. 대화를 듣고 정확한 표현을 골라보세요.

M Oh, no. They only have tickets for after 5 p.m.

W What time is it now?

M It's only two o'clock. Do you still want to (**see the movie** / **see the move**)?

W Of course.

M What do you want to do for (**three ours** / **three hours**)?

W How about going shopping? My father's birthday is just (**around the corner** / **around the course**). It would be nice if you could help me (**find some gifts** / **finding some gifts**).

M Okay. But first, let's buy the tickets.

Chunk Training

다음을 듣고 강세가 느껴지는 단어에 O 표시하고, 끊어 읽는 부분에 / 표시하세요.

M Oh, no. They only have tickets / for after 5 p.m.

W What time is it now?

M It's only two o'clock. Do you still want to see the movie?

W Of course.

M What do you want to do for three hours?

W How about going shopping? My father's birthday is just around the corner. It would be nice if you could help me find some gifts.

M Okay. But first, let's buy the tickets.

CHUNK SPEAKING

대화문에 등장한 핵심 chunk입니다. 다섯 번씩 소리 내어 읽고 적어 보세요.

	① ② ③ ④ ⑤		① ② ③ ④ ⑤
see the movie 영화를 보다	☑ ☐ ☐ ☐ ☐	for three hours 세 시간 동안	☐ ☐ ☐ ☐ ☐
go shopping 쇼핑하러 가다	☐ ☐ ☐ ☐ ☐	around the corner 코앞에 와 있는, 임박하여	☐ ☐ ☐ ☐ ☐
It would be nice ~가 좋겠다	☐ ☐ ☐ ☐ ☐	let's buy ~를 사자	☐ ☐ ☐ ☐ ☐

이번에는 영어의 느낌을 살려서 인토네이션과 강세(파랑, 분홍 글씨), 끊어 읽기(/ 한번 호흡)에 유의하여 다섯 번씩 소리 내어 읽어보세요.

		① ② ③ ④ ⑤
M	Oh, no. / They only have tickets / for after 5 p.m.	☑ ☐ ☐ ☐ ☐
W	what time is it now?	☐ ☐ ☐ ☐ ☐
M	It's only two o'clock. / Do you still want / to see the movie?	☐ ☐ ☐ ☐ ☐
W	Of course.	☐ ☐ ☐ ☐ ☐
M	what do you want to do / for three hours?	☐ ☐ ☐ ☐ ☐
W	How about / going shopping? My father's birthday is / just around the corner. It would be nice / if you could help me find some gifts.	☐ ☐ ☐ ☐ ☐
M	Okay. But first, / let's buy the tickets.	☐ ☐ ☐ ☐ ☐

이번에는 학습한 chunk를 활용해볼까요? 상황에 맞게 빈칸을 채워 말해보세요.

오, 안 돼. 그들은 티켓을 가지고 있어 / 단지 오후 5시 이후의.
Oh, no. They only ______________ for after 5 p.m.

지금 몇 시야?
______________ ?

지금 겨우 2시야. 너는 여전히 ~하고 싶어 / 그 영화를 보다?
It's only two o'clock. ______________ see the movie?

물론이지.
Of course.

넌 무엇을 하고 싶니 / 3시간 동안?
______________ for three hours?

~는 어떨까 / 백화점에 가는 것은?
______________ going to the department store?

우리 아빠의 생일이 ~이다 / 바로 코앞에 다가온.
My father's birthday is ______________.

멋질 거야 / 만약 네가 날 도와줄 수 있다면 / 선물을 찾는 것을.
______________ if you could help me find some gifts.

알았어. 하지만 먼저, 티켓을 사자.
Okay. But first, let's buy the tickets.

대화를 듣고, 여자가 남자에게 부탁한 일을 고르시오.

중3–교육청 듣기평가 2008년 10월

① 자료 찾기
② 책 반납하기
③ 치과 예약하기
④ 보고서 제출하기
⑤ 시험공부 도와주기

STEP 1 STRATEGIC LISTENING

위 문제의 정답을 찾기 어려웠다면 다음 단계에 따라 다시 듣고 정답을 찾아보세요.

BEFORE LISTENING 선택지를 먼저 읽고, 필요한 정보가 무엇인지 파악하세요.

① 자료 찾기 ____________________________
② 책 반납하기 ____________________________
③ 치과 예약하기 ____________________________
④ 보고서 제출하기 ____________________________
⑤ 시험공부 도와주기 ____________________________

WHILE LISTENING 관련된 표현들을 놓치지 않도록 집중하세요.

W Can I (　　　　　) ?
M Sure. What is it?

FINDING ANSWER 마지막 결정하는 부분을 놓치지 않도록 합니다.

W Can you return this book for me? I have to go to the dentist.

치과에 가야 되기 때문에 책을 대신 반납해달라고 하네요.

Pronunciation

앞서 풀어본 문제의 스크립트입니다. 대화를 듣고 정확한 표현을 골라보세요.

W Hi, Jerry. Where are you going?

M I'm going to the library (**to study for the excuse / to study for the exam**).

W Then, can I (**ask you a favor/ ask you a fever**)?

M Sure. What is it?

W (**Can you return this book / Can you tune this book**) for me? I have to (**go to the dentist / go to the clinic**).

M Okay. No problem.

Chunk Training

다음을 듣고 강세가 느껴지는 단어에 O 표시하고, 끊어 읽는 부분에 / 표시하세요.

W Hi, Jerry. Where are you going?

M I'm going / to the library to study for the exam.

W Then, can I ask you a favor?

M Sure. What is it?

W Can you return this book for me? I have to go to the dentist.

M Okay. No problem.

Chunk List

대화문에 등장한 핵심 chunk입니다. 다섯 번씩 소리 내어 읽고 적어 보세요.

	❶ ❷ ❸ ❹ ❺		❶ ❷ ❸ ❹ ❺
to study for the exam 시험 공부를 하다	☑ ☐ ☐ ☐ ☐	ask you a favor 부탁을 하다	☐ ☐ ☐ ☐ ☐
Can you return this book? 이 책을 반납해 줄래?	☐ ☐ ☐ ☐ ☐	I have to 나는 해야 한다	☐ ☐ ☐ ☐ ☐
go to the dentist 치과에 가다	☐ ☐ ☐ ☐ ☐	No problem 문제가 없다	☐ ☐ ☐ ☐ ☐

Intonation

이번에는 영어의 느낌을 살려서 인토네이션과 강세(파랑, 분홍 글씨), 끊어 읽기(/ 한번 호흡)에 유의하여 다섯 번씩 소리 내어 읽어보세요.

		❶ ❷ ❸ ❹ ❺
W	Hi, Jerry. where are you gOing?	☑ ☐ ☐ ☐ ☐
M	I'm going to / the library / to study for the eXam.	☐ ☐ ☐ ☐ ☐
W	Then, can I ask you a favor?	☐ ☐ ☐ ☐ ☐
M	Sure. what is it?	☐ ☐ ☐ ☐ ☐
W	Can you return this bOOk / for me? I have to / gO to the dentist.	☐ ☐ ☐ ☐ ☐
M	Okay. NO prOblem.	☐ ☐ ☐ ☐ ☐

이번에는 학습한 chunk를 활용해볼까요? 상황에 맞게 빈칸을 채워 말해보세요.

안녕, Jerry. 어디 가니?
Hi, Jerry.   ?

나는 도서관에 갈 거야 / 시험공부하려고.
                     the library to study for the exam.

그럼, 내가 뭐 하나 부탁해도 될까?
Then,   ?

물론. 뭔데?
Sure.   ?

너 ~할 수 있니 / 책을 반납하다 / 날 위해서? 나는 ~해야 해 / 치과에 가다.
                return this book for me?   go to the dentist.

응. 문제없어.
Okay. No problem.

Answers for Each Step

Mission Question ② 책 반납하기

Step 1 Strategic Listening_Before Listening
① find something ② return the book ③ dentist ④ submit the report ⑤ help to study for the exam

Step 2 Chunk Listening_Pronunciation
to study for the exam ｜ ask you a favor ｜ Can you return this book ｜ go to the dentist

Step 3 Chunk Speaking_Fill in the blanks
Where are you going ｜ I'm going to ｜ can I ask you a favor ｜ What is it ｜ Can you ｜ I have to

Chapter 3에서 학습한 핵심 Chunk의 모음입니다. 소리 내어 다섯 번씩 읽고 빈칸에 그 의미를 적어보세요.

	① ② ③ ④ ⑤
Can you swim?	
What would you like to do?	
go swimming	
Tennis sounds great.	
Why don't we ~ ?	
I don't feel like	
cleaning the classroom alone	
My teacher told me	
Do you want some help?	
I'll wait for you	
didn't do my homework	
with me	
are you free?	
this afternoon	
You're right	
It's too hot	
take a nap	
get some rest	
I'd better	
stayed up late last night	
school auditorium	
coming up	
drama club	
be in a play	
Snow White	
play the role of	
see the movie	
for three hours	
go shopping	
around the corner	
It would be nice	
let's buy	
to study for the exam	
ask you a favor	
Can you return this book?	
I have to	
go to the dentist	
No problem	

Chapter 04 True or False Questions

내용 일치 판단

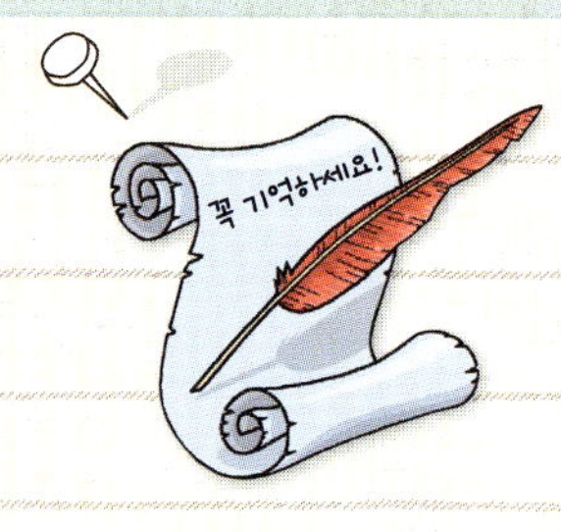

유형

그림순서, 도표, 전화메모 등을 보면서 듣고 이해하는 문제로서, 대화 속에서 언급하는 구체적이고 세부적인 내용을 파악하거나 내용과 일치하거나 일치하지 않는 것을 찾는 문제 유형입니다.

BEFORE LISTENING

□ 내용일치 문제의 경우 들려주는 내용이 선택지의 순서대로 배열되어 있는 경우가 많아서, 선택지를 미리 읽는다면, 전체 내용을 이해할 수 있을 겁니다!

□ 대화를 듣기 전에 표에서 주어진 정보가 무엇인지를 파악하면 대화의 내용을 예측할 수 있습니다. 도표에 대한 여러 가지 사항에 대한 내용을 예상하면서 대화를 듣도록 하세요.

WHILE LISTENING

도표가 제시되는 경우에는 중요한 정보를 표에 메모하며 들으세요!

→ 프로그램, 시간표, 운임표 등 도표가 제시되는 경우에는 대화를 들으며 문제의 지시 내용과 관련된 중요 정보를 표에 직접 메모하며 들으세요.

FINDING ANSWER

들은 내용을 간단히 떠올려 보세요.

다음을 듣고, 환경보호를 위해 우리가 해야 할 일로 언급되지 <u>않은</u> 것을 고르시오. 중2–교육청 듣기평가 2007년 9월

① 재활용하기   ② 물 아껴 쓰기
③ 전기 절약하기   ④ 대중교통 이용하기

STEP 1 · STRATEGIC LISTENING

위 문제의 정답을 찾기 어려웠다면 다음 단계에 따라 다시 듣고 정답을 찾아보세요.

BEFORE LISTENING   선택지를 미리 읽고, 제시된 내용을 먼저 파악하세요.

① 재활용하기 _______________________________
② 물 아껴 쓰기 _______________________________
③ 전기 절약하기 _______________________________
④ 대중교통 이용하기 _______________________________

WHILE LISTENING   중요한 정보는 메모하며 들으세요.

언급되지 않는 내용을 찾는 문제이기 때문에 듣는 동안 선택지를 하나씩 지워나가면서 풀면 쉽게 풀 수 있어요.

save energy, Turn off the light → ③ 전기 절약하기
recycle → ① 재활용하기
take buses or subways instead of cars → ④ 대중교통 이용하기

FINDING ANSWER   들은 내용을 간단히 떠올려 보세요.

우리가 환경보호를 위해 할 수 있는 일에는 전기 절약하기, 재활용하기, 대중교통 이용하기가 있어요. 물론 물도 아껴 써야 하지만, 내용 중에 물 아껴 쓰기는 나오지 않았어요.

Pronunciation

앞서 풀어본 문제의 스크립트입니다. 담화를 듣고 정확한 표현을 골라보세요.

M There are **(many things / money things)** we can do to keep our environment clean.

First, **(we should save energy / we should safe energy)**.

(Turn off the night / Turn off the light) when you leave the room.

Second, **(we should recycle / we should cycle)** paper, cans and bottles.

Finally, we can take buses or subways instead of cars.

Chunk Training

다음을 듣고 강세가 느껴지는 단어에 O 표시하고, 끊어 읽는 부분에 / 표시하세요.

M There are many things we can do / to keep our environment clean.

First, we should save energy.

Turn off the light when you leave the room.

Second, we should recycle paper, cans and bottles.

Finally, we can take buses or subways instead of cars.

CHUNK SPEAKING

Chunk List

담화문에 등장한 핵심 chunk입니다. 다섯 번씩 소리 내어 읽고 적어 보세요.

	① ② ③ ④ ⑤		① ② ③ ④ ⑤
There are many things 많은 것이 있다	☑☐☐☐☐	save energy 에너지를 아끼다	☐☐☐☐☐
Turn off the light 불을 꺼라	☐☐☐☐☐	we should 우리는 ~을 해야 한다	☐☐☐☐☐
keep our environment clean 환경을 깨끗하게 보존하다	☐☐☐☐☐	instead of cars 차 대신에	☐☐☐☐☐

Intonation

이번에는 영어의 느낌을 살려서 인토네이션과 강세(파랑, 분홍 글씨), 끊어 읽기(/ 한번 호흡)에 유의하여 다섯 번씩 소리 내어 읽어보세요.

M There are many things / we can do / to keep our environment clean.　　① ② ③ ④ ⑤　☑☐☐☐☐

First, we should / save energy. Turn off the light / when you leave the room.

Second, we should / recycle paper, cans and bottles.

Finally, we can take buses or subways / instead of cars.

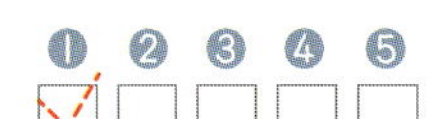

이번에는 학습한 chunk를 활용해볼까요? 상황에 맞게 빈칸을 채워 말해보세요.

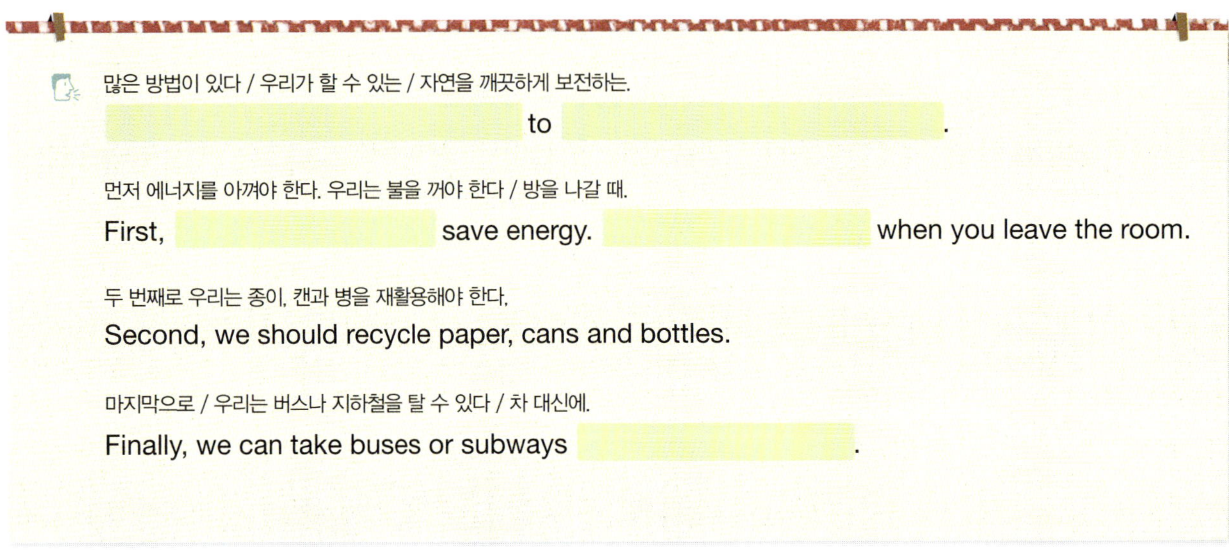

Mission Question ② 물 아껴 쓰기

Step 1 Strategic Listening_Before Listening
① recycling   ② saving water   ③ saving energy   ④ taking buses, subways

Step 2 Chunk Listening_Pronunciation
many things ｜ we should save energy ｜ Turn off the light ｜ we should recycle

Step 3 Chunk Speaking_Fill in the blanks
There are many ways we can do ｜ keep our environment clean ｜ we should ｜ Turn off the light ｜ instead of cars

Mission Question 02

대화를 듣고, 내용과 일치하지 <u>않는</u> 것을 고르시오.

① Product — Shirt
② Color — Blue
③ Size — Large
④ Price — $14

STEP 1 STRATEGIC LISTENING

위 문제의 정답을 찾기 어려웠다면 다음 단계에 따라 다시 듣고 정답을 찾아보세요.

BEFORE LISTENING 선택지를 먼저 읽고, 제시된 내용을 먼저 파악하세요.

① Product ( ) — Shirt ( )
② Color ( ) — Blue ( )
③ Size ( ) — Large ( )
④ Price ( ) — $14 ( )

WHILE LISTENING 중요한 정보는 메모하며 들으세요.

① Product 품목(물건) → I'm looking for a shirt.
② Color 색상 → The blue one
③ Size 크기 → Large
④ Price 가격 → $40

FINDING ANSWER 들은 내용을 간단히 떠올려 보세요.

남자는 파란색 셔츠를 찾고 있고 사이즈는 큰 걸 원해요. 그렇지만 가격은 14달러가 아니라 40달러예요. fourteen과 forty는 발음이 헷갈릴 수 있죠. 강세에 유의하며 쉽게 풀 수 있어요.

Pronunciation

앞에서 풀어본 문제의 스크립트입니다. 대화를 듣고 정확한 표현을 골라보세요.

M I'm (**looking for a shirt** / **looking for a skirt**).

W (**Come this way please** / **Come this weigh please**). Here are blue, black and gray ones. What color do you want?

M (**The blue one** / **The clue one**), please.

W What size do you want?

M (**Marge** / **Large**), please. How much is it?

W $40.

Chunk Training

다음을 듣고 강세가 느껴지는 단어에 O 표시하고, 끊어 읽는 부분에 / 표시하세요.

M I'm looking for / a shirt.

W Come this way please. Here are blue, black and gray ones. What color do you want?

M The blue one, please.

W What size do you want?

M Large, please. How much is it?

W $40.

Chunk List

대화문에 등장한 핵심 chunk입니다. 다섯 번씩 소리 내어 읽고 적어보세요.

	① ② ③ ④ ⑤		① ② ③ ④ ⑤
be looking for ~을 찾다	☑ ☐ ☐ ☐ ☐	Come this way 이쪽으로 와	☐ ☐ ☐ ☐ ☐
What size do you want? 어떤 사이즈를 원하세요?	☐ ☐ ☐ ☐ ☐	How much is it? 얼마예요?	☐ ☐ ☐ ☐ ☐
What color do you want? 어떤 색상 원하세요?	☐ ☐ ☐ ☐ ☐	Here are ~ 여기에 ~가 있어요	☐ ☐ ☐ ☐ ☐

Intonation

이번에는 영어의 느낌을 살려서 인토네이션과 강세(파랑, 분홍 글씨), 끊어 읽기(/ 한번 호흡)에 유의하여 다섯 번씩 소리 내어 읽어보세요.

		① ② ③ ④ ⑤
M	I'm looking for / a shirt.	☑ ☐ ☐ ☐ ☐
W	Come this way please. Here are / blue, black and gray ones.	☐ ☐ ☐ ☐ ☐
	What color / do you want?	
M	The blue one, please.	☐ ☐ ☐ ☐ ☐
W	What size / do you want?	☐ ☐ ☐ ☐ ☐
M	Large, please. How much is it?	☐ ☐ ☐ ☐ ☐
W	$40.	☐ ☐ ☐ ☐ ☐

이번에는 학습한 chunk를 활용해볼까요? 상황에 맞게 빈칸을 채워 말해보세요.

나는 ~를 찾고 있습니다 / 셔츠를.

                 a shirt.

이쪽으로 오세요. 여기 있어요 / 파란색, 하얀색 그리고 노란색 셔츠가.

                 please. Here are blue, whit and yellow ones.

어떤 색깔을 원하세요?

What color do you want?

파란색 부탁해요.

The blue one, please.

어떤 사이즈를 원하세요?

                 ?

라지 사이즈, 부탁해요. 얼마예요?

                 , please.   ?

40달러예요.

$40.

대화를 듣고, 수지에 관한 내용으로 알맞지 <u>않은</u> 것을 고르시오.

중2-교육청 듣기평가 2008년 9월

① 다음 주에 중국으로 간다.
② 8월 7일에 출발할 예정이다.
③ 베이징 올림픽을 보고 싶어 한다.
④ 중국 문화에 대해 많이 알고 있다.

STEP 1 STRATEGIC LISTENING

위 문제의 정답을 찾기 어려웠다면 다음 단계에 따라 다시 듣고 정답을 찾아보세요.

BEFORE LISTENING 선택지를 미리 읽고, 제시된 내용을 먼저 파악하세요.

① 다음 주에 중국으로 간다. → ______________________________________
② 8월 7일에 출발할 예정이다. → ______________________________________
③ 베이징 올림픽을 보고 싶어 한다. → ______________________________________
④ 중국 문화에 대해 많이 알고 있다. → ______________________________________

WHILE LISTENING 중요한 정보는 메모하며 들으세요.

내용과 일치하는지 여부를 묻는 문제이므로 위 내용과 다른 내용을 하나씩 지워나가면 됩니다. 대화의 마지막에서 I don't know much about Chinese culture and history yet.이라고 했기 때문에 중국 문화에 대해 많이 알고 있다고 하는 ④는 틀린 내용이네요.

FINDING ANSWER 들은 내용을 간단히 떠올려 보세요.

수지는 베이징 올림픽을 보기 위해 8월 7일(다음 주)에 출발해서 중국으로 갈 예정이지만 중국 문화와 역사에 대해선 잘 알지 못해요.

Pronunciation

앞서 풀어본 문제의 스크립트입니다. 대화를 듣고 정확한 표현을 골라보세요.

M (**Can I see you gain** / **Can I see you again**) next Friday, Suji?

W I'm sorry, but I'm going to China next week.

M Why are you going to China? To see the Beijing Olympics?

W You're right. I'm leaving on August 7th.

M Wow, that'll be (**a good experiment for you** / **a good experience for you**).

W Yeah. I don't know much about Chinese culture and history yet, (**but I'll learn more** / **but I'll run more**) on this trip.

Chunk Training

다음을 듣고 강세가 느껴지는 단어에 O 표시하고, 끊어 읽는 부분에 / 표시하세요.

M Can I see you again / next Friday, Suji?

W I'm sorry, but I'm going to China next week.

M Why are you going to China? To see the Beijing Olympics?

W You're right. I'm leaving on August 7th.

M Wow, that'll be a good experience for you.

W Yeah. I don't know much about Chinese culture and history yet, but I'll learn more on this trip.

CHUNK SPEAKING

Chunk List

대화문에 등장한 핵심 chunk입니다. 다섯 번씩 소리 내어 읽고 적어 보세요.

	① ② ③ ④ ⑤		① ② ③ ④ ⑤
Can I see you again? 내가 널 다시 볼 수 있을까?	☑ ☐ ☐ ☐ ☐	Why are you going ~? 너 ~에 왜 가?	☐ ☐ ☐ ☐ ☐
a good experience for you 너에게 좋은 경험	☐ ☐ ☐ ☐ ☐	I'll learn more 나는 더 많이 배울 것이다	☐ ☐ ☐ ☐ ☐
You're right 네 말이 맞아	☐ ☐ ☐ ☐ ☐	I'm leaving 나는 떠난다	☐ ☐ ☐ ☐ ☐

Intonation

이번에는 영어의 느낌을 살려서 인토네이션과 강세(파랑, 분홍 글씨), 끊어 읽기(/ 한번 호흡)에 유의하여 다섯 번씩 소리 내어 읽어보세요.

		① ② ③ ④ ⑤
M	Can I see you again / next Friday, suji?	☑ ☐ ☐ ☐ ☐
W	I'm sorry, but I'm going / to China / next week.	☐ ☐ ☐ ☐ ☐
M	Why are you going / to china? To see the Beijing Olympics?	☐ ☐ ☐ ☐ ☐
W	You're right. I'm leaving / on August 7th.	☐ ☐ ☐ ☐ ☐
M	Wow, that'll be / a good experience for you.	☐ ☐ ☐ ☐ ☐
W	Yeah. I don't know / much about chinese culture and history yet, but I'll learn more / on this trip.	☐ ☐ ☐ ☐ ☐

이번에는 학습한 chunk를 활용해볼까요? 상황에 맞게 빈칸을 채워 말해보세요.

내가 당신을 다시 볼 수 있을까요 / 다음 토요일에, 수지 씨?
_________________ next Saturday, Suji?

미안해요, 그렇지만 나는 중국에 가요 / 다음 주 토요일에.
I'm sorry, but I'm going to China next Saturday.

당신은 왜 중국에 가나요? 보기 위해 / 베이징 올림픽을?
_________________? To see the Beijing Olympics?

당신이 맞아요. 나는 떠납니다 / 8월 9일에.
_________________. _________________ on August 9th.

와, 그건 좋은 경험이 될 거예요 / 당신에게.
Wow, _________________ for you.

네. 나는 몰라요 / 중국 문화에 대해 많이 / 그리고 역사에 대해 / 아직, 하지만 /
Yeah. I don't know much about Chinese culture and history yet, but

나는 더 배울 거예요 / 이 여행에서.
_________________ on this trip.

Mission Question 04

대화를 듣고, 남자에대한 설명으로 알맞은 것을 고르시오.

① 2년 전 한국에 왔다.　　② 한국어에 자신감이 있다.
③ 한국 생활에 문제가 없다.　　④ 한국어 강습을 받고 있다.
⑤ 한국 친구를 잘 사귀지 못한다.

 STEP 1　**STRATEGIC LISTENING** 

위 문제의 정답을 찾기 어려웠다면 다음 단계에 따라 다시 듣고 정답을 찾아보세요.

 **BEFORE LISTENING** 제시된 내용으로 전체 내용을 예측해 보세요.

① 2년 전 한국에 왔다.
② 한국어에 자신감이 있다.
③ 한국 생활에 문제가 없다.
④ 한국어 강습을 받고 있다.
⑤ 한국 친구를 잘 사귀지 못한다.

→ 남자는 (　　)년 전에 한국에 왔으며, 한국어를 배웠다. 한국어에 대한 자신감이 (있다 / 없다).
　그래서 한국 친구를 사귀는 데에 문제가 (있다 / 없다).

 **WHILE LISTENING** 중요한 정보를 놓치지 마세요.

I came to Korea (　　　) year. I am (　　　　) at Korean. Some people (　　　　) me. I have problems making Korean friends here.

→ 남자가 한국어를 잘 못해서 걱정을 하고 있는 내용이라는 걸 알 수 있어요.

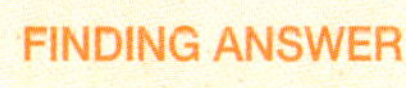 **FINDING ANSWER** 오래 고민하지 마세요.

남자의 상황이 선택지의 순서대로 언급된다는 것을 기억해요.

Pronunciation

앞서 풀어본 문제의 **스크립트입니다**. 대화를 듣고 정확한 표현을 골라보세요.

M Can I talk to you **(for a moment / for a minute)**?

W Sure. What is it?

M I came to Korea last year, but I am still **(not good at / good at)** Korean. **(Do you have the time / Do you have time)** to teach me Korean?

W What do you mean? Your Korean is fine.

M I think some people make fun of me **(when I speak Korean / when I say in Korean)**. This makes me **(very nervous / very numerous)**, and I have problems making Korean friends here.

Chunk Training

다음을 듣고 강세가 느껴지는 단어에 O 표시하고, 끊어 읽는 부분에 / 표시하세요.

M Can I talk to you / for a minute?

W Sure. What is it?

M I came to Korea last year, but I am still not good at Korean. Do you have time to teach me Korean?

W What do you mean? Your Korean is fine.

M I think some people make fun of me when I speak Korean. This makes me very nervous, and I have problems making Korean friends here.

CHUNK SPEAKING

대화문에 등장한 핵심 chunk입니다. 다섯 번씩 소리 내어 읽고 적어 보세요.

	① ② ③ ④ ⑤		① ② ③ ④ ⑤
for a minute 잠시 동안	☑ ☐ ☐ ☐ ☐	be good at ~을 잘하다	☐ ☐ ☐ ☐ ☐
to teach me Korean 나에게 국어를 가르칠	☐ ☐ ☐ ☐ ☐	make fun of me 나를 놀리다	☐ ☐ ☐ ☐ ☐
when I speak Korean 국어를 말할 때	☐ ☐ ☐ ☐ ☐	make me very nervous 나를 몹시 불안하게 만들다	☐ ☐ ☐ ☐ ☐

이번에는 영어의 느낌을 살려서 인토네이션과 강세(파랑, 분홍 글씨), 끊어 읽기(/ 한번 호흡)에 유의하여 다섯 번씩 소리 내어 읽어보세요.

                                                ① ② ③ ④ ⑤

M   Can I talk to you / for a minute?   ☑ ☐ ☐ ☐ ☐

W   Sure. / what is it?   ☐ ☐ ☐ ☐ ☐

M   I came to Korea / last year, but I am still not good at / Korean.   ☐ ☐ ☐ ☐ ☐

      Do you have time / to teach me Korean?

W   what do you mean? Your Korean is fine.   ☐ ☐ ☐ ☐ ☐

M   I think / some people make fun of me / when I speak Korean.   ☐ ☐ ☐ ☐ ☐

      This makes me very nervous, and I have problems /

      making Korean friends here.

이번에는 학습한 chunk를 활용해볼까요? 상황에 맞게 빈칸을 채워 말해보세요.

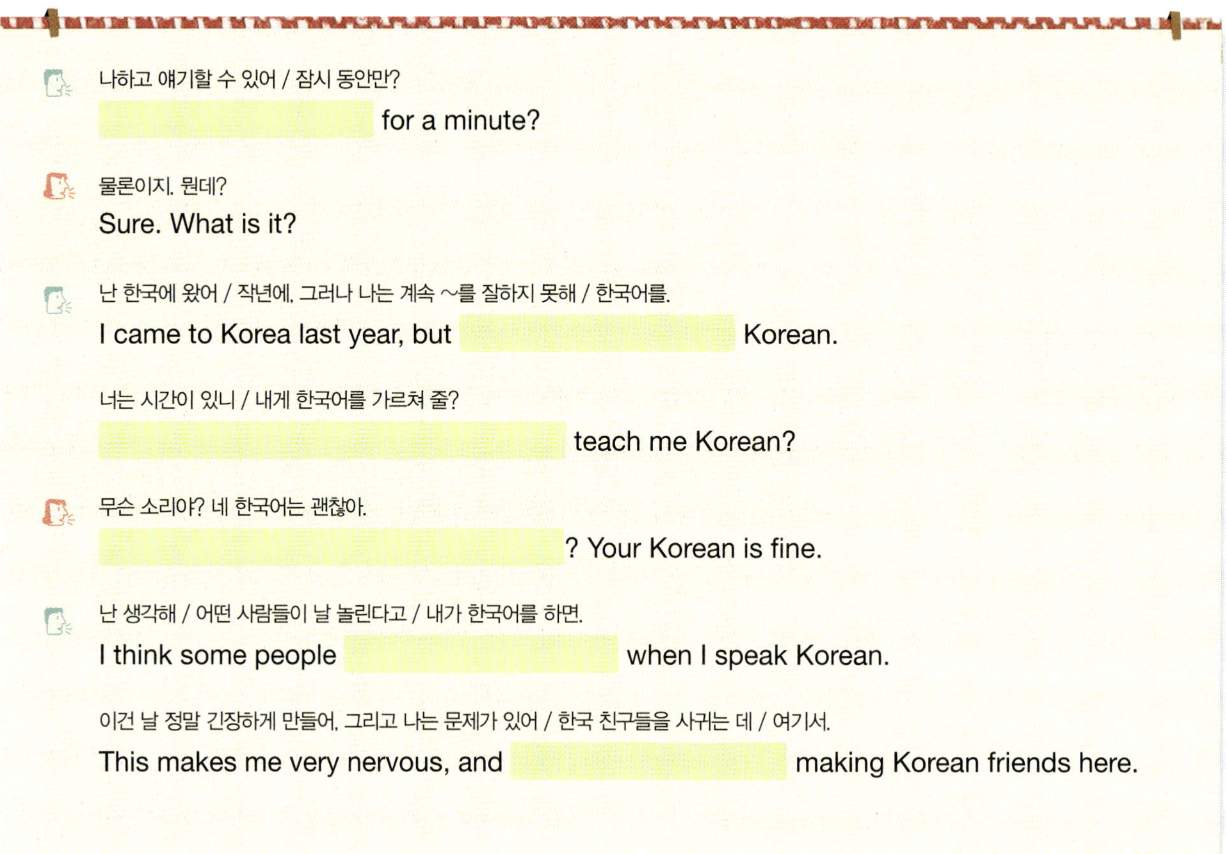

대화를 듣고, 여자가 내일 할 일이 <u>아닌</u> 것을 고르시오

중3-교육청 듣기평가 2007년 9월

① 집 청소
② 치과 방문
③ 숙제 도와주기
④ 피아노 연습
⑤ 인터넷 게임

 **STEP 1** **STRATEGIC LISTENING** 

위 문제의 정답을 찾기 어려웠다면 다음 단계에 따라 다시 듣고 정답을 찾아보세요.

BEFORE LISTENING 문제와 선택지를 바탕으로 전체 내용을 유추하세요.

① 집 청소 _________________________________
② 치과 방문 _______________________________
③ 숙제 도와주기 ___________________________
④ 피아노 연습 _____________________________
⑤ 인터넷 게임 _____________________________

WHILE LISTENING 중요한 명사 표현을 놓치지 않도록 하세요

W First, my mom asked me to help her (   ) in the morning, and then I have a (   ) at 11:30.
  After that, I need to meet Jennifer at 3 to help her (   )
M Wow, you are really going to be busy.
W That's not all. I have to (   ).

FINDING ANSWER 정답과 관련 있는 표현이 나올 수 있으므로 긴장을 놓아서는 안되요.

W That would be great, but (   ).

컴퓨터가 고장 났으면 게임을 같이 할 수 없겠죠?

Pronunciation

앞서 풀어본 문제의 스크립트입니다. 대화를 듣고 정확한 표현을 골라보세요.

M (**Do you have any plans** / **Do you have any plays**) for tomorrow?

W Well, I'm going to be really busy all day.

M What are you going to do?

W First, my mom asked me (**to have her** / **to help her**) clean the house in the morning, and then I have a dentist appointment at 11:30. After that, I need to meet Jennifer at 3 to help her with her (**science homework** / **science work**).

M Wow, you are really going to (**be busy** / **be easy**).

W That's not all. I also have to practice the piano.

M Well, (**do you think** / **do you know**) you'll have time in the evening to play some online computer games?

W That would be great, but my computer (**is broken** / **was broken**).

M Oh, no! That's too bad.

Chunk Training

다음을 듣고 강세가 느껴지는 단어에 O 표시하고, 끊어 읽는 부분에 / 표시하세요.

M Do you have / any plans for tomorrow?

W Well, I'm going to be really busy all day.

M What are you going to do?

W First, my mom asked me to help her clean the house in the morning, and then I have a dentist appointment at 11:30. After that, I need to meet Jennifer at 3 to help her with her science homework.

M Wow, you are really going to be busy.

W That's not all. I also have to practice the piano.

M Well, do you think you'll have time in the evening to play some online computer games?

W That would be great, but my computer is broken.

M Oh, no! That's too bad.

STEP 3 CHUNK SPEAKING

대화문에 등장한 핵심 chunk입니다. 다섯 번씩 소리 내어 읽고 적어 보세요.

	① ② ③ ④ ⑤		① ② ③ ④ ⑤
Do you have any plans? 무슨 계획이 있니?	☑ ☐ ☐ ☐ ☐	busy all day 하루종일 바쁘다	☐ ☐ ☐ ☐ ☐
clean the house 집을 청소하다	☐ ☐ ☐ ☐ ☐	That's too bad 그것 참 안됐다	☐ ☐ ☐ ☐ ☐
my computer is broken 내 컴퓨터가 고장이다	☐ ☐ ☐ ☐ ☐	to play online computer games 온라인 컴퓨터 게임을 하다	☐ ☐ ☐ ☐ ☐

이번에는 영어의 느낌을 살려서 인토네이션과 강세(파랑, 분홍 글씨), 끊어 읽기(/ 한번 호흡)에 유의하여 다섯 번씩 소리 내어 읽어보세요.

	① ② ③ ④ ⑤
M Do you have / any plans / for tomorrow?	☑ ☐ ☐ ☐ ☐
W Well, I'm going to be / really busy / all day.	☐ ☐ ☐ ☐ ☐
M what are you going to do?/	☐ ☐ ☐ ☐ ☐
W First, my mom asked me to help her / clean the house / in the morning, / and then I have a dentist appointment / at 11:30. / After that, I need to / meet Jennifer / at 3 / to help her with her science homework.	☐ ☐ ☐ ☐ ☐
M Wow, / you are really going to be / busy.	☐ ☐ ☐ ☐ ☐
W That's not all. I also have to practice the piano.	☐ ☐ ☐ ☐ ☐
M Well, do you think / you'll have time in the evening / to play some online computer games?	☐ ☐ ☐ ☐ ☐
W That would be great, / but my computer is broken.	☐ ☐ ☐ ☐ ☐
M Oh, no! / That's too bad.	☐ ☐ ☐ ☐ ☐

이번에는 학습한 chunk를 활용해볼까요? 상황에 맞게 빈칸을 채워 말해보세요.

너 계획 있니 / 내일?
_________________ for tomorrow?

음, 나는 ~할 거야 / 굉장히 바쁜 / 하루 종일.
Well, I'm going to be really busy all day.

뭐할 건데?
_________________?

우선, 우리 엄마가 도와달라고 부탁했어 / 집을 청소하는 걸 / 아침에. 그러고서는 치과 예약이 있어 /
First, my mom asked me to help her clean the house in the morning, and then I have a dentist appointment

11:30분에. 그 다음. 나는 ~해야 해 / 제니퍼를 만나다 / 3시에 / 그녀를 도와주기 위해 / 그녀의 과학 숙제를.
at 11:30. After that, I need to meet Jennifer at 3 to help her with her Science homework

와우, 너 정말 바쁘겠다.
Wow, you are really going to be busy.

그게 다가 아니야. 나는 또한 해야 해 / 피아노를 연습하다.
_________________. I also have to practice the piano.

음, 너는 생각하니 / 네가 시간이 있을 거라고 / 저녁에 / 온라인 컴퓨터 게임을 할?
_________________ you'll have time in the evening to play some online computer games?

그거 정말 멋지겠다. 하지만 내 컴퓨터가 고장 났어.
_________________ but my computer is broken.

오, 안 돼! 그거 정말 안 됐다.
Oh, no! _________________.

Mission Question ⑤ 인터넷 게임

Step 1 Strategic Listening_Before Listening
① clean the house   ② go see a dentist   ③ help homework   ④ practice piano   ⑤ play Internet game

Step 2 Chunk Listening_Pronunciation
Do you have any plans ｜ to help her ｜ science homework ｜ be busy ｜ do you think ｜ is broken

Step 3 Chunk Speaking_Fill in the blanks
Do you have any plans ｜ What are you going to do ｜ That's not all ｜ Do you think ｜ That would be great ｜ That's too bad

Mission Question 06

대화를 듣고, 내용과 일치하는 것을 표에서 고르시오.

중3–교육청 듣기평가 2009년 4월

	출발지	편도/왕복	출발일	좌석등급
①	Tokyo	one-way	Friday	business class
②	Tokyo	one-way	Sunday	first class
③	Busan	round-trip	Friday	business class
④	Busan	round-trip	Friday	economy class
⑤	Busan	round-trip	Saturday	economy class

STEP 1 STRATEGIC LISTENING

위 문제의 정답을 찾기 어려웠다면 다음 단계에 따라 다시 듣고 정답을 찾아보세요.

BEFORE LISTENING 선택지를 먼저 읽고, 제시된 내용을 파악하세요.

	출발지	편도/왕복	출발일	좌석등급
①	Tokyo	one-way	Friday	business class
②	Tokyo	one-way	Sunday	first class
③	Busan	round-trip	Friday	business class
④	Busan	round-trip	Friday	economy class
⑤	Busan	round-trip	Saturday	economy class

Q1. 위의 도표는 무엇에 관한 것인가?
Q2. 편도와 왕복을 영어로 표현하면?
Q3. 좌석 등급은 어떻게 표현하는가?

WHILE LISTENING 중요한 정보를 표에 메모하면서 들으세요.

from Busan to Tokyo,   Round-trip,
leave this Friday,   Economy class

핵심 표현들을 놓치지 않는 것이 중요해요.

FINDING ANSWER 고민을 오래하지 말고, 들은 내용을 회상하세요.

Busan, Round-trip, Friday, Economy class

출발지 – 편도/왕복 – 출발일 – 좌석 등급이 순서대로 대화에 등장하는 것을 아는 것이 정답을 찾는 데 큰 도움이 됩니다.

Pronunciation

앞서 풀어본 문제의 스크립트입니다. 대화를 듣고 정확한 표현을 골라보세요.

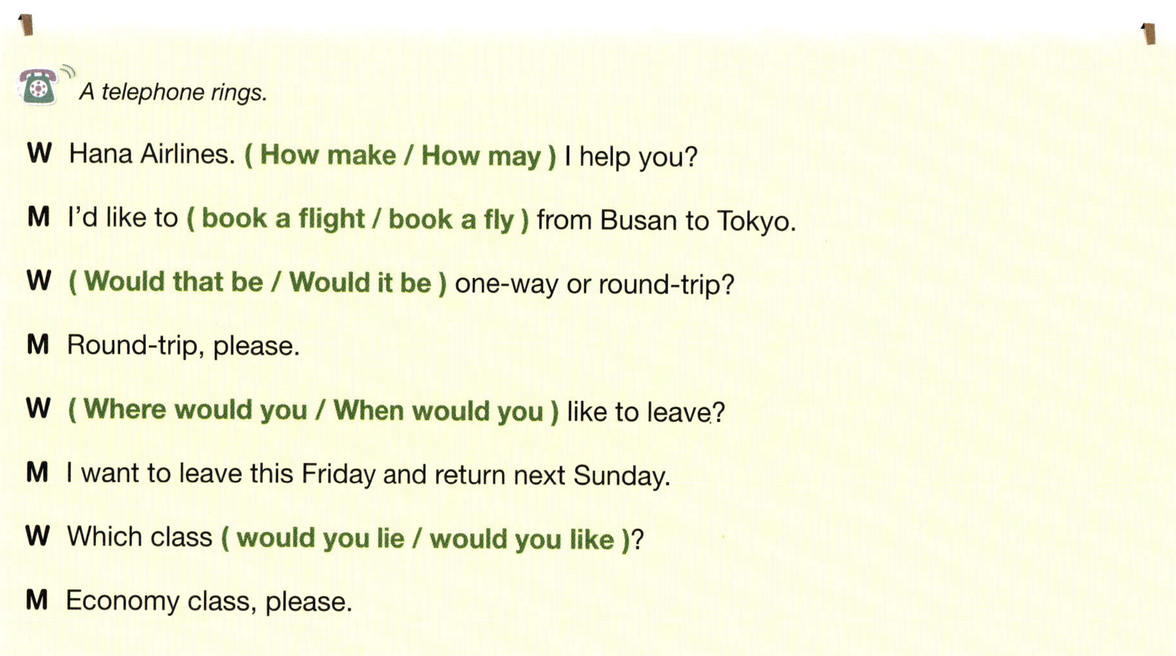

📞 *A telephone rings.*

W Hana Airlines. **(How make / How may)** I help you?

M I'd like to **(book a flight / book a fly)** from Busan to Tokyo.

W **(Would that be / Would it be)** one-way or round-trip?

M Round-trip, please.

W **(Where would you / When would you)** like to leave?

M I want to leave this Friday and return next Sunday.

W Which class **(would you lie / would you like)**?

M Economy class, please.

Chunk Training

다음을 듣고 강세가 느껴지는 단어에 O 표시하고, 끊어 읽는 부분에 / 표시하세요.

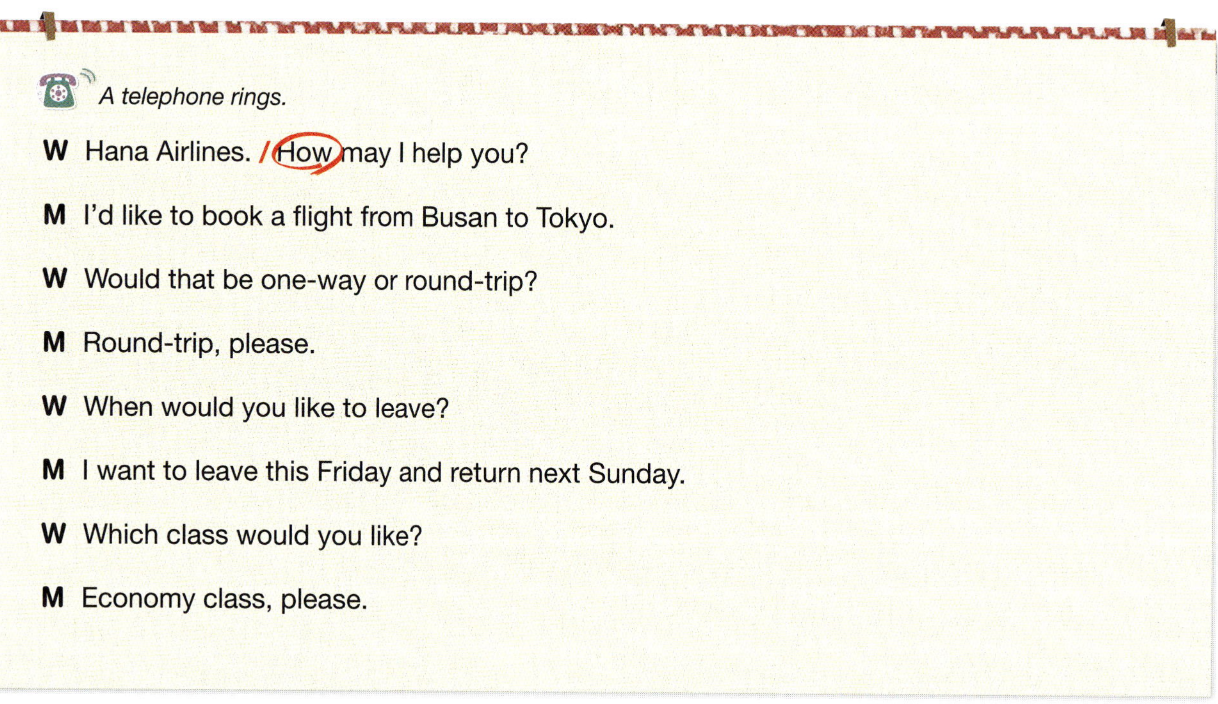

📞 *A telephone rings.*

W Hana Airlines. / How may I help you?

M I'd like to book a flight from Busan to Tokyo.

W Would that be one-way or round-trip?

M Round-trip, please.

W When would you like to leave?

M I want to leave this Friday and return next Sunday.

W Which class would you like?

M Economy class, please.

CHUNK SPEAKING

대화문에 등장한 핵심 chunk입니다. 다섯 번씩 소리 내어 읽고 적어 보세요.

	❶ ❷ ❸ ❹ ❺		❶ ❷ ❸ ❹ ❺
How may I help you? 무엇을 도와드릴까요?	☑☐☐☐☐	book a flight 비행기를 예약하다	☐☐☐☐☐
one-way trip 편도 여행	☐☐☐☐☐	round-trip 왕복 여행	☐☐☐☐☐
Which class would you like? 어떤 좌석을 원하세요?	☐☐☐☐☐	Economy class 일반석	☐☐☐☐☐

이번에는 영어의 느낌을 살려서 인토네이션과 강세(파랑, 분홍 글씨), 끊어 읽기(/ 한번 호흡)에 유의하여 다섯 번씩 소리 내어 읽어보세요.

		❶ ❷ ❸ ❹ ❺
W	Hana Airlines. / How may I help you?	☑☐☐☐☐
M	I'd like to / book a flight / from Busan to Tokyo.	☐☐☐☐☐
W	Would that be / one-way or round-trip?	☐☐☐☐☐
M	Round-trip, please.	☐☐☐☐☐
W	When would you like to / leave?	☐☐☐☐☐
M	I want to / leave this Friday / and return next Sunday.	☐☐☐☐☐
W	Which class / would you like?	☐☐☐☐☐
M	Economy class, please.	☐☐☐☐☐

이번에는 학습한 chunk를 활용해볼까요? 상황에 맞게 빈칸을 채워 말해보세요.

A telephone rings.

Hana Airlines입니다. 무엇을 도와드릴까요?
Hana Airlines. __________________?

나는 ~하고 싶어요 / 비행기 예약을 하다 / 부산에서 도쿄까지.
I'd like to __________________ from Busan to Tokyo.

그것은 ~인가요 / 편도 아니면 왕복으로?
Would that be __________________?

왕복으로 부탁드려요.
Round-trip, please.

언제 ~하고 싶으십니까 / 떠나다?
__________________ leave?

나는 ~하고 싶어요 / 떠나다 / 이번 금요일에 / 그리고 돌아오다 / 다음 일요일에.
__________________ leave this Friday and return next Sunday.

어떤 좌석을 / 당신은 원하나요?
__________________?

일반 좌석으로요. 부탁해요.
Economy class, please.

Mission Question ④ Busan / round-trip / Friday / economy class

Step 1 Strategic Listening_Before Listening
① 비행 스케줄 / 표 예약 / 구입　② one-way / round-trip　③ seat class

Step 2 Chunk Listening_Pronunciation
How may ｜ book a flight ｜ Would that be ｜ When would you ｜ would you like

Step 3 Chunk Speaking_Fill in the blanks
How may I help you ｜ book a flight ｜ one-way or round-trip ｜ When would you like to ｜ I want to ｜ Which class would you like

Chunk Review

Chapter 4에서 학습한 핵심 Chunk의 모음입니다. 소리 내어 다섯 번씩 읽고 빈칸에 그 의미를 적어보세요.

Chunk		① ② ③ ④ ⑤
There are many things		☑ ☐ ☐ ☐ ☐
save energy		☐ ☐ ☐ ☐ ☐
Turn off the light		☐ ☐ ☐ ☐ ☐
we should		☐ ☐ ☐ ☐ ☐
keep our environment clean		☐ ☐ ☐ ☐ ☐
instead of cars		☐ ☐ ☐ ☐ ☐
be looking for		☐ ☐ ☐ ☐ ☐
Come this way		☐ ☐ ☐ ☐ ☐
What size do you want?		☐ ☐ ☐ ☐ ☐
How much is it?		☐ ☐ ☐ ☐ ☐
What color do you want?		☐ ☐ ☐ ☐ ☐
Here are ~		☐ ☐ ☐ ☐ ☐
Can I see you again?		☐ ☐ ☐ ☐ ☐
Why are you going ~?		☐ ☐ ☐ ☐ ☐
a good experience for you		☐ ☐ ☐ ☐ ☐
I'll learn more		☐ ☐ ☐ ☐ ☐
You're right		☐ ☐ ☐ ☐ ☐
I'm leaving		☐ ☐ ☐ ☐ ☐
for a minute		☐ ☐ ☐ ☐ ☐
be good at		☐ ☐ ☐ ☐ ☐
to teach me Korean		☐ ☐ ☐ ☐ ☐
make fun of me		☐ ☐ ☐ ☐ ☐
when I speak Korean		☐ ☐ ☐ ☐ ☐
make me very nervous		☐ ☐ ☐ ☐ ☐
Do you have any plans?		☐ ☐ ☐ ☐ ☐
busy all day		☐ ☐ ☐ ☐ ☐
clean the house		☐ ☐ ☐ ☐ ☐
That's too bad		☐ ☐ ☐ ☐ ☐
my computer is broken		☐ ☐ ☐ ☐ ☐
to play online computer games		☐ ☐ ☐ ☐ ☐
How may I help you?		☐ ☐ ☐ ☐ ☐
book a flight		☐ ☐ ☐ ☐ ☐
one-way trip		☐ ☐ ☐ ☐ ☐
round-trip		☐ ☐ ☐ ☐ ☐
Which class would you like?		☐ ☐ ☐ ☐ ☐
Economy class		☐ ☐ ☐ ☐ ☐

Chapter 05 Understanding Numerical Information

수치 정보 파악

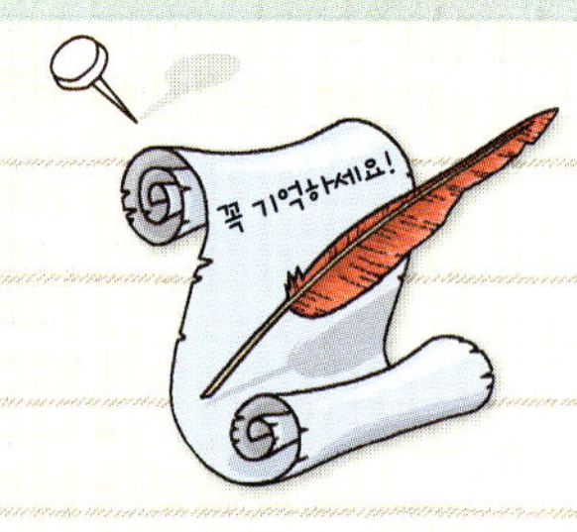

Fundamental Principle

1. 문제를 미리 읽고 대화의 상황에 대한 정보를 얻어라.

2. 무엇을 알아야 하는지 스스로에게 물어라.

3. 단어 듣기에서 chunk(의미덩어리) 듣기로 전환하라.

4. 대화나 설명의 처음 시작에 주목하라.

유형

대화를 듣고, 대화자들 사이에 주고받는 정보를 파악하여 알맞은 금액이나 시간 등의 수치를 알아내는 문제입니다. 거의 매년 한 문제씩 출제되고 있으며 한 가지 이상의 수치를 묻는 경우도 있습니다.

BEFORE LISTENING

제시문을 읽으면서 대화의 내용이 어떻게 전개될지 대화의 상황을 추론해 보세요.

WHILE LISTENING

▢ 질문 내용에 맞게 메모해보세요.

무엇을 구해야 하는지를 정확히 판단하세요. 필요한 숫자는 메모하고 답과 상관없는 숫자, 혼동을 주는 숫자를 구별해야 합니다. **최소한 두 개 이상의 수치 정보가 언급되므로 내용과 함께 수치 간단히 메모!**

▢ 대화 내용 중 숫자, 금액과 관련된 내용에 신경을 집중하세요!

숫자, 금액에 관련된 문제는 **간단하게 계산을 해야 하거나 두 가지 숫자 정보를 묻는 복합 문제들이 출제**되기도 하므로 실수하지 않도록 주의력이 요구됩니다. 숫자와 관련된 다양한 표현을 익혀 계산을 해야 할 때 정확도를 높이도록 하세요!

FINDING ANSWER

상대방에게 확인하는 표현 바로 위에 오는 내용을 주의해서 듣습니다.

Mission Question 01

대화를 듣고, 남자가 지불하게 될 금액을 고르시오.

중2–교육청 듣기평가 200년 4월

① $ 10   ② $ 13
③ $ 15   ④ $ 18

STRATEGIC LISTENING

위 문제의 정답을 찾기 어려웠다면 다음 단계에 따라 다시 듣고 정답을 찾아보세요.

BEFORE LISTENING 제시문을 읽고 어떻게 전개될지 대화의 상황을 추론합니다.

- 금액을 고르는 문제가 나올 경우 합계나 할인율에 주의해서 들으세요.
- 다음 표현을 영어로 생각해 보세요.

  얼마예요? (　　　　　　　　　　)
  세일중이다 (　　　　　　　　　　)

WHILE LISTENING 질문 내용에 맞게 수치를 메모하세요.

$18,　only $15,　size 10

셔츠의 가격이 원래 18달러인데 세일해서 15달러에 팔고 있어요.

Pronunciation

앞서 풀어본 문제의 스크립트입니다. 대화를 듣고 정확한 표현을 골라보세요.

M That shirt (**looks rice / looks nice**). How much is it?

W (**It's on sale / It's on sail**). It was $18, but now it's only $15.

M (**Do you have / Do you has**) one in size 10?

W Sure. Here you are.

M Great! I'll take it.

Chunk Training

다음을 듣고 강세가 느껴지는 단어에 O 표시하고, 끊어 읽는 부분에 / 표시하세요.

M That shirt / looks nice. How much is it?

W It's on sale. It was $18, but now it's only $15.

M Do you have one in size 10?

W Sure. Here you are.

M Great! I'll take it.

Chunk List

대화문에 등장한 핵심 chunk입니다. 다섯 번씩 소리 내어 읽고 적어 보세요.

	① ② ③ ④ ⑤		① ② ③ ④ ⑤
looks nice 좋은데요	☑ ▢ ▢ ▢ ▢	How much is it? 이건 얼마에요?	▢ ▢ ▢ ▢ ▢
It's on sale 세일 중입니다	▢ ▢ ▢ ▢ ▢	it's only $15 이건 겨우 15달러입니다	▢ ▢ ▢ ▢ ▢
I'll take it 그것을 살게요	▢ ▢ ▢ ▢ ▢	Do you have ~? ~가 있나요?	▢ ▢ ▢ ▢ ▢

Intonation

이번에는 영어의 느낌을 살려서 인토네이션과 강세(파랑, 분홍 글씨), 끊어 읽기(/ 한번 호흡)에 유의하여 다섯 번씩 소리 내어 읽어보세요.

① ② ③ ④ ⑤

M That shirt / looks nice. How much is it? ☑ ▢ ▢ ▢ ▢

W It's on sale. It was $18, but now it's only $15. ▢ ▢ ▢ ▢ ▢

M Do you have / one in size 10? ▢ ▢ ▢ ▢ ▢

W Sure. Here you are. ▢ ▢ ▢ ▢ ▢

M Great! I'll take it. ▢ ▢ ▢ ▢ ▢

이번에는 학습한 chunk를 활용해볼까요? 상황에 맞게 빈칸을 채워 말해보세요.

저 신발이 좋아 보이네요. 얼마입니까?
That shoes   .   ?

그것은 세일 중이에요. 그것은 18달러였지만, 지금은 단 13달러예요.
             . It was $18, but   .

당신은 가지고 있습니까 / 10 크기의 것을?
            one in size 10?

물론이죠. 여기 있습니다.
Sure. Here you are.

좋아요. 그것을 살게요.
Great!   .

Answers for Each Step

Mission Question ③ $15

Step 1 Strategic Listening_Before Listening
How much is it? — It's on sale

Step 2 Chunk Listening_Pronunciation
looks nice | It's on sale | Do you have

Step 3 Chunk Speaking_Fill in the blanks
look nice | How much is it | It's on sale | now it's only $13 | Do you have | I'll take it

대화를 듣고, 남자가 방문하기로 한 시각을 고르시오.

중2-교육청 듣기평가 2008년 4월

① 1:30　　　② 2:00　　　③ 3:00　　　④ 3:30

STEP 1　STRATEGIC LISTENING

위 문제의 정답을 찾기 어려웠다면 다음 단계에 따라 다시 듣고 정답을 찾아보세요.

BEFORE LISTENING 제시문을 읽고 어떻게 전개될지 대화의 상황을 추론합니다.

① 1:30 (　　　　　)　　② 2:00 (　　　　　)　　③ 3:00 (　　　　　)　　④ 3:30 (　　　　　)

다음 표현을 영어로 생각해보세요.
몇 시가 좋아요? (　　　　　)
～시가 어때요? (　　　　　)

WHILE LISTENING 질문 내용에 맞게 수치를 메모합니다.

at two,　from one thirty to three,　three thirty

시각을 나타내는 말이 여러 번 나오지만 three thirty를 제외하고는 모두 오답입니다.

Pronunciation

앞에서 풀어본 문제의 스크립트입니다. 대화를 듣고 정확한 표현을 골라보세요.

☎ *A telephone rings.*

M Hello. This is ABC Computer. How can I help you?

W My computer is not working. (**Can you sand / Can you send**) someone to check it?

M I can come (**this after school / this afternoon**). What is a good time for you?

W Can you come at two?

M Sorry. I have appointments from one thirty to three. (**How about three thirty / How about thrill thirty**)?

W That's good. (**See you than / See you then**).

Chunk Training

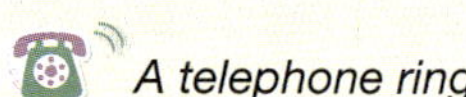

다음을 듣고 강세가 느껴지는 단어에 O 표시하고, 끊어 읽는 부분에 / 표시하세요.

☎ *A telephone rings.*

M Hello. This is ABC Computer. / How can I help you?

W My computer is not working. Can you send someone to check it?

M I can come this afternoon. What is a good time for you?

W Can you come at two?

M Sorry. I have appointments from one thirty to three. How about three thirty?

W That's good. See you then.

Chunk List

대화문에 등장한 핵심 chunk입니다. 다섯 번씩 소리 내어 읽고 적어보세요.

How can I help you? 무엇을 도와드릴까요?	① ② ③ ④ ⑤ ☑ ☐ ☐ ☐ ☐	Can you send? ~을 보내줄 수 있나요?	① ② ③ ④ ⑤ ☐ ☐ ☐ ☐ ☐
send someone to check 확인하기 위해 ~를 보내다	☐ ☐ ☐ ☐ ☐	What is a good time for you? 언제 시간 괜찮으세요?	☐ ☐ ☐ ☐ ☐
I have appointments 약속이 있습니다	☐ ☐ ☐ ☐ ☐	See you then 그때 봐요	☐ ☐ ☐ ☐ ☐

Intonation

이번에는 영어의 느낌을 살려서 인토네이션과 강세(파랑, 분홍 글씨), 끊어 읽기(/ 한번 호흡)에 유의하여 다섯 번씩 소리 내어 읽어보세요.

M Hello. This is ABC computer. How can I help you? ① ② ③ ④ ⑤ ☑ ☐ ☐ ☐ ☐

W My computer / is not working. Can you send / someone to check it? ☐ ☐ ☐ ☐ ☐

M I can come / this afternoon. What is a good time for you? ☐ ☐ ☐ ☐ ☐

W Can you come / at two? ☐ ☐ ☐ ☐ ☐

M Sorry. I have appointments / from one thirty to three.

How about / three thirty? ☐ ☐ ☐ ☐ ☐

W That's good. See you then. ☐ ☐ ☐ ☐ ☐

이번에는 학습한 chunk를 활용해볼까요? 상황에 맞게 빈칸을 채워 말해보세요.

A telephone rings.

안녕하세요. DBG 컴퓨터입니다. 어떻게 도와드릴까요?
Hello. This is DBG Computer. ________________?

제 컴퓨터가 작동하지 않습니다. 저에게 보내줄 수 있나요 / 그것을 점검할 사람을?
My computer ________________. ________________ send someone to check it?

제가 갈 수 있습니다 / 오늘 오후에. / 언제가 적당한 시간입니까 / 당신에게?
________________ this afternoon. What is a good time for you?

3시에 올 수 있습니까?
Can you come at three?

미안합니다. 저는 약속이 있습니다 / 2시부터 3시까지.
Sorry. ________________ from two to three thirty.

어떻습니까 / 1시 30분은?
________________?

괜찮습니다. 그때 봅시다.
That's good. See you then.

대화를 듣고, 여자가 남자에게 빌려준 금액을 고르시오

중2–교육청 듣기평가 2008년 4월

① 15 cents　　② 50 cents　　③ 1.50 dollars　　④ 2 dollars

STEP 1 — STRATEGIC LISTENING

위 문제의 정답을 찾기 어려웠다면 다음 단계에 따라 다시 듣고 정답을 찾아보세요.

BEFORE LISTENING 제시문을 읽고 어떻게 전개될지 대화의 상황을 추측합니다.

다음 표현을 영어로 생각해보세요.

얼마가 필요해? (　　　　　　　)
빌리다 (　　　　　　)
돈 (　　　　　　)

WHILE LISTENING 질문 내용에 맞게 수치를 메모합니다.

one dollar, one fifty, fifty cents 등 금액을 나타내는 말이 여러 번 나오지만 소다가 1달러 50센트인데 가지고 있는 돈이 1달러이므로 필요한 돈은 50센트입니다.

Pronunciation

앞서 풀어본 문제의 스크립트입니다. 대화를 듣고 정확한 표현을 골라보세요.

1

M Kate, (**can I blow / can I borrow**) some money?

W What for?

M I want a soda, but I don't have enough money.

W Okay. (**How march / How much**) do you need?

M I have one dollar, but a soda costs one fifty.

W Okay. (**Here's fifty sent / Here's fifty cents**).

Chunk Training

다음을 듣고 강세가 느껴지는 단어에 O 표시하고, 끊어 읽는 부분에 / 표시하세요.

M Kate, can I borrow / some money?

W What for?

M I want a soda, but I don't have enough money.

W Okay. How much do you need?

M I have one dollar, but a soda costs one fifty.

W Okay. Here's fifty cents.

Chunk List

대화문에 등장한 핵심 chunk입니다. 다섯 번씩 소리 내어 읽고 적어 보세요.

	① ② ③ ④ ⑤		① ② ③ ④ ⑤
can I borrow ~? ~을 빌릴 수 있을까요?	☑ ▢ ▢ ▢ ▢	don't have enough money 충분한 돈이 없다	▢ ▢ ▢ ▢ ▢
What for? 뭐에 필요한데?	▢ ▢ ▢ ▢ ▢	How much do you need? 얼마 정도 필요한데?	▢ ▢ ▢ ▢ ▢
Coke costs two dollars 콜라는 2달러이다	▢ ▢ ▢ ▢ ▢	Here's fifty cents 여기 50센트가 있어	▢ ▢ ▢ ▢ ▢

Intonation

이번에는 영어의 느낌을 살려서 인토네이션과 강세(피랑, 분홍 글씨), 끊어 읽기(/ 한번 호흡)에 유의하여 다섯 번씩 소리 내어 읽어보세요.

		① ② ③ ④ ⑤
M	Kate, can I borrow / some money?	☑ ▢ ▢ ▢ ▢
W	What for?	▢ ▢ ▢ ▢ ▢
M	I want / a soda, but I don't have / enough money.	▢ ▢ ▢ ▢ ▢
W	Okay. How much / do you need?	▢ ▢ ▢ ▢ ▢
M	I have / one dollar, but a soda costs / one fifty.	▢ ▢ ▢ ▢ ▢
W	Okay. Here's / fifty cents.	▢ ▢ ▢ ▢ ▢

이번에는 학습한 chunk를 활용해볼까요? 상황에 맞게 빈칸을 채워 말해보세요.

제인, 내가 빌릴 수 있니 / 조금의 돈을?
Jane, ________________ some money?

무엇 때문에?
________________ ?

나는 콜라를 먹고 싶지만 / 가지고 있지 않아 / 충분한 돈을.
I want a Coke, but ________________ money.

알았어. 얼마나 / 필요하니?
Okay. ________________ ?

나는 1달러 50센트를 가지고 있어. 하지만 콜라는 2달러야.
I have one fifty, but a ________________ .

알았어. 여기 있어 / 50센트.
Okay. ________________ .

Mission Question 04

대화를 듣고, 남자가 지불해야 할 금액으로 알맞은 것을 고르시오. 중3-교육청 듣기평가 2008년 4월

① $280　　　② $320　　　③ $360　　　④ $400　　　⑤ $480

 **STEP 1**　**STRATEGIC LISTENING** 

위 문제의 정답을 찾기 어려웠다면 다음 단계에 따라 다시 듣고 정답을 찾아보세요.

BEFORE LISTENING　제시문을 읽고 어떻게 전개될지 대화의 상황을 추론합니다.

① $280 (　　　)　② $320 (　　　)　③ $360 (　　　)　④ $400 (　　　)　⑤ $480 (　　　)

다음 표현을 영어로 생각해봅시다.
　할인된 (　　　　　)

WHILE LISTENING　질문 내용에 맞게 수치를 메모합니다.

M It looks good. How much is it?
W It was (　　　), but it's (　　　) now for (　　　) off.

가격을 묻는 표현이 How much is it?인 것은 아시죠? 그 다음에 오는 숫자 표현이 답이 되는 것이죠.

Pronunciation

앞서 풀어본 문제의 스크립트입니다. 대화를 듣고 정확한 표현을 골라보세요.

W May I help you?

M Yes, please. I'm **(looking at / looking for)** a digital camera for my son.

W **(What type of / What title of)** digital camera does he want?

M My son wants a slim one.

W Then **(how about / what about)** this model?

M It looks good. How much is it?

W It was $400, but it's **(on sale / on sail)** now for 10% off.

M Oh, is it? I'll take it.

Chunk Training

다음을 듣고 강세가 느껴지는 단어에 O 표시하고, 끊어 읽는 부분에 / 표시하세요.

W May I help you?

M Yes, please. / I'm looking for a digital camera for my son.

W What type of digital camera does he want?

M My son wants a slim one.

W Then how about this model?

M It looks good. How much is it?

W It was $400, but it's on sale now for 10% off.

M Oh, is it? I'll take it.

Chunk List

대화문에 등장한 핵심 chunk입니다. 다섯 번씩 소리 내어 읽고 적어 보세요.

	① ② ③ ④ ⑤		① ② ③ ④ ⑤
look at ~을 보다	☑ ☐ ☐ ☐ ☐	look for ~을 찾다	☐ ☐ ☐ ☐ ☐
what type of 어떤 형태의	☐ ☐ ☐ ☐ ☐	How much is it? 얼마예요?	☐ ☐ ☐ ☐ ☐
on sale 할인 판매 중인	☐ ☐ ☐ ☐ ☐	I'll take it 나는 그것을 사겠어요	☐ ☐ ☐ ☐ ☐

Intonation

이번에는 영어의 느낌을 살려서 인토네이션과 강세(파랑, 분홍 글씨), 끊어 읽기(/ 한번 호흡)에 유의하여 다섯 번씩 소리 내어 읽어보세요.

		① ② ③ ④ ⑤
W	May I help you?	☑ ☐ ☐ ☐ ☐
M	Yes, please. I'm looking for / a digital camera / for my son.	☐ ☐ ☐ ☐ ☐
W	what type of / digital camera / does he want?	☐ ☐ ☐ ☐ ☐
M	My son wants / a slim one.	☐ ☐ ☐ ☐ ☐
W	Then how about / this model?	☐ ☐ ☐ ☐ ☐
M	It looks good. / How much is it?	☐ ☐ ☐ ☐ ☐
W	It was $400, but it's / on sale / now for 10% off.	☐ ☐ ☐ ☐ ☐
M	Oh, is it? I'll take it.	☐ ☐ ☐ ☐ ☐

이번에는 학습한 chunk를 활용해볼까요? 상황에 맞게 빈칸을 채워 말해보세요.

도와드릴까요?
_______________________ ?

네, 부탁드려요. 나는 스마트폰을 찾고 있어요 / 내 아들을 위해서.
_______________________. _______________________ a smartphone for my son.

어떤 종류의 스마트폰을 / 그가 원하나요?
_______________________ smartphone does he want?

내 아들은 최신형을 원해요.
My son wants the newest one.

그럼 ~는 어떤가요 / 이 모델은?
Then _______________________ this model?

좋아 보이네요. 얼마인가요?
It looks good. _______________________ ?

이것은 200달러였어요. 하지만 이것은 지금 세일 중이에요 / 10퍼센트.
It was $200, but _______________________ now for 10% off.

오, 그런가요? 이걸로 할게요.
Oh, is it? _______________________ .

대화를 듣고, 여자가 도서관에서 책을 대출할 수 있는 최장기간을 고르시오. 중3–교육청 듣기평가 2008년 4월

① 1주   ② 2주   ③ 3주   ④ 4주   ⑤ 5주

STEP 1 STRATEGIC LISTENING

위 문제의 정답을 찾기 어려웠다면 다음 단계에 따라 다시 듣고 정답을 찾아보세요.

BEFORE LISTENING   제시문을 읽고 어떻게 전개될지 대화의 상황을 추측하세요.

다음 표현을 영어로 생각해봅시다.
① 도서관 _______________________________
② 1주일 _______________________________
③ 책을 대출하다 _______________________________
④ 얼마나 오래 _______________________________

WHILE LISTENING   질문 내용에 맞게 수치를 메모합니다.

for a month,   For two weeks,   for one more week

2주일 동안 빌릴 수 있지만, 전화를 한다면 일주일 연장을 해준다는 내용이 핵심이네요.

Pronunciation

앞서 풀어본 문제의 스크립트입니다. 대화를 듣고 정확한 표현을 골라보세요.

M May I help you?

W (**I'd like to / I like to**) borrow these books.

M (**Can you saw / Can you show**) me your library card?

W Here it is. (**Can I keep / Can I kick**) the books for a month?

M I'm afraid not.

W (**How long / How's long**) can I have them for?

M For two weeks. If you want them longer, just call the library and you can keep them for one more week.

Chunk Training

다음을 듣고 강세가 느껴지는 단어에 O 표시하고, 끊어 읽는 부분에 / 표시하세요.

M May I help you?

W I'd like / to borrow these books.

M Can you show me your library card?

W Here it is. Can I keep the books for a month?

M I'm afraid not.

W How long can I have them for?

M For two weeks. If you want them longer, just call the library and you can keep them for one more week.

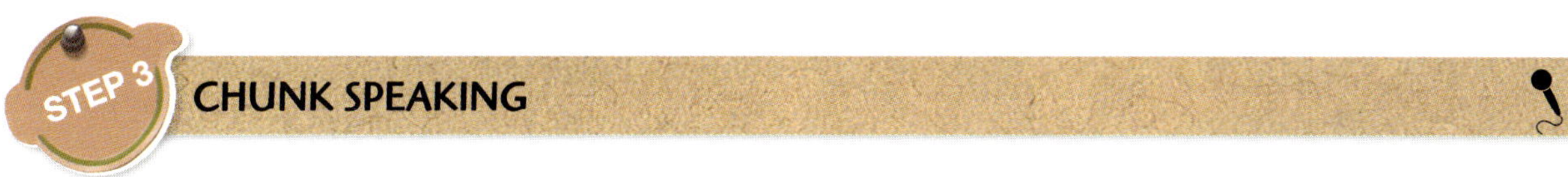

Chunk List

대화문에 등장한 핵심 chunk입니다. 다섯 번씩 소리 내어 읽고 적어 보세요.

	① ② ③ ④ ⑤		① ② ③ ④ ⑤
May I help you? 어떻게 도와드릴까요?	☑ ☐ ☐ ☐ ☐	borrow these books 이 책들을 빌리다	☐ ☐ ☐ ☐ ☐
library card 도서관 카드	☐ ☐ ☐ ☐ ☐	for a month 한 달 동안	☐ ☐ ☐ ☐ ☐
I'm afraid not 죄송하지만 그건 안 돼요	☐ ☐ ☐ ☐ ☐		

Intonation

이번에는 영어의 느낌을 살려서 인토네이션과 강세(파랑, 분홍 글씨), 끊어 읽기(/ 한번 호흡)에 유의하여 다섯 번씩 소리 내어 읽어보세요.

		① ② ③ ④ ⑤
M	May I help you?	☑ ☐ ☐ ☐ ☐
W	I'd like to / borrow these books.	☐ ☐ ☐ ☐ ☐
M	Can you show me / your library card?	☐ ☐ ☐ ☐ ☐
W	Here it is. Can I keep the books / for a month?	☐ ☐ ☐ ☐ ☐
M	I'm afraid not.	☐ ☐ ☐ ☐ ☐
W	How long / can I have them for?	☐ ☐ ☐ ☐ ☐
M	For two weeks. If you want them longer, just call the library / and you can keep them / for one more week.	☐ ☐ ☐ ☐ ☐

이번에는 학습한 chunk를 활용해볼까요? 상황에 맞게 빈칸을 채워 말해보세요.

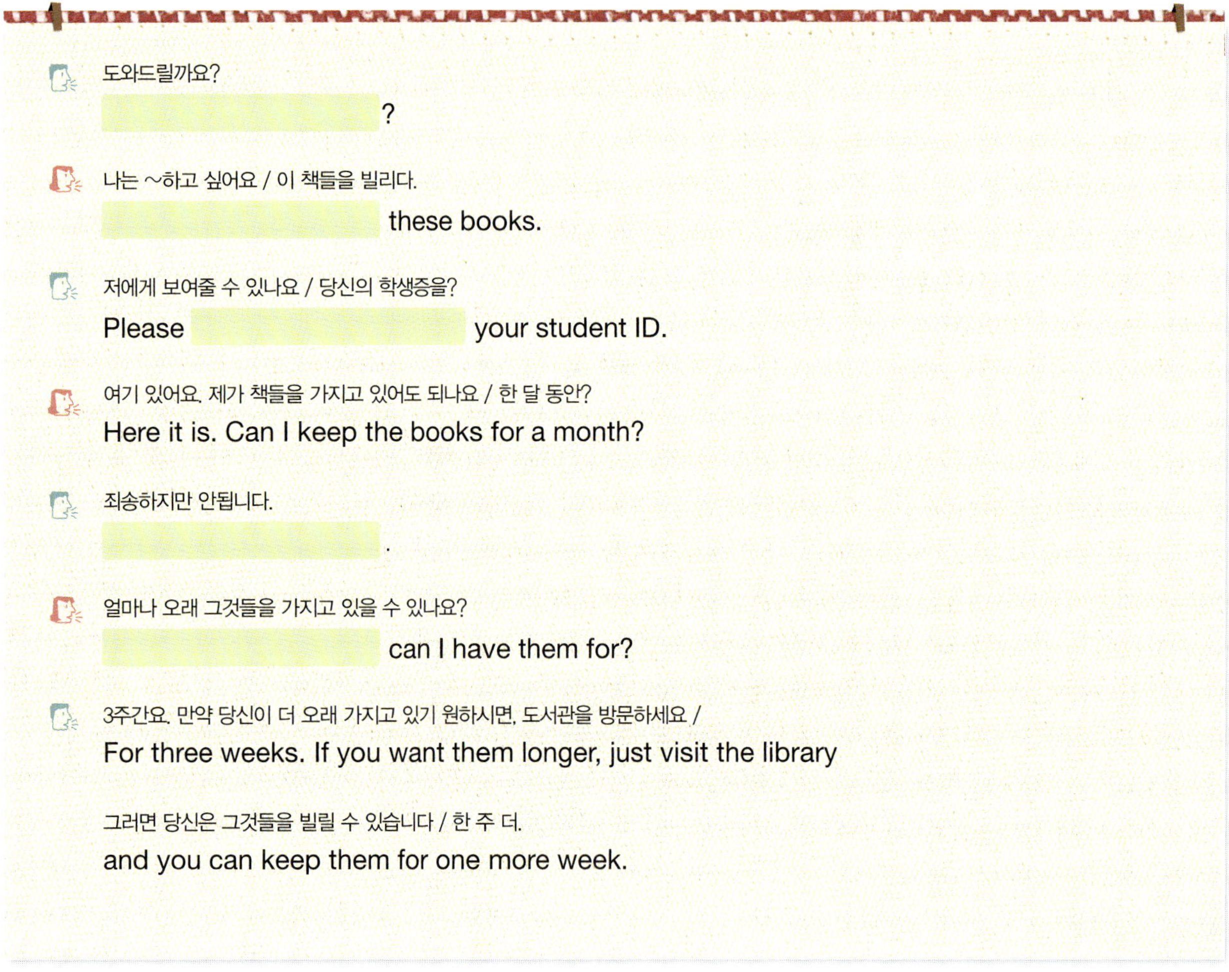

Mission Question ③ 3주

Step 1 Strategic Listening_Before Listening
① library   ② one week   ③ borrow books   ④ How long?

Step 2 Chunk Listening_Pronunciation
I'd like to │ Can you show │ Can I keep │ How long

Step 3 Chunk Speaking_Fill in the blanks
May I help you │ I'd like to borrow │ show me │ I'm afraid not. │ How long

Mission Question 06

대화를 듣고, 남자가 한국을 떠나는 날짜를 고르시오.

중3–교육청 듣기평가 2009년 9월

① July 1st ② July 25th ③ July 31st
④ August 1st ⑤ August 2nd

STEP 1 STRATEGIC LISTENING

위 문제의 정답을 찾기 어려웠다면 다음 단계에 따라 다시 듣고 정답을 찾아보세요.

BEFORE LISTENING 제시문을 읽고 어떻게 전개될지 대화의 상황을 추측합니다.

① July 1st ___________________________
② July 25th ___________________________
③ July 31st ___________________________
④ August 1st ___________________________
⑤ August 2nd ___________________________

WHILE LISTENING 질문 내용에 맞게 수치를 메모합니다.

M I was thinking of staying for (   ), but my friend's birthday is on (   ).
So, I won't leave (   ).

FINDING ANSWER 상대방에게 확인하는 표현인 You mean~? 등의 표현 뒤에 오는 내용을 주의해서 듣습니다.

W You mean (   )?

상대방이 한 말을 확인하는 내용이라서 You mean ~ 뒤에 나오는 표현이 힌트가 돼요.

Pronunciation

앞서 풀어본 문제의 스크립트입니다. 대화를 듣고 정확한 표현을 골라보세요.

1

W　When did you come to Korea?

M　I came here **(on the first / on the past)** day of July.

W　What is **(your expression / your impression)** of Korea?

M　It is very beautiful and the people are really nice.

W　How much longer will you stay?

M　I was thinking of staying for twenty days, but my friend's birthday is on July 25th. So, I won't leave until **(the end of / the band of)** this month.

W　You mean you **(will state / will stay)** here until July 31th?

M　Yes. I'll leave the next day.

Chunk Training

다음을 듣고 강세가 느껴지는 단어에 O 표시하고, 끊어 읽는 부분에 / 표시하세요.

W　When did you come to / Korea?

M　I came here on the first day of July.

W　What is your impression of Korea?

M　It is very beautiful and the people are really nice.

W　How much longer will you stay?

M　I was thinking of staying for twenty days, but my friend's birthday is on July 25th. So, I won't leave until the end of this month.

W　You mean you will stay here until July 31st?

M　Yes. I'll leave the next day.

Chunk List

대화문에 등장한 핵심 chunk입니다. 다섯 번씩 소리 내어 읽고 적어 보세요.

	① ② ③ ④ ⑤		① ② ③ ④ ⑤
What is your impression of Korea? 한국에 대한 너의 인상은 어떠하나?	☑ ☐ ☐ ☐ ☐	How much longer 얼마나 길게	☐ ☐ ☐ ☐ ☐
I was thinking of 나는 ~를 생각 중이었다	☐ ☐ ☐ ☐ ☐	stay for twenty days 20일 동안 머무르다	☐ ☐ ☐ ☐ ☐
until the end of this month 이달 말까지	☐ ☐ ☐ ☐ ☐	I'll leave the next day 나는 다음날 떠날 것이다	☐ ☐ ☐ ☐ ☐

Intonation

이번에는 영어의 느낌을 살려서 인토네이션과 강세(파랑, 분홍 글씨), 끊어 읽기(/ 한번 호흡)에 유의하여 다섯 번씩 소리 내어 읽어보세요.

	① ② ③ ④ ⑤
W When did you come to / Korea?	☑ ☐ ☐ ☐ ☐
M I came here / on the first day of July.	☐ ☐ ☐ ☐ ☐
W What is / your impression of Korea?	☐ ☐ ☐ ☐ ☐
M It is very beautiful / and the people are really nice.	☐ ☐ ☐ ☐ ☐
W How much longer / will you stay?	☐ ☐ ☐ ☐ ☐
M I was thinking of / staying for twenty days, but my friend's birthday is on July 25th. / So, I won't leave / until the end of this month.	☐ ☐ ☐ ☐ ☐
W You mean / you will stay here / until July 31st?	☐ ☐ ☐ ☐ ☐
M Yes. I'll leave the next day.	☐ ☐ ☐ ☐ ☐

이번에는 학습한 chunk를 활용해볼까요? 상황에 맞게 빈칸을 채워 말해보세요.

언제 당신이 왔나요 / 한국에?
When did you come to Korea?

나는 여기 왔어요 / 4월의 둘째 날에.
______________ on the second day of April.

당신은 한국을 어떻게 생각하시나요?
______________ Korea?

그것은 매우 아름다워요 / 그리고 사람들은 굉장히 좋아요.
It is very beautiful and the people are really nice.

얼마나 오래 / 당신은 머물 것인가요?
______________ will you stay?

나는 ~를 생각했어요 / 20일 머무는 것을. 그러나 내 친구의 생일이 4월 23일이에요.
I was thinking of ______________ twenty days, but my friend's birthday is on April 23rd.

그래서 나는 떠나지 않을 것이에요 / 이달 말까지.
So, ______________ until the end of this month.

당신은 의미하나요 / 당신이 이곳에 머물 것이라는 것을 / 4월 30일까지?
You mean you will stay here until April 30?

그래요. 나는 떠날 것이에요 / 그 다음날.
Yes. I'll leave the next day.

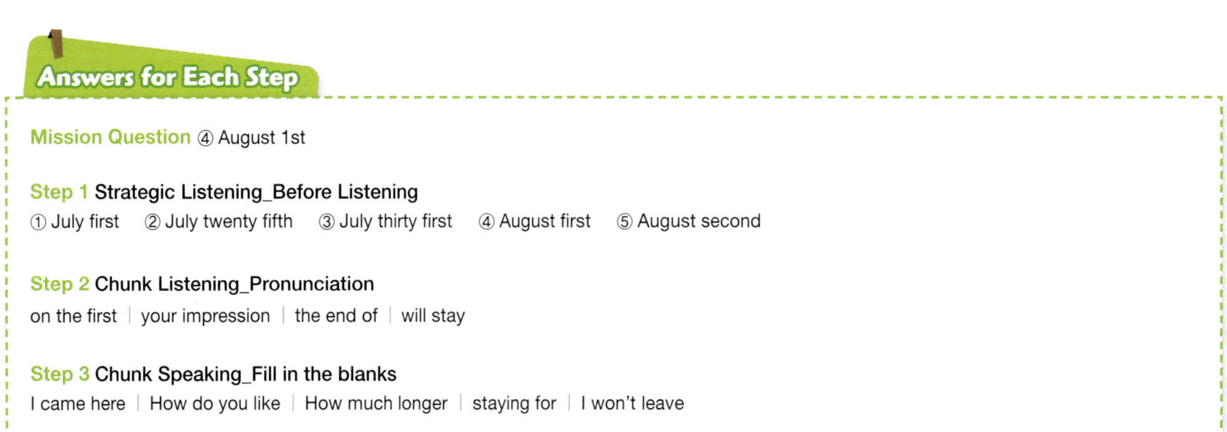

Answers for Each Step

Mission Question ④ August 1st

Step 1 Strategic Listening_Before Listening
① July first   ② July twenty fifth   ③ July thirty first   ④ August first   ⑤ August second

Step 2 Chunk Listening_Pronunciation
on the first │ your impression │ the end of │ will stay

Step 3 Chunk Speaking_Fill in the blanks
I came here │ How do you like │ How much longer │ staying for │ I won't leave

Chapter 5에서 학습한 핵심 Chunk의 모음입니다. 소리 내어 다섯 번씩 읽고 빈칸에 그 의미를 적어보세요.

Chunk		① ② ③ ④ ⑤
looks nice		☑ ☐ ☐ ☐ ☐
How much is it?		☐ ☐ ☐ ☐ ☐
It's on sale		☐ ☐ ☐ ☐ ☐
it's only $15		☐ ☐ ☐ ☐ ☐
I'll take it		☐ ☐ ☐ ☐ ☐
Do you have ~		☐ ☐ ☐ ☐ ☐
How can I help you?		☐ ☐ ☐ ☐ ☐
Can you send?		☐ ☐ ☐ ☐ ☐
send someone to check		☐ ☐ ☐ ☐ ☐
What is a good time for you?		☐ ☐ ☐ ☐ ☐
I have appointments		☐ ☐ ☐ ☐ ☐
See you then		☐ ☐ ☐ ☐ ☐
can I borrow ~?		☐ ☐ ☐ ☐ ☐
don't have enough money		☐ ☐ ☐ ☐ ☐
What for?		☐ ☐ ☐ ☐ ☐
How much do you need?		☐ ☐ ☐ ☐ ☐
Coke costs two dollars		☐ ☐ ☐ ☐ ☐
Here's fifty cents		☐ ☐ ☐ ☐ ☐
look at		☐ ☐ ☐ ☐ ☐
look for		☐ ☐ ☐ ☐ ☐
what type of		☐ ☐ ☐ ☐ ☐
How much is it?		☐ ☐ ☐ ☐ ☐
on sale		☐ ☐ ☐ ☐ ☐
I'll take it		☐ ☐ ☐ ☐ ☐
May I help you?		☐ ☐ ☐ ☐ ☐
borrow these books		☐ ☐ ☐ ☐ ☐
library card		☐ ☐ ☐ ☐ ☐
for a month		☐ ☐ ☐ ☐ ☐
I'm afraid not		☐ ☐ ☐ ☐ ☐
What is your impression of Korea?		☐ ☐ ☐ ☐ ☐
How much longer		☐ ☐ ☐ ☐ ☐
I was thinking of		☐ ☐ ☐ ☐ ☐
stay for twenty days		☐ ☐ ☐ ☐ ☐
until the end of this month		☐ ☐ ☐ ☐ ☐
I'll leave the next day		☐ ☐ ☐ ☐ ☐

Chapter 06 Understanding Main Idea

주제 · 요지 파악

Fundamental Principle

1. 문제를 미리 읽고 대화의 상황에 대한 정보를 얻어라.

2. 무엇을 알아야 하는지 스스로에게 물어라.

3. 단어 듣기에서 chunk(의미덩어리) 듣기로 전환하라.

4. 대화나 설명의 처음 시작에 주목하라.

유형

무엇에 관한 설명인가? 설명하는 이것(this)으로 가장 적절한 것은? 무엇에 관해 이야기하는지 가장 알맞은 것은? 등의 형태로 출제되며 매년 한 문제씩 출제되고 있습니다. 많은 학습자들이 대화문보다 담화문을 어려워하는 경향이 있으므로 평소 담화듣기에 대한 많은 훈련이 필요합니다.

BEFORE LISTENING

▫ 선택지를 미리 읽어 담화의 내용을 예측해 보세요.

주어진 선택지를 통하여 듣게 될 내용을 한정시켜 예측해 볼 수 있어요. 선택지에서 서로 다른 차이점을 파악하여 어느 관점에서 내용을 집중적으로 파악할지 결정하세요.

WHILE LISTENING

▫ 두괄식과 미괄식 구성에 초점을 맞추세요.

대개 주제가 앞부분이나 마지막 부분에 제시되는 경우가 많으므로 화자의 첫마디와 끝맺는 말에 주의를 기울여 주제나 요지를 파악하세요. 특히, 강연이나 연설 등에서는 마지막 부분에 I'd like to say, In my opinion 등으로 시작하여 자신의 결론을 말하는 경우가 많으므로 여기에 집중하도록 하세요.

▫ 반복되는 단어와 어구에 유의하세요.

자주 반복되는 단어가 전체의 주제에 관련되는 경우가 대부분이므로 핵심어를 하나로 집약시킬 수 있는 것이 주제가 됩니다.

FINDING ANSWER

담화 중에 나왔던 단어, 주로 명사들을 그대로 선택지에 사용했더라도 선택지 어구를 해석할 때 전혀 다른 내용이 될 수 있으므로 그 단어들이 다른 뜻으로 변형되어 선택지에 표현되지 않았는지 살펴보도록 합니다. 오히려 쉽게 귀에 잘 들리는 표현일수록 오답일 가능성 크니 주의하세요!

Mission Question 01

다음을 듣고, 무엇에 관한 안내인지 고르시오.

중2-교육청 듣기평가 2007년 9월

① 할인 판매　　　② 주차요금　　　③ 식이요법　　　④ 비행기 탑승

STRATEGIC LISTENING

위 문제의 정답을 찾기 어려웠다면 다음 단계에 따라 다시 듣고 정답을 찾아보세요.

BEFORE LISTENING　선택지를 미리 읽어 담화의 내용을 예측해 보세요.

① 할인 판매 ______________________________
② 주차요금 ______________________________
③ 식이요법 ______________________________
④ 비행기 탑승 ______________________________

WHILE LISTENING　반복되는 단어와 어구에 유의하세요.

a special sale, fifty percent off, at half price → 모두 할인 판매에 관한 표현이죠?

FINDING ANSWER　들은 내용을 토대로 전체내용을 추론해 보세요.

지금 S-Mart의 식품 코너에서는 50% 할인 판매를 하고 있어요. 과일과 채소를 모두 반값에 살 수 있네요.

Pronunciation

앞서 풀어본 문제의 스크립트입니다. 담화를 듣고 정확한 표현을 골라보세요.

M   Hello, everybody!

(**Wellcut to** / **Welcome to**) S-Mart.

We're having a special sale (**in our foot corner** / **in our food corner**).

Fifty percent off!

You can buy all fruits and vegetables (**at harp price** / **at half price**).

Chunk Training

다음을 듣고 강세가 느껴지는 단어에 O 표시하고, 끊어 읽는 부분에 / 표시하세요.

M   Hello, everybody!

Welcome to / S-Mart.

We're having a special sale in our food corner. Fifty percent off!

You can buy all fruits and vegetables at half price.

 **CHUNK SPEAKING**

Chunk List

담화문에 등장한 핵심 chunk입니다. 다섯 번씩 소리 내어 읽고 적어 보세요.

	❶ ❷ ❸ ❹ ❺		❶ ❷ ❸ ❹ ❺
Welcome to 환영합니다	☑ ☐ ☐ ☐ ☐	Fifty percent off 50% 할인	☐ ☐ ☐ ☐ ☐
in food corner 식품 코너에서	☐ ☐ ☐ ☐ ☐	You can buy 당신은 살 수 있습니다	☐ ☐ ☐ ☐ ☐
a special sale 특별한 할인	☐ ☐ ☐ ☐ ☐	at half price 반값에	☐ ☐ ☐ ☐ ☐

Intonation

이번에는 영어의 느낌을 살려서 인토네이션과 강세(파랑, 분홍 글씨), 끊어 읽기(/ 한번 호흡)에 유의하여 다섯 번씩 소리 내어 읽어보세요.

   ❶ ❷ ❸ ❹ ❺
   ☑ ☐ ☐ ☐ ☐

M   Hello, everybody!

    welcome to / S-Mart.

    We're having / a special sale / in our food corner.

    Fifty percent off!

    You can buy / all fruits and vegetables / at half price.

이번에는 학습한 chunk를 활용해볼까요? 상황에 맞게 빈칸을 채워 말해보세요.

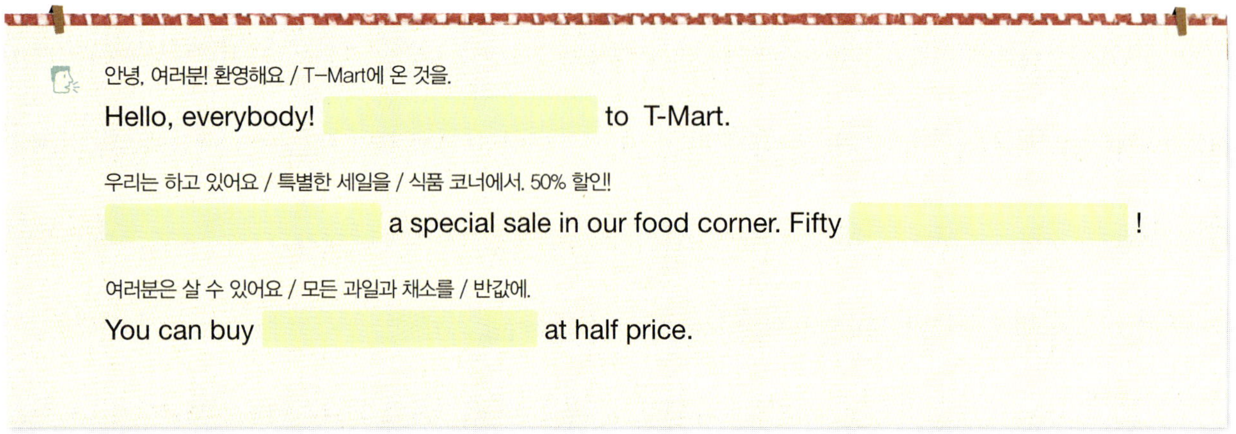

다음을 듣고, 무엇에 관한 안내방송인지 고르시오.

중2-교육청 듣기평가 2009년 4월

① 분실물   ② 할인 판매   ③ 컴퓨터 강좌   ④ 도서관 이용방법

STRATEGIC LISTENING

위 문제의 정답을 찾기 어려웠다면 다음 단계에 따라 다시 듣고 정답을 찾아보세요.

BEFORE LISTENING 선택지를 미리 읽어 담화의 내용을 예측해 보세요.

① 분실물 (   )
② 할인 판매 (   )
③ 컴퓨터 강좌 (   )
④ 도서관 이용방법 (   )

WHILE LISTENING 반복되는 단어와 어구에 유의하세요

We're looking for a woman's bag, small, blue, this bag, made of leather, the information center

→ 위 표현들을 통해 상황을 추론하는 것이 가장 중요해요. 우리는 어떤 상황을 예상할 수 있을까요?

FINDING ANSWER 들은 내용을 토대로 전체 내용을 추론해 보세요.

여성용 가방을 찾고 있으며 어떤 가방인지 설명하고 있네요.

Pronunciation

앞에서 풀어본 문제의 스크립트입니다. 담화를 듣고 정확한 표현을 골라보세요.

W (Attention all sharpers / **Attention all shoppers**)!

We're looking for (a woman's bag / **a women's bag**). It's small, blue and (**made of ladder / made of leather**).

If you find this bag, please bring it to the information center (**on the second floor / on the second flour**).

Thank you.

Chunk Training

다음을 듣고 강세가 느껴지는 단어에 O 표시하고, 끊어 읽는 부분에 / 표시하세요.

W Attention all shoppers!

We're looking for / a woman's bag.

It's small, blue and made of leather.

If you find this bag, please bring it to the information center on the second floor.

Thank you.

CHUNK SPEAKING

Chunk List

담화문에 등장한 핵심 chunk입니다. 다섯 번씩 소리 내어 읽고 적어보세요.

	① ② ③ ④ ⑤		① ② ③ ④ ⑤
Attention all shoppers! 주목해주세요, 모든 고객님!	☑ ☐ ☐ ☐ ☐	**Please bring it** 가지고 오세요	☐ ☐ ☐ ☐ ☐
be looking for ~을 찾고 있다	☐ ☐ ☐ ☐ ☐	**information center** 안내 데스크	☐ ☐ ☐ ☐ ☐
If you find this bag 이 가방을 찾는다면	☐ ☐ ☐ ☐ ☐	**made of leather** 가죽으로 만들어진	☐ ☐ ☐ ☐ ☐

Intonation

이번에는 영어의 느낌을 살려서 인토네이션과 강세(파랑, 분홍 글씨), 끊어 읽기(/ 한번 호흡)에 유의하여 다섯 번씩 소리 내어 읽어보세요.

W Attention all shoppers! ☑ ☐ ☐ ☐ ☐

We're looking for / a woman's bag.

It's small, blue / and made of leather.

If you find this bag, please bring it / to the information center / on the second floor.

Thank you.

이번에는 학습한 chunk를 활용해볼까요? 상황에 맞게 빈칸을 채워 말해보세요.

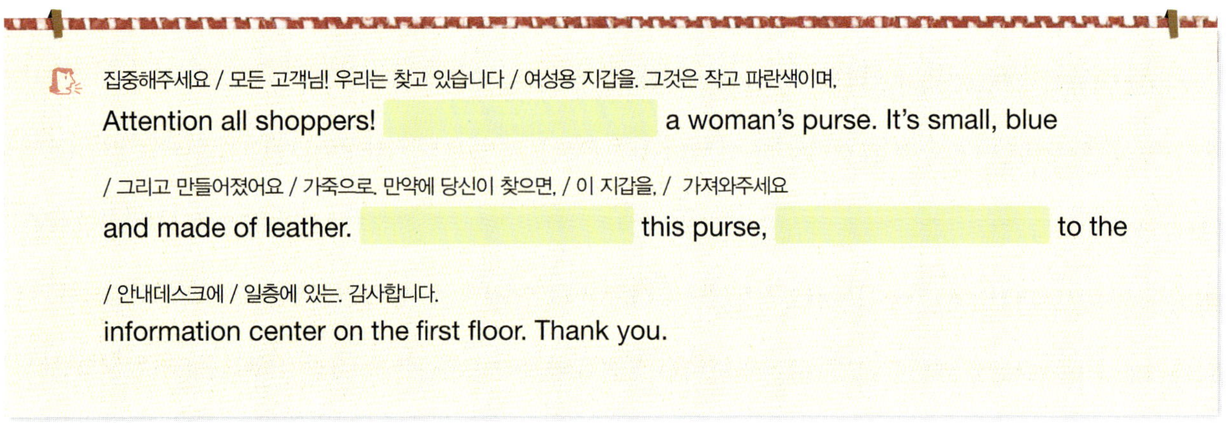

Mission Question ① 분실물

Step 1 Strategic Listening_Before Listening
① lost property　② sale　③ computer lesson　④ how to use a library

Step 2 Chunk Listening_Pronunciation
Attention all shoppers ｜ a woman's bag ｜ made of leather ｜ on the second floor

Step 3 Chunk Speaking_Fill in the blanks
We're looking for ｜ If you find ｜ please bring it

Mission Question 03

대화를 듣고, 내용과 가장 잘 어울리는 속담을 고르시오.

중2-교육청 듣기평가 2009년 4월

① No pain, no gain.
② Two heads are better than one.
③ Don't judge a book by its cover.
④ Don't put all your eggs in one basket.

 STEP 1

STRATEGIC LISTENING 

위 문제의 정답을 찾기 어려웠다면 다음 단계에 따라 다시 듣고 정답을 찾아보세요.

BEFORE LISTENING 선택지를 미리 읽어 담화의 내용을 예측해 보세요.

① No pain, no gain. (   )
② Two heads are better than one. (   )
③ Don't judge a book by its cover. (   )
④ Don't put all your eggs in one basket. (   )

WHILE LISTENING 반복되는 단어와 어구에 유의하세요.

the teacher, looks really scary, my homeroom teacher, really kind to students

→ 위 표현들을 통해 상황을 추론하는 것이 가장 중요해요. 우리는 어떤 상황을 예상할 수 있을까요? 선생님에 관한 이야기를 하고 있는데, 무섭다? 친절하다? 어느 쪽일까요?

FINDING ANSWER 들은 내용을 토대로 전체 내용을 추론해 보세요.

여자가 선생님을 보고 정말 무섭게 생겼다고 했더니 남자가 그 선생님은 무섭지 않고 학생들에게 정말 친절하다고 해요. 그렇다면 선생님의 겉모습만 보고 무섭다고 생각한 여자의 생각이 틀렸다는 걸 알 수 있죠?

Pronunciation

앞서 풀어본 문제의 스크립트입니다. 대화를 듣고 정확한 표현을 골라보세요.

W Do you know the teacher (**oval there / over there**)? He looks (**really scare / really scary**).

M No, he is not.

W How do you know?

M He is my homeroom teacher. He is (**really kind / really find**) to students.

W Oh! Is he?

M Yes. (**Many students / Many statement**) like him.

Chunk Training

다음을 듣고 강세가 느껴지는 단어에 O 표시하고, 끊어 읽는 부분에 / 표시하세요.

W Do you know / the teacher over there? He looks really scary.

M No, he is not.

W How do you know?

M He is my homeroom teacher. He is really kind to students.

W Oh! Is he?

M Yes. Many students like him.

CHUNK SPEAKING

대화문에 등장한 핵심 chunk입니다. 다섯 번씩 소리 내어 읽고 적어 보세요.

	① ② ③ ④ ⑤		① ② ③ ④ ⑤
over there 저쪽에	☑ ☐ ☐ ☐ ☐	looks really scary 매우 무서워 보인다	☐ ☐ ☐ ☐ ☐
homeroom teacher 담임 선생님	☐ ☐ ☐ ☐ ☐	How do you know? 넌 어떻게 아니?	☐ ☐ ☐ ☐ ☐
Oh! Is he? 오 그가?	☐ ☐ ☐ ☐ ☐		

이번에는 영어의 느낌을 살려서 인토네이션과 강세(파랑, 분홍 글씨), 끊어 읽기(/ 한번 호흡)에 유의하여 다섯 번씩 소리 내어 읽어보세요.

		① ② ③ ④ ⑤
W	Do you know / the teacher / over there? He looks / really scary.	☑ ☐ ☐ ☐ ☐
M	No, he is not.	☐ ☐ ☐ ☐ ☐
W	How do you know?	☐ ☐ ☐ ☐ ☐
M	He is my homeroom teacher. He is really kind / to students.	☐ ☐ ☐ ☐ ☐
W	Oh! Is he?	☐ ☐ ☐ ☐ ☐
M	Yes. Many students like him.	☐ ☐ ☐ ☐ ☐

이번에는 학습한 chunk를 활용해볼까요? 상황에 맞게 빈칸을 채워 말해보세요.

너 아니 / 선생님을 / 저기에 있는? 그는 보인다 / 매우 무섭게.
the teacher over there? He looks really scary.

아니. 그는 그렇지 않아.
No, he is not.

어떻게 알아?
?

그는 나의 담임선생님이야. 그는 / 매우 친절해 / 학생들에게.
He is my . He is to students.

오! 그가?
Oh! Is he?

응. 많은 학생들이 좋아해 / 그를.
Yes. Many students like him.

Mission Question ③ Don't judge a book by its cover.

Step 1 Strategic Listening_Before Listening
① 고통 없이는 얻는 것도 없다.   ② 백지장도 맞들면 낫다.   ③ 겉모습만 보고 판단하지 말라.   ④ 한 바구니에 모든 달걀을 담지 말라.

Step 2 Chunk Listening_Pronunciation
over there │ really scary │ really kind │ Many students

Step 3 Chunk Speaking_Fill in the blanks
Do you know │ How do you know │ homeroom teacher │ really kind

대화를 듣고, 두 사람의 관계로 가장 알맞은 것을 고르시오.   중3-교육청 듣기평가 2009년 9월

① 교사 – 학부모   ② 의사 – 환자   ③ 엄마 – 아들
④ 상담사 – 학생   ⑤ 교사 – 학생

 STEP 1

STRATEGIC LISTENING

위 문제의 정답을 찾기 어려웠다면 다음 단계에 따라 다시 듣고 정답을 찾아보세요.

BEFORE LISTENING   선택지를 미리 읽어 담화의 내용을 예측해봅니다.

① 교사 – 학부모 ______________________
② 의사 – 환자 ______________________
③ 엄마 – 아들 ______________________
④ 상담사 – 학생 ______________________
⑤ 교사 – 학생 ______________________

두 사람 사이에서 일어날 수 있는 단어를 생각해보세요.

WHILE LISTENING   핵심 되는 표현에 유의하며 들어보세요.

classmates, focusing on her studies, scores are getting lower

학급 친구들, 공부에 집중하다, 점수가 떨어지고 있다는 내용을 바탕으로 사람들의 직업을 추론할 수 있어요.

FINDING ANSWER   들은 내용을 토대로 전체내용을 추론해봅시다.

전체 내용을 파악하는 문제로, 들은 내용을 종합해서 두 사람의 관계를 찾으면 돼요.

 **STEP 2   CHUNK LISTENING** 

앞서 풀어본 문제의 스크립트입니다. 대화를 듣고 정확한 표현을 골라보세요.

M Please have a (**seat / sit**), Mrs. Brown.

W Thank you.

M How's Amy (**doing at hall / doing at home**) ?

W She seems to be doing fine. Is she (**in trouble / in travel**)?

M Well, she's very shy and doesn't (**get going well / get along well**) with other classmates.

W I didn't know that.

M She's also having trouble (**position of / focusing on**) her studies. That's why her scores are getting lower.

W What should I do with her?

M Why don't you (**make her to / take her to**) a counselor? She can get some help.

Chunk Training

다음을 듣고 강세가 느껴지는 단어에 O 표시하고, 끊어 읽는 부분에 / 표시하세요.

M Please have a seat, / Mrs. Brown.

W Thank you.

M How's Amy doing at home?

W She seems to be doing fine. Is she in trouble?

M Well, she's very shy and doesn't get along well with other classmates.

W I didn't know that.

M She's also having trouble focusing on her studies. That's why her scores are getting lower.

W What should I do with her?

M Why don't you take her to a counselor? She can get some help.

Chunk List

대화문에 등장한 핵심 chunk입니다. 다섯 번씩 소리 내어 읽고 적어 보세요.

	① ② ③ ④ ⑤		① ② ③ ④ ⑤
have a seat 자리에 앉다	☑ ☐ ☐ ☐ ☐	be in trouble 문제가 있다	☐ ☐ ☐ ☐ ☐
get along with (잘) 어울리다	☐ ☐ ☐ ☐ ☐	focus on 에 집중하다	☐ ☐ ☐ ☐ ☐
get lower 낮아지다	☐ ☐ ☐ ☐ ☐		

Intonation

이번에는 영어의 느낌을 살려서 인토네이션과 강세(파랑, 분홍 글씨), 끊어 읽기(/ 한번 호흡)에 유의하여 다섯 번씩 소리 내어 읽어보세요.

		① ② ③ ④ ⑤
M	Please have a seat, / Mrs. Brown.	☑ ☐ ☐ ☐ ☐
W	Thank you.	☐ ☐ ☐ ☐ ☐
M	How's Amy doing / at home?	☐ ☐ ☐ ☐ ☐
W	She seems to be / doing fine. Is she in trouble?	☐ ☐ ☐ ☐ ☐
M	Well, she's very shy / and doesn't get along well / with other classmates.	☐ ☐ ☐ ☐ ☐
W	I didn't know that.	☐ ☐ ☐ ☐ ☐
M	She's also having trouble / focusing on her studies. That's why / her scores are getting lower.	☐ ☐ ☐ ☐ ☐
W	What should I do / with her?	☐ ☐ ☐ ☐ ☐
M	Why don't you / take her / to a counselor? She can get some help.	☐ ☐ ☐ ☐ ☐

이번에는 학습한 chunk를 활용해볼까요? 상황에 맞게 빈칸을 채워 말해보세요.

부디 / 앉으세요, 스미스 부인.
Please ___________________, Mrs. Smith

감사합니다.
Thank you.

제니가 어떻게 지내나요 / 집에서는?
How's Jenny doing at home?

그녀는 ~인 것처럼 보입니다 / 잘 지내는 것. 그녀에게 문제가 있나요?
She ___________________ doing fine. Is she in trouble?

음, 그녀는 매우 내성적이에요. / 그리고 잘 지내지 못해요 / 다른 급우들과.
Well, she's very timid and doesn't ___________________ with other classmates.

오, 알겠어요.
Oh, I see.

그녀는 또한 문제가 있습니다 / 공부에 집중하는 것에.
She's also ___________________ focusing on her studies.

그것이 이유입니다 / 그녀의 성적이 내려가는.
That's why her scores are getting lower.

제가 무엇을 해야 하나요 / 그녀와?
___________________ with her?

~하시는 게 어떨까요 / 그녀를 데리고 가다 / 상담 전문가에게? 그녀는 도움을 받을 수 있습니다.
___________________ take her to a counselor? She can ___________________.

Mission Question ① 교사 – 학부모

Step 1 Strategic Listening_Before Listening
① Teachet - Parents ② Doctor - Patient ③ Mother - Son ④ Counselor - Student ⑤ Teacher - Student

Step 2 Chunk Listening_Pronunciation
seat │ doing at home │ in trouble │ get along well │ focusing on │ take her to

Step 3 Chunk Speaking_Fill in the blanks
have a seat │ seems to be │ get along well │ having trouble │ What should I do │ Why don't you │ get some help

Mission Question 05

대화를 듣고, 내용에 어울리는 속담으로 알맞은 것을 고르시오. 중3–교육청 듣기평가 2007년 4월

① Pie in the sky.
② Walls have ears.
③ Seeing is believing.
④ Hunger is the best sauce.
⑤ Blood is thicker than water.

 **STEP 1 STRATEGIC LISTENING** 

위 문제의 정답을 찾기 어려웠다면 다음 단계에 따라 다시 듣고 정답을 찾아보세요.

BEFORE LISTENING 선택지를 미리 읽어 담화의 내용을 예측해 보세요.

① Pie in the sky. ______________________________________
② Walls have ears. ______________________________________
③ Seeing is believing. ______________________________________
④ Hunger is the best sauce. ______________________________________
⑤ Blood is thicker than water. ______________________________________

WHILE LISTENING 반복되는 단어와 어구에 유의하세요.

starving - hungry, delicious 등이 반복되어 등장

핵심 표현들을 통해 상황을 추론하는 것이 가장 중요합니다. 위의 단어들을 듣는다면 우리는 어떤 상황을 예상할 수 있을까요?

FINDING ANSWER 들은 내용을 토대로 전체내용을 추론해봅시다.

starving, chicken soup, I can't wait, delicious, hungry

속담의 의미를 쉽게 기억한다면 오답을 고를 확률이 낮아집니다. 읽기뿐 아니라 듣기에서도 속담은 중요하네요.

Pronunciation

앞서 풀어본 문제의 스크립트입니다. 대화를 듣고 정확한 표현을 골라보세요.

M Mom, is there anything to eat? **(I'm starving / I'm starting)**.

W There's some chicken soup but you don't like that. Dinner will be ready soon.

Can't you wait a little?

M I **(can wait / can't wait)** another minute. **(I'll try / I'll tie)** some chicken soup.

W Sure. Here you go.

M Oh, it's delicious. I think I do like chicken soup. **(May I have / May I help)** some

more?

W Here you are. **(You remain me of / You remind me of)** the old saying that when you

are hungry, everything tastes delicious.

Chunk Training

다음을 듣고 강세가 느껴지는 단어에 O 표시하고, 끊어 읽는 부분에 / 표시하세요.

M Mom, **/** is there anything to eat? I'm starving.

W There's some chicken soup but you don't like that. Dinner will be ready soon.

Can't you wait a little?

M I can't wait another minute. I'll try some chicken soup.

W Sure. Here you go.

M Oh, it's delicious. I think I do like chicken soup. May I have some more?

W Here you are. You remind me of the old saying that when you are hungry, everything

tastes delicious.

CHUNK SPEAKING

대화문에 등장한 핵심 chunk입니다. 다섯 번씩 소리 내어 읽고 적어 보세요.

	① ② ③ ④ ⑤		① ② ③ ④ ⑤
I'm starving 나는 배고파	☑ ☐ ☐ ☐ ☐	be ready 준비가 되다	☐ ☐ ☐ ☐ ☐
wait a little 잠시만 기다리다	☐ ☐ ☐ ☐ ☐	Here you go 여기 있어 (물건을 건네줄 때 쓰는 말)	☐ ☐ ☐ ☐ ☐
remind me of the old saying 나에게 옛 속담을 상기시키다	☐ ☐ ☐ ☐ ☐	taste delicious 맛있다, 맛이 좋다	☐ ☐ ☐ ☐ ☐

Intonation

이번에는 영어의 느낌을 살려서 인토네이션과 강세(파랑, 분홍 글씨), 끊어 읽기(/ 한번 호흡)에 유의하여 다섯 번씩 소리 내어 읽어보세요.

		① ② ③ ④ ⑤
M	Mom, / is there anything to eat? I'm starving.	☑ ☐ ☐ ☐ ☐
W	There's some chicken soup but you don't like that.	☐ ☐ ☐ ☐ ☐
	Dinner will be ready soon. Can't you wait a little?	☐ ☐ ☐ ☐ ☐
M	I can't wait another minute. I'll try some chicken soup.	☐ ☐ ☐ ☐ ☐
W	Sure. Here you go.	☐ ☐ ☐ ☐ ☐
M	Oh, / it's delicious.	☐ ☐ ☐ ☐ ☐
	I think / I do like chicken soup. May I have some more?	
W	Here you are. You remind me of the old saying /	☐ ☐ ☐ ☐ ☐
	that when you are hungry, everything tastes delicious.	

이번에는 학습한 chunk를 활용해볼까요? 상황에 맞게 빈칸을 채워 말해보세요.

엄마, 어떤 것이 있어요 / 마실? 전 목이 말라요.
Mom, ________________ to drink? I'm thirsty.

우유가 좀 있어 / 하지만 너는 그걸 좋아하지 않아. 물은 준비될 거야 / 곧.
There's some milk but you don't like that. Water will be ready soon.

기다릴 수 없겠니 / 조금?
Can't you wait a little?

나는 기다릴 수 없어요 / 조금도 더. 나는 마실래요 / 우유를.
________________ another minute. ________________ some milk.

그래. 여기.
Sure. ________________ .

오, 이거 맛있네요. 전 생각해요 / 제가 진짜 우유를 좋아한다고. 조금 더 마셔도 돼요?
Oh, ________________ . I think I do like milk. ________________ ?

여기 있다. 너는 나에게 ~을 생각나게 하는구나 / 오래된 격언을 / 네가 배가 고플 때는
Here you are. ________________ the old saying that when you are hungry,

모든 것이 맛있다는 것.
everything ________________ .

Mission Question 06

다음을 듣고, 남자의 주장으로 알맞은 것을 고르시오.

중3-교육청 듣기평가 2008년 4월

① 공부를 열심히 하자. ② 암기를 많이 하자.
③ 커피를 마시지 말자. ④ 커피는 진정 효과가 있다.
⑤ 커피가 숙면을 돕는다.

 **STEP 1 STRATEGIC LISTENING** 

위 문제의 정답을 찾기 어려웠다면 다음 단계에 따라 다시 듣고 정답을 찾아보세요.

BEFORE LISTENING 선택지를 미리 읽어 담화의 내용을 예측해 봅니다.

① 공부를 열심히 하자.
② 암기를 많이 하자.
③ 커피를 마시지 말자.
④ 커피는 진정 효과가 있다.
⑤ 커피가 숙면을 돕는다.

선택지 ③, ④, ⑤를 통해, 커피의 단점과 장점 / 공부하는 방법과 필요성 등에 대한 내용일 것으로 예측 할 수 있어요.

WHILE LISTENING 핵심 되는 표현에 유의하며 듣습니다.

drink coffee, stay awake, more sleep and no coffee

중요 어구를 통해서 커피를 마시는 것이 좋으냐, 나쁘냐에 관한 내용이라는 것을 파악할 수 있어요.

FINDING ANSWER 반전을 제시하는 문구(but, however)에 집중합니다.

but I don't agree with them. (   )

배경설명을 한 후 자신의 의견은 but 다음에 오는 문장에 나타내고 있습니다.

Pronunciation

앞서 풀어본 문제의 스크립트입니다. 담화를 듣고 정확한 표현을 골라보세요.

M Some of my friends drink coffee.

They say it helps them stay awake when they are studying, but I **(don't be ugly / don't agree)** with them.

We should not drink coffee because **(it takes us / it makes us)** jittery and we will have trouble **(studying / staying)**.

I think more sleep and no coffee is a **(battle way / better way)** to study.

Chunk Training

다음을 듣고 강세가 느껴지는 단어에 O 표시하고, 끊어 읽는 부분에 / 표시하세요.

M Some of my friends drink coffee.

They say / it helps them stay awake when they are studying, but I don't agree with them.

We should not drink coffee because it makes us jittery and we will have trouble studying.

I think more sleep and no coffee is a better way to study.

CHUNK SPEAKING

Chunk List

담화문에 등장한 핵심 chunk입니다. 다섯 번씩 소리 내어 읽고 적어 보세요.

	❶ ❷ ❸ ❹ ❺		❶ ❷ ❸ ❹ ❺
drink coffee 커피를 마시다	☑ ☐ ☐ ☐ ☐	stay awake 깨어있다	☐ ☐ ☐ ☐ ☐
agree with them 그들에게 동의하다	☐ ☐ ☐ ☐ ☐	have trouble -ing ~하는 데 어려움이 있다	☐ ☐ ☐ ☐ ☐
I think 내 생각에~	☐ ☐ ☐ ☐ ☐		

Intonation

이번에는 영어의 느낌을 살려서 인토네이션과 강세(파랑, 분홍 글씨), 끊어 읽기(/ 한번 호흡)에 유의하여 다섯 번씩 소리 내어 읽어보세요.

M Some of my friends drink coffee.

They say / it helps them / stay awake / when they are / studying,

but I don't agree with them.

We should not drink coffee / because it makes us jittery /

and we will have trouble studying.

I think / more sleep and no coffee is / a better way to study.

❶ ❷ ❸ ❹ ❺
☑ ☐ ☐ ☐ ☐

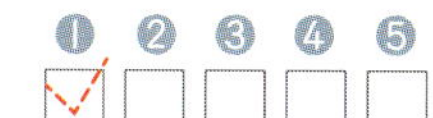

이번에는 학습한 chunk를 활용해볼까요? 상황에 맞게 빈칸을 채워 말해보세요.

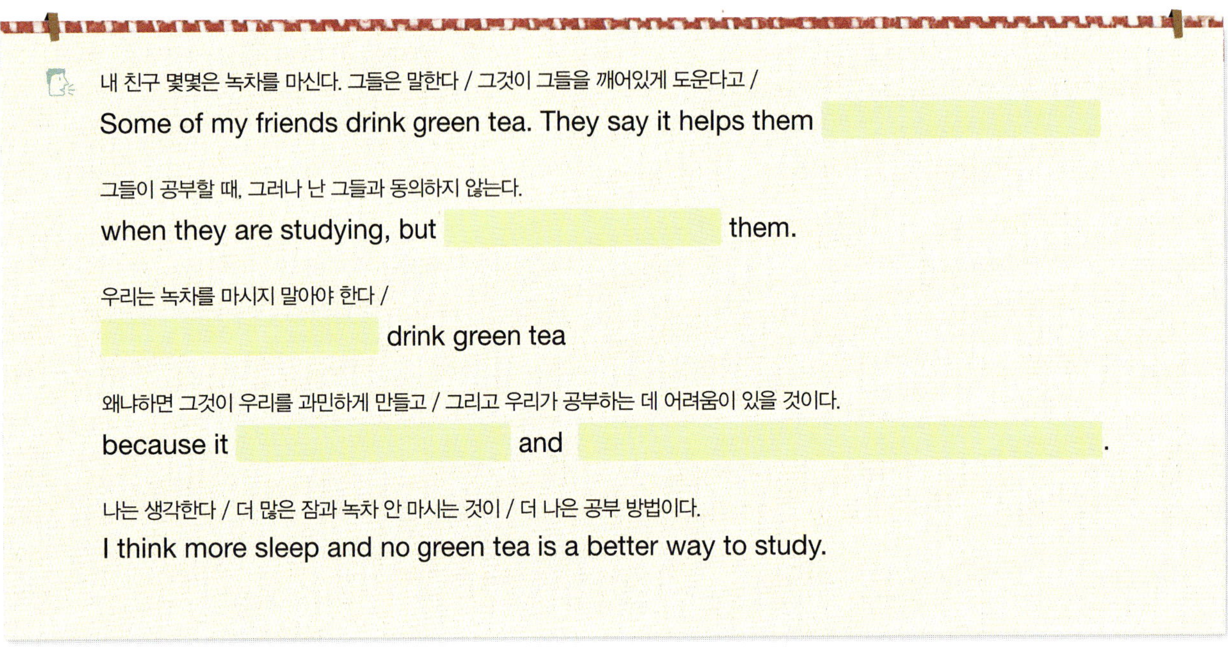

내 친구 몇몇은 녹차를 마신다. 그들은 말한다 / 그것이 그들을 깨어있게 도운다고 /
Some of my friends drink green tea. They say it helps them

그들이 공부할 때, 그러나 난 그들과 동의하지 않는다.
when they are studying, but   them.

우리는 녹차를 마시지 말아야 한다 /
                drink green tea

왜냐하면 그것이 우리를 과민하게 만들고 / 그리고 우리가 공부하는 데 어려움이 있을 것이다.
because it   and   .

나는 생각한다 / 더 많은 잠과 녹차 안 마시는 것이 / 더 나은 공부 방법이다.
I think more sleep and no green tea is a better way to study.

Answers for Each Step

Mission Question ③ 커피를 마시지 말자.

Step 2 Chunk Listening_Pronunciation
don't agree │ it makes us │ studying │ better way

Step 3 Chunk Speaking_Fill in the blanks
stay awake │ I don't agree with │ We should not │ makes us jittery │ we will have trouble studying

Chapter 6에서 학습한 핵심 Chunk의 모음입니다. 소리 내어 다섯 번씩 읽고 빈칸에 그 의미를 적어보세요.

Chunk		① ② ③ ④ ⑤
Welcome to		☑ ☐ ☐ ☐ ☐
Fifty percent off		☐ ☐ ☐ ☐ ☐
in food corner		☐ ☐ ☐ ☐ ☐
You can buy		☐ ☐ ☐ ☐ ☐
a special sale		☐ ☐ ☐ ☐ ☐
at half pric		☐ ☐ ☐ ☐ ☐
Attention all shoppers!		☐ ☐ ☐ ☐ ☐
Please bring it		☐ ☐ ☐ ☐ ☐
be looking for		☐ ☐ ☐ ☐ ☐
information center		☐ ☐ ☐ ☐ ☐
If you find this bag		☐ ☐ ☐ ☐ ☐
made of leather		☐ ☐ ☐ ☐ ☐
over there		☐ ☐ ☐ ☐ ☐
looks really scary		☐ ☐ ☐ ☐ ☐
homeroom teacher		☐ ☐ ☐ ☐ ☐
How do you know?		☐ ☐ ☐ ☐ ☐
Oh! Is he?		☐ ☐ ☐ ☐ ☐
have a seat		☐ ☐ ☐ ☐ ☐
be in trouble		☐ ☐ ☐ ☐ ☐
get along with		☐ ☐ ☐ ☐ ☐
focus on		☐ ☐ ☐ ☐ ☐
get lower		☐ ☐ ☐ ☐ ☐
I'm starving		☐ ☐ ☐ ☐ ☐
be ready		☐ ☐ ☐ ☐ ☐
wait a little		☐ ☐ ☐ ☐ ☐
Here you go		☐ ☐ ☐ ☐ ☐
remind me of the old saying		☐ ☐ ☐ ☐ ☐
taste delicious		☐ ☐ ☐ ☐ ☐
drink coffee		☐ ☐ ☐ ☐ ☐
stay awake		☐ ☐ ☐ ☐ ☐
agree with them		☐ ☐ ☐ ☐ ☐
have trouble –ing		☐ ☐ ☐ ☐ ☐
I think		☐ ☐ ☐ ☐ ☐

Chapter 07 — Guessing Occupations & Places

직업 · 장소 추론

유형

대화를 듣고 남자 또는 여자의 직업을 묻는 유형으로, 단순히 두 사람의 관계나 어느 한사람의 직업을 고르는 문제에서 제 3자의 직업, 희망 직업, 직업 관련 사항 고르기 등 좀 더 세부적인 특정 사항까지 묻는 문제가 출제되고 있으며, 대화나 담화 중에 제시된 내용을 파악하여 현재 있는 장소나, 대화가 이루어지고 있는 장소를 추론하는 유형입니다.

BEFORE LISTENING

선택지를 미리 보고 범위를 좁혀서 담화 내용을 추론하세요.

WHILE LISTENING

인칭대명사, 담화 내용의 호칭 (Sir, teacher, Dr.) 등의 **신분을 나타내는 말에 유의하세요.** 호칭이나 지칭으로 나타나지 않으면 두 사람이 하는 일을 알려주는 표현이나 어구를 통하여 판단하세요. 대화자의 업무와 관련하여 언급된 내용이 중요한 단서가 되니 주의하여 들으세요.

example   school, class, study, scores → 교사

또는 공항이나 우체국 등 특정한 장소에서 사용되는 어휘들은 한정되어 있기 때문에 문제가 나오기 전에 선택지를 보고 대화를 미리 예상하여 보세요.

FINDING ANSWER

마지막에 힌트가 숨어 있을 수 있어요.

대화를 듣고, 남자의 직업으로 알맞은 것을 고르시오.

중2–교육청 듣기평가 2007년 9월

① 의사　　　② 경찰관　　　③ 소방관　　　④ 축구 선수

STRATEGIC LISTENING

위 문제의 정답을 찾기 어려웠다면 다음 단계에 따라 다시 듣고 정답을 찾아보세요.

BEFORE LISTENING　선택지를 미리 보고 범위를 좁혀서 담화 내용을 추론해 보세요.

대화를 듣고, 남자의 직업으로 알맞은 것을 고르시오.
① 의사 (　　　　　)
② 경찰관 (　　　　　)
③ 소방관 (　　　　　)
④ 축구 선수 (　　　　　)

WHILE LISTENING　남자의 업무와 관련하여 언급된 특정어휘가 중요한 단서가 되니 주의하여 들으세요.

put out a big fire, I save people's lives, a fire fighter, I saw a fire fighter helping people 등을 통해 남자의 직업이 소방관임을 알 수 있죠? 중간에 나온 a soccer player는 남자의 현재 직업이 아니라 어렸을 때의 장래희망이에요.

Pronunciation

앞서 풀어본 문제의 스크립트입니다. 대화를 듣고 정확한 표현을 골라보세요.

W Do you like your job?

M Sure. Sometimes it's very dangerous though. It's not easy **(to put out a big fire / to put off a big fire)**, but I feel happy **(when I save / when I safe)** people's lives.

W Did you want to be a fire fighter when you were young?

M No, I didn't. I wanted to be **(a soccer player / a soccer prayer)**. But one day, I saw a fire fighter helping people, so **(I changed my mind / I changed my mine)**.

Chunk Training

다음을 듣고 강세가 느껴지는 단어에 O 표시하고, 끊어 읽는 부분에 / 표시하세요.

W Do you like / your job?

M Sure. Sometimes it's very dangerous though. It's not easy to put out a big fire, but I feel happy when I save people's lives.

W Did you want to be a fire fighter when you were young?

M No, I didn't. I wanted to be a soccer player. But one day, I saw a fire fighter helping people, so I changed my mind.

Chunk List

대화문에 등장한 핵심 chunk입니다. 다섯 번씩 소리 내어 읽고 적어 보세요.

	① ② ③ ④ ⑤		① ② ③ ④ ⑤
Do you like ~? ~을 좋아하니?	☑ ☐ ☐ ☐ ☐	a soccer player 축구 선수	☐ ☐ ☐ ☐ ☐
Did you want to be ~? ~가 되기를 원하니?	☐ ☐ ☐ ☐ ☐	when I save people's lives 내가 사람들의 생명을 구할 때	☐ ☐ ☐ ☐ ☐
I wanted to be 나는 ~가 되고 싶었다	☐ ☐ ☐ ☐ ☐	when you were young 당신이 어렸을 때	☐ ☐ ☐ ☐ ☐
I changed my mind 나의 마음을 바꾸었다	☐ ☐ ☐ ☐ ☐	put out a big fire 큰 불을 끄다	☐ ☐ ☐ ☐ ☐

Intonation

이번에는 영어의 느낌을 살려서 인토네이션과 강세(파랑, 분홍 글씨), 끊어 읽기(/ 한번 호흡)에 유의하여 다섯 번씩 소리 내어 읽어보세요.

		① ② ③ ④ ⑤
W	Do you like / your job?	☑ ☐ ☐ ☐ ☐
M	Sure. Sometimes / it's very dangerous though. It's not easy / to put out a big fire, but I feel happy / when I save people's lives.	☐ ☐ ☐ ☐ ☐
W	Did you want to be / a fire fighter / when you were young?	☐ ☐ ☐ ☐ ☐
M	No, I didn't. I wanted to be / a soccer player. But one day, I saw / a fire fighter helping people, so I changed my mind.	☐ ☐ ☐ ☐ ☐

이번에는 학습한 chunk를 활용해볼까요? 상황에 맞게 빈칸을 채워 말해보세요.

당신은 좋아합니까 / 당신의 직업을?
Do you like your job?

물론. 가끔 / 비록 그것이 매우 위험하긴 하지만요. 쉽지 않다 / 큰 불을 끄는 것이, /
Sure. Sometimes it's very dangerous though.   put out a big fire,

하지만 나는 행복을 느껴요 / 내가 사람들의 생명을 구할 때.
but I feel happy   .

당신은 ~가되길 원했나요 / 소방관이 / 당신이 어렸을 때?
          a fire fighter when you were young?

아니, 안 그랬어요. 나는 ~가 되고 싶었어요 / 축구 선수. 하지만 어느 날, 나는 보았어요 /
No, I didn't.   a soccer player. But one day, I saw a fire

한 소방관이 사람들을 돕는 것을, / 그래서 나의 마음을 바꾸었어요.
fighter helping people, so   .

Answers for Each Step

Mission Question ③ 소방관

Step 1 Strategic Listening_Before Listening
① a doctor   ② a police officer   ③ a fire fighter   ④ a soccer player

Step 2 Chunk Listening_Pronunciation
to put out a big fire │ when I save │ a soccer player │ I changed my mind

Step 3 Chunk Speaking_Fill in the blanks
It's not easy to │ when I save people's lives │ Did you want to be │ I wanted to be │ I changed my mind

다음을 듣고, 대화가 이루어지는 장소를 고르시오.

중2–교육청 듣기평가 2008년 4월

① 우체국　　　　② 도서관　　　　③ 꽃가게　　　　④ 분실물 보관소

STEP 1 **STRATEGIC LISTENING** 

위 문제의 정답을 찾기 어려웠다면 다음 단계에 따라 다시 듣고 정답을 찾아보세요.

BEFORE LISTENING 1 선택지를 미리 보고 범위를 좁혀서 담화 내용을 추론해 보세요.

다음을 듣고, 대화가 이루어지는 장소를 고르시오.

① 우체국 _______________________
② 도서관 _______________________
③ 꽃가게 _______________________
④ 분실물 보관소 ___________________

WHILE LISTENING 1 특정한 장소에서 사용되는 어휘들은 한정되어 있기 때문에 문제가 나오기 전에 선택지를 보고 대화를 미리 예상하여 봅니다.

I left my bag on the train, Is this your bag? 등에서 가방을 잃어버렸다는 걸 알 수 있고 대화가 이루어지는 장소가 분실물 보관소라는 걸 알 수 있어요.

Pronunciation

앞에서 풀어본 문제의 스크립트입니다. 대화를 듣고 정확한 표현을 골라보세요.

M How can I help you?

W (**I lift my bag / I left my bag**) my bag on the train. Do you have it here?

M Let me check. (**What does it look like / What does it rook like**)?

W It is red and has a (**flower print / finger print**).

M Is this your bag?

W Yes. That's mine. Thank you.

M You're welcome.

Chunk Training

다음을 듣고 강세가 느껴지는 단어에 O 표시하고, 끊어 읽는 부분에 / 표시하세요.

M How can I help you?

W I left my bag / on the train. Do you have it here?

M Let me check. What does it look like?

W It is red and has a flower print.

M Is this your bag?

W Yes. That's mine. Thank you.

M You're welcome.

Chunk List

대화문에 등장한 핵심 chunk입니다. 다섯 번씩 소리 내어 읽고 적어보세요.

	① ② ③ ④ ⑤		① ② ③ ④ ⑤
How can I help you? 어떻게 도와드릴까요?	☑ ☐ ☐ ☐ ☐	What does it look like? 그것이 어떻게 생겼나요?	☐ ☐ ☐ ☐ ☐
Let me check 확인해볼게요	☐ ☐ ☐ ☐ ☐	I left ~을 놓고 내렸다	☐ ☐ ☐ ☐ ☐
Do you have it here? 여기에 있나요?	☐ ☐ ☐ ☐ ☐	flower print 꽃무늬 프린트	☐ ☐ ☐ ☐ ☐
That's mine 그것이 제 것입니다	☐ ☐ ☐ ☐ ☐	Is this your bag? 이것이 당신 가방인가요?	☐ ☐ ☐ ☐ ☐

Intonation

이번에는 영어의 느낌을 살려서 인토네이션과 강세(파랑, 분홍 글씨), 끊어 읽기(/ 한번 호흡)에 유의하여 다섯 번씩 소리 내어 읽어보세요.

		① ② ③ ④ ⑤
M	How can I help you?	☑ ☐ ☐ ☐ ☐
W	I left my bag / on the train. Do you have it here?	☐ ☐ ☐ ☐ ☐
M	Let me check. What does it look like?	☐ ☐ ☐ ☐ ☐
W	It is red / and has a flower print.	☐ ☐ ☐ ☐ ☐
M	Is this your bag?	☐ ☐ ☐ ☐ ☐
W	Yes. That's mine. Thank you.	☐ ☐ ☐ ☐ ☐
M	You're welcome.	☐ ☐ ☐ ☐ ☐

이번에는 학습한 chunk를 활용해볼까요? 상황에 맞게 빈칸을 채워 말해보세요.

어떻게 도와드릴까요?
How can I help you?

나는 내 핸드폰을 놓고 내렸습니다 / 기차에. 여기에 있습니까?
                              cellphone on the train. Do you have it here?

확인해볼게요. 그것이 어떻게 생겼습니까?
Let me check.   look like?

그것은 하얀색입니다 / 그리고 줄무늬가 있습니다.
It is   .

이것이 당신의 핸드폰입니까?
                         cell phone?

네. 그것이 나의 것입니다. 고맙습니다.
Yes. That's mine. Thank you.

천만에요.
You're welcome.

Answers for Each Step

Mission Question ④ 분실물 보관소

Step 1 Strategic Listening_Before Listening
① post office   ② library   ③ flower shop   ④ lost and found

Step 2 Chunk Listening_Pronunciation
I left my bag | what does it look like | flower print

Step 3 Chunk Speaking_Fill in the blanks
I left my | What does it | white and has stripes | Is this your

Mission Question 03

대화를 듣고, 두 사람이 현재 있는 장소를 고르시오.

중2-교육청 듣기평가 2008년 9월

① 해변   ② 병원   ③ 수영장   ④ 쇼핑몰

STEP 1 — STRATEGIC LISTENING

위 문제의 정답을 찾기 어려웠다면 다음 단계에 따라 다시 듣고 정답을 찾아보세요.

BEFORE LISTENING 1 선택지를 미리 보고 범위를 좁혀서 담화 내용을 추론해 보세요.

대화를 듣고, 두 사람이 현재 있는 장소를 고르시오.
① 해변 ______________________________
② 병원 ______________________________
③ 수영장 ______________________________
④ 쇼핑몰 ______________________________

WHILE LISTENING 1 특정 장소에서 사용되는 어휘들은 한정되어 있기 때문에 문제가 나오기 전에 선택지를 보고 대화를 미리 예상하여 봅니다.

It's very quiet in the mall today, what do you think of this swimsuit? 등을 통해 정답이 ④ 쇼핑몰인 걸 알 수 있습니다. 그러나 그 후에 Everybody is probably at the beach를 듣고 오답인 ① 해변을 선택하거나, I was sick last week를 듣고 ② 병원을 선택하면 안 되겠죠?

Pronunciation

앞서 풀어본 문제의 스크립트입니다. 대화를 듣고 정확한 표현을 골라보세요.

W (**It's very quiet** / **It's very quite**) in the mall today.

M Everybody is probably (**at the beach** / **at the bench**).

W You're right. It's summer time.

M Are you enjoying (**your summer vacation** / **your summer vacation**)?

W No, I was sick last week.

M I'm sorry to hear that. Oh, what do you think of this swimsuit?

W It looks nice, but it's too expensive.

Chunk Training

다음을 듣고 강세가 느껴지는 단어에 O 표시하고, 끊어 읽는 부분에 / 표시하세요.

W It's very quiet / in the mall today.

M Everybody is probably at the beach.

W You're right. It's summer time.

M Are you enjoying your summer vacation?

W No, I was sick last week.

M I'm sorry to hear that. Oh, what do you think of this swimsuit?

W It looks nice, but it's too expensive.

Chunk List

대화문에 등장한 핵심 chunk입니다. 다섯 번씩 소리 내어 읽고 적어 보세요.

	① ② ③ ④ ⑤		① ② ③ ④ ⑤
It's very quiet 매우 조용하다	☑ ☐ ☐ ☐ ☐	It looks nice 좋아 보여	☐ ☐ ☐ ☐ ☐
at the beach 해변에	☐ ☐ ☐ ☐ ☐	it's too expensive 그건 너무 비싸	☐ ☐ ☐ ☐ ☐
I'm sorry to hear that 그 말을 들으니 유감이야	☐ ☐ ☐ ☐ ☐	Are you enjoying ~? ~를 즐기고 있니?	☐ ☐ ☐ ☐ ☐
what do you think of ~? ~를 어떻게 생각해?	☐ ☐ ☐ ☐ ☐	I was sick 난 아팠어	☐ ☐ ☐ ☐ ☐

Intonation

이번에는 영어의 느낌을 살려서 인토네이션과 강세(파랑, 분홍 글씨), 끊어 읽기(/ 한번 호흡)에 유의하여 다섯 번씩 소리 내어 읽어보세요.

		① ② ③ ④ ⑤
W	It's very quiet / in the mall today.	☑ ☐ ☐ ☐ ☐
M	Everybody is probably / at the beach.	☐ ☐ ☐ ☐ ☐
W	You're right. It's summer time.	☐ ☐ ☐ ☐ ☐
M	Are you enjoying / your summer vacation?	☐ ☐ ☐ ☐ ☐
W	No, I was sick / last week.	☐ ☐ ☐ ☐ ☐
M	I'm sorry / to hear that. Oh, what do you think / of this swimsuit?	☐ ☐ ☐ ☐ ☐
W	It looks nice, but it's too expensive.	☐ ☐ ☐ ☐ ☐

이번에는 학습한 chunk를 활용해볼까요? 상황에 맞게 빈칸을 채워 말해보세요.

매우 조용하네 / 오늘 쇼핑몰 안이.
It's ______________________ in the mall today.

모두들 아마 있을 것이야 / 해변에.
______________________ at the beach.

네가 옳아. 여름이잖아.
You're right. It's summer time.

너는 즐기고 있니 / 너의 여름방학을?
______________________ summer vacation?

아니. 나 아팠어 / 지난주에.
No, I was sick last week.

유감이야 / 그 소식을 들어서. 오, 너는 어떻게 생각해 / 이 수영복에 대해서?
______________________. Oh, ______________________ this swimsuit?

좋아 보여, 하지만 너무 비싸.
It looks nice, but it's too expensive.

Mission Question 04

대화를 듣고, 두 사람이 대화하는 장소로 알맞은 것을 고르시오.

중3-교육청 듣기평가 2007년 4월

① PC방　　　　　② 은행　　　　　③ 세탁소
④ 영화관　　　　　⑤ 비디오가게

STEP 1 STRATEGIC LISTENING

위 문제의 정답을 찾기 어려웠다면 다음 단계에 따라 다시 듣고 정답을 찾아보세요.

BEFORE LISTENING 선택지를 미리 보고 범위를 좁혀서 담화 내용을 추측해 보세요.

다음 장소에서 등장하는 어휘에는 어떤 것이 있는지 예측해보세요.
① PC방 ________________________________
② 은행 ________________________________
③ 세탁소 ________________________________
④ 영화관 ________________________________
⑤ 비디오가게 ________________________________

WHILE LISTENING 장소와 관련하여 언급된 특정어휘가 중요한 단서가 되니 주의하여 듣습니다.

M I'd like to (　　　　) these two movies.
M Oh, I see. Here you are. When should I (　　　　) these?

빌리고 돌려주는 곳이라는 말을 듣는다면 답을 쉽게 찾을 수 있습니다. 이밖에 old movies / new ones 등의 표현이나 연락처를 주고받는 부분에서 힌트를 찾을 수 있겠죠?

FINDING ANSWER 마지막 표현 중에 힌트가 숨어 있을 수 있습니다.

W By Friday or there will be a (　　　　).

Pronunciation

앞서 풀어본 문제의 스크립트입니다. 대화를 듣고 정확한 표현을 골라보세요.

M I'd like to **(rent / lend)** these two movies. How much **(do I owe / do I own)** you?

W 2,000 won. **(Watch / What's)** your phone number?

M 736-9842. Aren't they 500 won each?

W No. The old movies are 500 won, but the new ones are 1,000 won.

M Oh, I see. Here you are. **(What should / When should)** I return these?

W By Friday or there will be a late fee.

Chunk Training

다음을 듣고 강세가 느껴지는 단어에 O 표시하고, 끊어 읽는 부분에 / 표시하세요.

M I'd like to / rent these two movies. How much do I owe you?

W 2,000 won. What's your phone number?

M 736-9842. Aren't they 500 won each?

W No. The old movies are 500 won, but the new ones are 1,000 won.

M Oh, I see. Here you are. When should I return these?

W By Friday or there will be a late fee.

Chunk List

대화문에 등장한 핵심 chunk입니다. 다섯 번씩 소리 내어 읽고 적어 보세요.

	① ② ③ ④ ⑤		① ② ③ ④ ⑤
I'd like to ~하고 싶다	☑ ☐ ☐ ☐ ☐	do I owe you ~? 내가 너에게 ~를 빚졌니?	☐ ☐ ☐ ☐ ☐
What's ~? ~는 무엇이니?	☐ ☐ ☐ ☐ ☐	What should I ~? 내가 ~해야 하니?	☐ ☐ ☐ ☐ ☐
I see 알겠다	☐ ☐ ☐ ☐ ☐	Here you are 여기 있어	☐ ☐ ☐ ☐ ☐

Intonation

이번에는 영어의 느낌을 살려서 인토네이션과 강세(파랑, 분홍 글씨), 끊어 읽기(/ 한번 호흡)에 유의하여 다섯 번씩 소리 내어 읽어보세요.

		① ② ③ ④ ⑤
M	I'd like to / rent these two movies. How much / do I owe you?	☑ ☐ ☐ ☐ ☐
W	2,000 won. What's your / phone number?	☐ ☐ ☐ ☐ ☐
M	736-9842. Aren't they 500 won / each?	☐ ☐ ☐ ☐ ☐
W	No. The old movies are 500 won, but the new ones are 1,000 won.	☐ ☐ ☐ ☐ ☐
M	Oh, I see. Here you are. When should I return these?	☐ ☐ ☐ ☐ ☐
W	By Friday / or there will be a late fee.	☐ ☐ ☐ ☐ ☐

이번에는 학습한 chunk를 활용해볼까요? 상황에 맞게 빈칸을 채워 말해보세요.

나는 ~하고 싶어요 / 이 3개의 DVD를 빌리다. 얼마를 / 내가 당신에게 내야 하죠?
I'd like to rent these three DVDs. ____________ do I owe you?

6000원입니다. 당신의 ~은 무엇입니까 / 휴대전화 번호?
6,000 won. What's your ____________ ?

758-6482. 각각 1000원 아닌가요?
758-6482. Aren't they 1,000 won each?

아니오. 오래된 영화들은 1000원입니다. 그러나 새 영화는 2000원입니다.
No. The old movies are 1.000 won, but ____________ 2,000 won.

오, 알겠어요. 여기요. 언제 이것들을 반납해야 하나요?
Oh, I see. Here you are. ____________ these?

목요일까지 / 아니면 연체료가 있을 거예요.
By Thursday or ____________ .

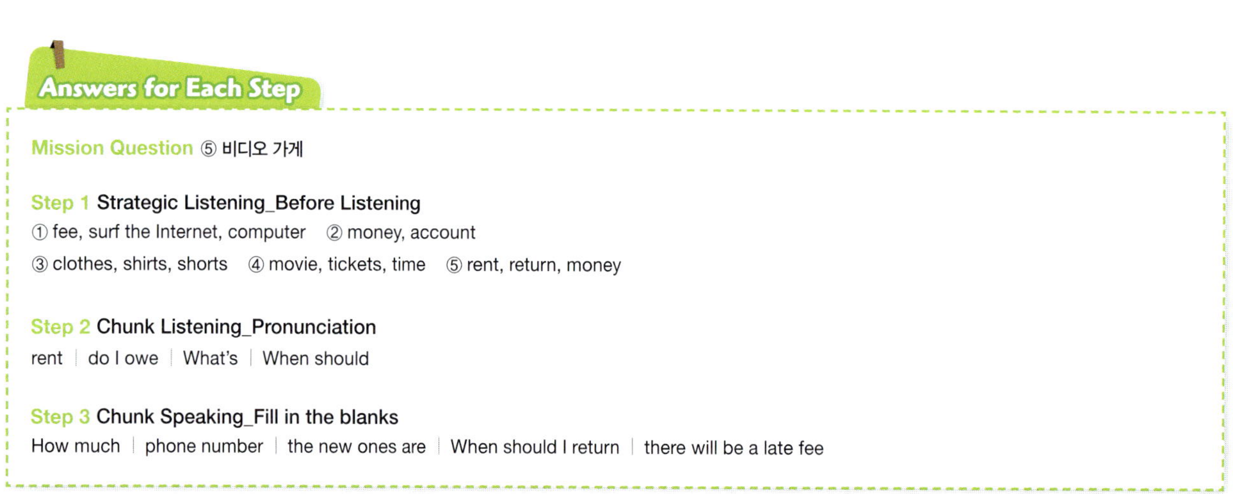

다음을 듣고, 대화가 일어나고 있는 장소로 가장 알맞은 것을 고르시오.   중3-교육청 듣기평가 2007년 9월

① fitness club   ② concert hall
③ travel agency   ④ computer class
⑤ information center

 **STEP 1** **STRATEGIC LISTENING** 

위 문제의 정답을 찾기 어려웠다면 다음 단계에 따라 다시 듣고 정답을 찾아보세요.

BEFORE LISTENING   선택지를 미리 보고 범위를 좁혀서 담화 내용을 추론해야 해요.

다음 장소에서 등장하는 어휘에는 어떤 것이 있는지 예측해 보세요.

① fitness club ___________________________
② concert hal ___________________________
③ travel agency ___________________________
④ computer class ___________________________
⑤ information center ___________________________

WHILE LISTENING   장소와 관련하여 언급된 특정어휘가 중요한 단서가 되니 주의하여 듣습니다.

word processer / turn on your computers / Hangeul icon Click the start menu / Hangeul program

FINDING ANSWER   들은 단어들을 종합하여 정답을 추론해 보아요.

word processor / turn on your computers / Hangeul icon / Click the start menu / Hangeul program 등의 내용을 토대로 컴퓨터 프로그램에 대해 배우는 곳임을 일 수 있어요.

Pronunciation

앞서 풀어본 문제의 스크립트입니다. 대화를 듣고 정확한 표현을 골라보세요.

W Hi, everybody. Today we (**will learn** / **will run**) how to use a word processor. Please (**turn off** / **turn on**) your computers first. Can you see the Hangeul icon?

M Uh-oh, (**hold up** / **hold on**), please. I cannot find it! Where is it?

W Don't worry. Click the start menu and find the Hangeul program.

M OK. Let me see.

W Did you find it?

M Oh, I'm sorry. Could you show me (**where is it** / **where it is**)?

W Sure. Let me (**see you** / **show you**).

Chunk Training

다음을 듣고 강세가 느껴지는 단어에 O 표시하고, 끊어 읽는 부분에 / 표시하세요.

W Hi, everybody. / Today we will learn how to use a word processor. Please turn on your computers first. Can you see the Hangeul icon?

M Uh-oh, hold on please. I cannot find it! Where is it?

W Don't worry. Click the start menu and find the Hangeul program.

M OK. Let me see.

W Did you find it?

M Oh, I'm sorry. Could you show me where it is?

W Sure. Let me show you.

CHUNK SPEAKING

대화문에 등장한 핵심 chunk입니다. 다섯 번씩 소리 내어 읽고 적어 보세요.

	① ② ③ ④ ⑤		① ② ③ ④ ⑤
will learn 배울 것이다	☑ ☐ ☐ ☐ ☐	turn on 켜다	☐ ☐ ☐ ☐ ☐
hold on 기다려 주세요	☐ ☐ ☐ ☐ ☐	where it is? 그거 어디에 있나요?	☐ ☐ ☐ ☐ ☐
see you 만납시다	☐ ☐ ☐ ☐ ☐	is booked 예약되다	☐ ☐ ☐ ☐ ☐

이번에는 영어의 느낌을 살려서 인토네이션과 강세(파랑, 분홍 글씨), 끊어 읽기(/ 한번 호흡)에 유의하여 다섯 번씩 소리 내어 읽어보세요.

W Hi, everybody. Today / we will learn / how to use /

a word processor. Please / turn on your computers /

first. Can you see / the Hangeul icon?

M Uh-oh, hold on / please. I cannot find it! Where is it?

W Don't worry. Click the start menu / and find the Hangeul program.

M OK. Let me see.

W Did you find it?

M Oh, I'm sorry. Could you show me / where it is?

W Sure. Let me show you.

이번에는 학습한 chunk를 활용해볼까요? 상황에 맞게 빈칸을 채워 말해보세요.

안녕하세요, 여러분. 오늘 / 우리는 배울 거예요 / 어떻게 파워포인트를 쓰는지.
Hi, everybody, Today, ________________________ use a powerpoint.

~해주세요 / 여러분의 컴퓨터를 켜다 / 먼저. 볼 수 있나요 / 파워포인트 아이콘을?
Please, ________________ your computers first. Can you see the powerpoint icon?

어어, 기다리다 / ~해주세요. 그것을 못 찾겠어요! 그거 어디 있어요?
Uh-oh, ________________________. I cannot find it! Where is it?

걱정 마세요. 시작 메뉴를 누르세요. 그리고 파워포인트 프로그램을 찾으세요.
Don't worry. Click the start menu and find the Powerpoint program.

네. 제가 볼게요.
OK. Let me see.

찾으셨어요?
Did you find it?

오, 미안해요. 보여줄 수 있나요 그것이 어디에 있는지?
Oh, I'm sorry. Could you show me where it is?

물론이죠. 제가 보여드릴게요.
Sure. ________________.

대화를 듣고, 남자의 장래 희망을 고르시오.

중3-교육청 듣기평가 2008년 4월

① 의사　　　　　② 과학자　　　　　③ 수학교사
④ 축구선수　　　　⑤ 대학교수

STEP 1 **STRATEGIC LISTENING** 

위 문제의 정답을 찾기 어려웠다면 다음 단계에 따라 다시 듣고 정답을 찾아보세요.

BEFORE LISTENING　선택지를 미리 보고 범위를 좁혀서 담화 내용을 추측해야 해요.

① 의사 (　　　　　　)
② 과학자 (　　　　　　)
③ 수학교사 (　　　　　　)
④ 축구선수 (　　　　　　)
⑤ 대학교수 (　　　　　　)

WHILE LISTENING　직업과 관련하여 언급된 특정 어휘가 중요한 단서가 되니 주의하여 듣습니다.

W Do you want to be a soccer player?
M No, I play soccer just for fun.

just for fun 이라는 표현에 주의해야겠죠? 취미로 축구를 한다는 것을 알 수 있어요.

FINDING ANSWER　들은 단어들을 종합하여 정답을 추론해보아요.

W I am interested in math. I want to be a math teacher.

수학을 좋아하고 흥미가 있다고 하면서, 수학선생님이 되고 싶어 합니다.

Pronunciation

앞서 풀어본 문제의 스크립트입니다. 대화를 듣고 정확한 표현을 골라보세요.

W   Steve, you are **(getting bad / getting better)** everyday.

M   Thanks.

W   Do you want to be a soccer player?

M   No, I play soccer just for fun. **(I'm planning to / I'm playing to)** study medical science in college. I'd like to be a doctor. What about you?

W   I'm **(interested in / interesting it)** math. I want to be a math teacher.

M   Now I understand why you're so **(good with numbers / good with members)**.

Chunk Training

다음을 듣고 강세가 느껴지는 단어에 O 표시하고, 끊어 읽는 부분에 / 표시하세요.

W   Steve, you are getting better / everyday.

M   Thanks.

W   Do you want to be a soccer player?

M   No, I play soccer just for fun. I'm planning to study medical science in college. I'd like to be a doctor. What about you?

W   I'm interested in math. I want to be a math teacher.

M   Now I understand why you're so good with numbers.

Chunk List

대화문에 등장한 핵심 chunk입니다. 다섯 번씩 소리 내어 읽고 적어 보세요.

	① ② ③ ④ ⑤		① ② ③ ④ ⑤
get better 나아지다	☑ ☐ ☐ ☐ ☐	Do you want to be ~? 너는 ~가 되고 싶니?	☐ ☐ ☐ ☐ ☐
just for fun 단지 재미로	☐ ☐ ☐ ☐ ☐	I'd like to be ~ 나는 ~가 되고 싶다	☐ ☐ ☐ ☐ ☐
I'm interested in 나는 ~에 관심이 있다	☐ ☐ ☐ ☐ ☐	What about you? 너는 어떻니?	☐ ☐ ☐ ☐ ☐

Intonation

이번에는 영어의 느낌을 살려서 인토네이션과 강세(파랑, 분홍 글씨), 끊어 읽기(/ 한번 호흡)에 유의하여 다섯 번씩 소리 내어 읽어보세요.

		① ② ③ ④ ⑤
W	Steve, you are getting better / everyday.	☑ ☐ ☐ ☐ ☐
M	Thanks.	☐ ☐ ☐ ☐ ☐
W	Do you want to be / a soccer player?	☐ ☐ ☐ ☐ ☐
M	No, I play soccer / just for fun. I'm planning to / study medical science / in college. I'd like to be / a doctor. / What about you?	☐ ☐ ☐ ☐ ☐
W	I'm interested in / math. I want to be / a math teacher.	☐ ☐ ☐ ☐ ☐
M	Now / I understand / why you're so good / with numbers.	☐ ☐ ☐ ☐ ☐

이번에는 학습한 chunk를 활용해볼까요? 상황에 맞게 빈칸을 채워 말해보세요.

찰스, 너는 나아지고 있어 / 매일.
Charles, you are   everyday.

고마워.
Thanks.

너는 ~가 되고 싶니 / 야구선수가?
Do you   a baseball player?

아니, 나는 야구를 한다 / 단지 재미로. 나는 계획하고 있다 / 의학을 공부하다 / 대학에서.
No, I play baseball   . I'm planning to study medical science in college.

나는 ~가 되고 싶다 / 의사. 너는 어떻니?
        a doctor. What about you?

나는 ~에 관심이 있다 / 수학에. 나는 ~가 되고 싶다 / 수학선생님이.
I'm interested in math. I want to be a math teacher.

이제 / 나는 이해한다 / 왜 그렇게 네가 뛰어난지 / 수에 관련해서.
Now   why you're so good with numbers.

Answers for Each Step

Mission Question ③ 수학교사

Step 1 Strategic Listening_Before Listening
① doctor   ② scientist   ③ math teacher   ④ soccer player   ⑤ professor

Step 2 Chunk Listening_Pronunciation
getting better ｜ I'm planning to ｜ interested in ｜ good with numbers

Step 3 Chunk Speaking_Fill in the blanks
getting better ｜ want to be ｜ just for fun ｜ I'd like to be ｜ I understand

Chapter 7에서 학습한 핵심 Chunk의 모음입니다. 소리 내어 다섯 번씩 읽고 빈칸에 그 의미를 적어보세요.

Chunk	의미	① ② ③ ④ ⑤
Do you like ~?		✓
a soccer player		
Did you want to be ~?		
when I save people's lives		
I wanted to be		
when you were young		
I changed my mind		
put out a big fire		
How can I help you?		
What does it look like?		
Let me check		
I left		
Do you have it here?		
flower print		
That's mine		
Is this your bag?		
It's very quiet		
It looks nice		
at the beach		
it's too expensive		
I'm sorry to hear that		
Are you enjoying ~?		
what do you think of ~?		
I was sick		
I'd like to		
do I owe you ~?		
What's ~?		
What should I ~?		
I see		
Here you are		
will learn		
turn on		
hold on		
where it is?		
see you		
is booked		
get better		
Do you want to be ~?		
just for fun		
I'd like to be ~?		
I'm interested in		
What about you?		

Chapter 08 — Guessing Feelings & Requests

심정 · 요청 추론

유형

대화를 듣고 남자(여자)의 현재 심정이나 기분을 묻는 유형부터 대화 진행 중의 심경 변화까지 추론하는 유형이 출제되며, 대화하는 사람의 억양이나 문제 상황을 잘 파악하고, 감정을 나타내는 표현을 미리 학습해 두면 문제 풀이에 도움이 됩니다.

BEFORE LISTENING

선택지가 영어로 되어 있는 경우가 많기 때문에, 선택지의 의미를 확실하게 알아야 합니다.

WHILE LISTENING

사건이나 상황 묘사는 주로 대화 전반부에 나오는 경우가 많아요. 대화자가 처한 상황을 파악한 후 그런 상황에서의 심정을 추론해 보세요. 심경의 변화를 묻는 문제에서는 부분적인 단서에 지나치게 의존해서는 안 됩니다!

FINDING ANSWER

심정이나 감정을 나타내는 표현을 단서로 이용하되, 혹시 나올지도 모르는 반전의 상황을 대비!!! 이에 따라 심경의 변화도 있을 수 있으므로 대화의 흐름을 놓치지 않고 전체적인 내용을 근거로 정답을 추론하도록 하세요.

Mission Question 01

대화를 듣고, 남자의 심정으로 알맞은 것을 고르시오.

중2–교육청 듣기평가 2007년 4월

① 슬프다　　　② 초조하다　　　③ 지루하다　　　④ 실망스럽다

STRATEGIC LISTENING

위 문제의 정답을 찾기 어려웠다면 다음 단계에 따라 다시 듣고 정답을 찾아보세요.

BEFORE LISTENING 선택지의 의미를 확실하게 알아야 합니다.

대화를 듣고, 남자의 심정으로 알맞은 것을 고르시오.
① 슬프다 _________________________
② 초조하다 _________________________
③ 지루하다 _________________________
④ 실망스럽다 _________________________

WHILE LISTENING 상황 묘사는 주로 대화 전반부에 나와요. 대화자가 처한 상황을 파악한 후 그런 상황에서의 심정을 추론해 보세요.

You know I have an English speech contest tomorrow.에서 영어 말하기 대회가 있다는 걸 알 수 있죠. 대회나 시험이 있다는 건 대부분 사람을 초조하게 하는 상황이죠. 하지만 감정을 나타내는 표현을 단서로 이용하되, 반전이 중요!
남자가 I am very nervous.라고 했기 때문에 답은 ② 초조하다입니다.

Pronunciation

앞서 풀어본 문제의 스크립트입니다. 대화를 듣고 정확한 표현을 골라보세요.

W Hi, Tom. How are you?

M Not so good.

W **(What's wrong / What's long)?**

M You know I have **(an English speech contest / an English speech content)** tomorrow. I am very nervous.

W Don't worry. I know you practiced a lot.

M But this is my first time. I haven't had **(a chant to speak / a chance to speak)** in front of many people.

W Don't worry. You'll be fine.

Chunk Training

다음을 듣고 강세가 느껴지는 단어에 O 표시하고, 끊어 읽는 부분에 / 표시하세요.

W Hi, Tom. How are you?

M Not so good.

W What's wrong?

M You know / I have an English speech contest tomorrow. I am very nervous.

W Don't worry. I know you practiced a lot.

M But this is my first time. I haven't had a chance to speak in front of many people.

W Don't worry. You'll be fine.

STEP 3 CHUNK SPEAKING

Chunk List

대화문에 등장한 핵심 chunk입니다. 다섯 번씩 소리 내어 읽고 적어 보세요.

	① ② ③ ④ ⑤		① ② ③ ④ ⑤
What's wrong? 뭐가 문제야?	☑ ☐ ☐ ☐ ☐	this is my first time 이번이 처음이야	☐ ☐ ☐ ☐ ☐
an English speech contest 영어 말하기 대회	☐ ☐ ☐ ☐ ☐	in front of many people 많은 사람 앞에서	☐ ☐ ☐ ☐ ☐
a chance to speak 말할 기회	☐ ☐ ☐ ☐ ☐	you'll be fine 넌 괜찮을 거야	☐ ☐ ☐ ☐ ☐
I am very nervous 매우 긴장된다	☐ ☐ ☐ ☐ ☐	How are you? 어떻게 지내?	☐ ☐ ☐ ☐ ☐

Intonation

이번에는 영어의 느낌을 살려서 인토네이션과 강세(파랑, 분홍 글씨), 끊어 읽기(/ 한번 호흡)에 유의하여 다섯 번씩 소리 내어 읽어보세요.

	① ② ③ ④ ⑤
W Hi, Tom. How are you?	☑ ☐ ☐ ☐ ☐
M Not so good.	☐ ☐ ☐ ☐ ☐
W What's wrong?	☐ ☐ ☐ ☐ ☐
M You know / I have an English speech contest / tomorrow. I am very nervous.	☐ ☐ ☐ ☐ ☐
W Don't worry. I know / you practiced / a lot.	☐ ☐ ☐ ☐ ☐
M But this is my first time. I haven't had / a chance to speak / in front of / many people.	☐ ☐ ☐ ☐ ☐
W Don't worry. You'll be fine.	☐ ☐ ☐ ☐ ☐

이번에는 학습한 chunk를 활용해볼까요? 상황에 맞게 빈칸을 채워 말해보세요.

안녕, 켄. 어떻게 지내?
Hi, Ken. How are you?

별로 좋지 않아.
Not so good.

뭐가 문제야?
          ?

알다시피 / 나는 영어 말하기 대회에 나간다 / 내일. 난 매우 긴장된다.
You know I have an   tomorrow. I am very nervous.

걱정하지 마. 난 알고 있다 / 네가 연습했다는 것을 / 많이.
Don't worry. I know you practiced a lot.

하지만 이번이 처음이야. 난 가져본 적이 없었어 / 말할 기회를 / 앞에서 / 많은 사람들.
But this is my first time.   speak in front of many people.

걱정 마. 넌 괜찮을 거야.
Don't worry.   fine.

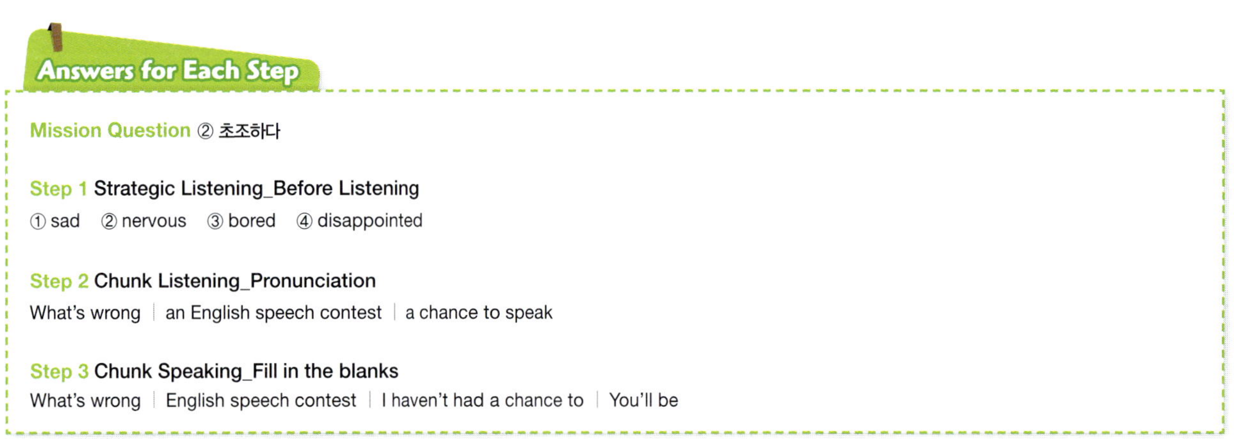

Mission Question 02

대화를 듣고, 여자의 기분으로 알맞은 것을 고르시오.

중2-교육청 듣기평가 2007년 9월

① angry　　② happy　　③ bored　　④ scared

STEP 1　STRATEGIC LISTENING

위 문제의 정답을 찾기 어려웠다면 다음 단계에 따라 다시 듣고 정답을 찾아보세요.

BEFORE LISTENING　선택지의 의미를 확실하게 알아야 합니다.

대화를 듣고, 여자의 기분으로 알맞은 것을 고르시오.
① angry (　　　　　　)
② happy (　　　　　　)
③ bored (　　　　　　)
④ scared (　　　　　　)

WHILE LISTENING　상황 묘사는 주로 대화 전반부에 나와요. 대화자가 처한 상황을 파악한 후 그런 상황에서의 심정을 추론해 보세요.

How's your new apartment?라고 묻자 At first, I liked it, but not any more.라고 답하네요. 새 아파트로 이사를 했는데 그 아파트에 뭔가 문제가 있는 것 같군요.

FINDING ANSWER　감정을 나타내는 표현을 단서로 이용하되, 반전이 중요해요.

I can't sleep because the kids upstairs are running around every night.에서 그 문제점이 위층 아이들이 밤마다 뛰어다녀서 잠을 못자는 거네요. 여러분도 이런 상황에 처한다면 화가 나겠죠?

Pronunciation

앞에서 풀어본 문제의 스크립트입니다. 대화를 듣고 정확한 표현을 골라보세요.

M How's **(your new apartment / your new department)**?

W At first, I liked it, but not any more.

M Why? Are there any problems?

W I can't sleep because the kids upstairs are running around every night.

M **(That's terrible / That's terrific)**. Do they make a lot of noise?

W Yes.

M **(Did you tell them / Did you tall them)** about it?

W Yes, I did, but they didn't stop!

Chunk Training

다음을 듣고 강세가 느껴지는 단어에 O 표시하고, 끊어 읽는 부분에 / 표시하세요.

M How's **/** your new apartment?

W At first, I liked it, but not any more.

M Why? Are there any problems?

W I can't sleep because the kids upstairs are running around every night.

M That's terrible. Do they make a lot of noise?

W Yes.

M Did you tell them about it?

W Yes, I did, but they didn't stop!

STEP 3 CHUNK SPEAKING

Chunk List

대화문에 등장한 핵심 chunk입니다. 다섯 번씩 소리 내어 읽고 적어보세요.

	❶ ❷ ❸ ❹ ❺		❶ ❷ ❸ ❹ ❺
new apartment 새 아파트	☑ ☐ ☐ ☐ ☐	but not any more 더 이상은 아니야	☐ ☐ ☐ ☐ ☐
Are there any problems? 거기에 문제라도 있니?	☐ ☐ ☐ ☐ ☐	That's terrible 끔찍하구나	☐ ☐ ☐ ☐ ☐
make a lot of noise 소음을 많이 내다	☐ ☐ ☐ ☐ ☐	Did you tell them ~? 그들에게 말해보았니?	☐ ☐ ☐ ☐ ☐

Intonation

이번에는 영어의 느낌을 살려서 인토네이션과 강세(파랑, 분홍 글씨), 끊어 읽기(/ 한번 호흡)에 유의하여 다섯 번씩 소리 내어 읽어보세요.

	❶ ❷ ❸ ❹ ❺
M How's / your new apartment?	☑ ☐ ☐ ☐ ☐
W At first, I liked it, but not any more.	☐ ☐ ☐ ☐ ☐
M Why? Are there any problems?	☐ ☐ ☐ ☐ ☐
W I can't sleep / because the kids upstairs / are running around / every night.	☐ ☐ ☐ ☐ ☐
M That's terrible. Do they make / a lot of noise?	☐ ☐ ☐ ☐ ☐
W Yes.	☐ ☐ ☐ ☐ ☐
M Did you tell them / about it?	☐ ☐ ☐ ☐ ☐
W Yes, I did, but they didn't stop!	☐ ☐ ☐ ☐ ☐

이번에는 학습한 chunk를 활용해볼까요? 상황에 맞게 빈칸을 채워 말해보세요.

어때 / 너의 새 아파트가?
                              new apartment?

처음엔, 난 그곳을 좋아했어, 하지만 더 이상은 아니야.
At first, I liked it, but not any more.

왜? 거기에 문제라도 있니?
Why?   ?

나는 잘 수가 없어 / 왜냐하면 위층의 아이들이 / 뛰어다녀서 / 매일 밤마다.
I can't sleep because the kids upstairs are   .

끔찍하구나. 그들이 내니 / 많은 소음을?
That's terrible.   a lot of noise?

응.
Yes.

그들에게 말해보았니 / 그것에 관해서?
                              them about it?

응, 했어, 하지만 그들은 멈추지 않았어!
Yes, I did, but they didn't stop!

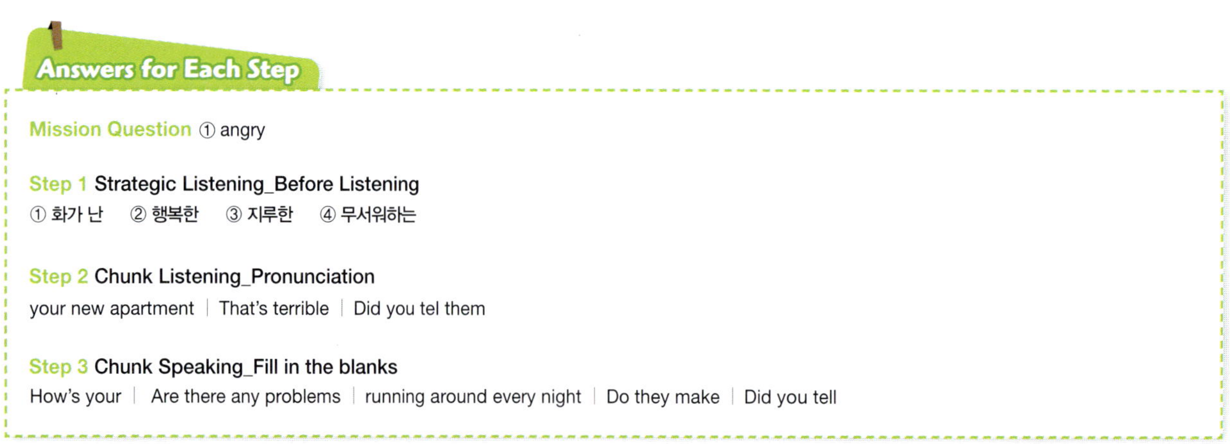

Mission Question ① angry

Step 1 Strategic Listening_Before Listening
① 화가 난   ② 행복한   ③ 지루한   ④ 무서워하는

Step 2 Chunk Listening_Pronunciation
your new apartment | That's terrible | Did you tel them

Step 3 Chunk Speaking_Fill in the blanks
How's your | Are there any problems | running around every night | Do they make | Did you tell

대화를 듣고, 여자의 심경으로 가장 알맞은 것을 고르시오.

중2-교육청 듣기평가 2008년 4월

① 편안하다　　② 지루하다　　③ 난처하다　　④ 자랑스럽다

STEP 1　STRATEGIC LISTENING

위 문제의 정답을 찾기 어려웠다면 다음 단계에 따라 다시 듣고 정답을 찾아보세요.

BEFORE LISTENING　선택지의 의미를 확실하게 알아야 합니다.

① 편안하다 (　　　　　　)
② 지루하다 (　　　　　　)
③ 난처하다 (　　　　　　)
④ 자랑스럽다 (　　　　　　)

WHILE LISTENING　상황 묘사는 주로 대화 전반부에 나와요. 대화자가 처한 상황을 파악한 후 그런 상황에서의 심정을 추론해 보세요. 또한 감정을 나타내는 표현을 단서로 이용하되, 반전이 중요!!

대화의 전반부 Did you have a nice weekend? Yes. I volunteered at a fire station.를 에서 소방서에서 봉사활동을 했다는 걸 알 수 있네요. 주말에 봉사활동을 하고 나서 어떤 기분일지 생각해보세요. 그리고 대화의 마지막에서 I'm proud of myself.라고 했기 때문에 여자가 스스로를 자랑스럽게 여긴다는 걸 알 수 있어요. 답은 ④ 자랑스럽다 예요.

Pronunciation

앞서 풀어본 문제의 스크립트입니다. 대화를 듣고 정확한 표현을 골라보세요.

M Did you have a nice weekend?

W Yes. I volunteered **(at a fire station / at a bus station)**.

M What did you do there?

W I washed the fire truck **(and learned / and leaned)** how to use the fire hose.

M That sounds difficult.

W It was. **(I am tire now / I am tired now)**, but I'm proud of myself.

Chunk Training

다음을 듣고 강세가 느껴지는 단어에 O 표시하고, 끊어 읽는 부분에 / 표시하세요.

M Did you have a nice weekend?

W Yes. I volunteered / at a fire station.

M What did you do there?

W I washed the fire truck and learned how to use the fire hose.

M That sounds difficult.

W It was. I am tired now, but I'm proud of myself.

CHUNK SPEAKING

Chunk List

대화문에 등장한 핵심 chunk입니다. 다섯 번씩 소리 내어 읽고 적어 보세요.

	① ② ③ ④ ⑤		① ② ③ ④ ⑤
at a fire station 소방서에서	☑ ☐ ☐ ☐ ☐	how to use ~를 어떻게 사용하는지	☐ ☐ ☐ ☐ ☐
I am tired now 난 지금 피곤해	☐ ☐ ☐ ☐ ☐	That sounds difficult 그거 참 어려울 것 같아	☐ ☐ ☐ ☐ ☐
I'm proud of ~에 대해 자부심을 느껴	☐ ☐ ☐ ☐ ☐		

Intonation

이번에는 영어의 느낌을 살려서 인토네이션과 강세(파랑, 분홍 글씨), 끊어 읽기(/ 한번 호흡)에 유의하여 다섯 번씩 소리 내어 읽어보세요.

		① ② ③ ④ ⑤
M	Did you have a nice weekend?	☑ ☐ ☐ ☐ ☐
W	Yes. I volunteered / at a fire station.	☐ ☐ ☐ ☐ ☐
M	What did you do / there?	☐ ☐ ☐ ☐ ☐
W	I washed the fire truck / and learned / how to use the fire hose.	☐ ☐ ☐ ☐ ☐
M	That sounds difficult.	☐ ☐ ☐ ☐ ☐
W	It was. I am tired now, but I'm proud of myself.	☐ ☐ ☐ ☐ ☐

이번에는 학습한 chunk를 활용해볼까요? 상황에 맞게 빈칸을 채워 말해보세요.

좋은 주말 보냈니?
Did you have a nice weekend?

응. 난 자원봉사를 했어 / 경찰서에서.
Yes. ______________________ a police station.

넌 무엇을 했니 / 거기서?
______________________ there?

난 경찰차를 씻었어 / 그리고 도왔어 / 경찰관들을.
I washed the police car and helped the police officers.

그거 참 어려울 것 같아.
That sounds difficult.

그랬어. 난 지금 피곤해. 하지만 난 내 자신이 자랑스러워.
It was. I am tired now, but ______________________.

대화를 듣고, 남자의 심정으로 알맞은 것을 고르시오.

중3-교육청 듣기평가 2007년 4월

① 지루함　　② 우울함　　③ 초조함　　④ 불쾌함　　⑤ 아쉬움

STRATEGIC LISTENING

위 문제의 정답을 찾기 어려웠다면 다음 단계에 따라 다시 듣고 정답을 찾아보세요.

BEFORE LISTENING　선택지의 의미를 확실하게 알아야 합니다.

남자가 하는 말에 초점을 맞추어 듣기를 진행해야 해요. 선택지가 영어가 아니라 듣기에 좀 더 집중할 수 있겠죠?

WHILE LISTENING　상황 묘사는 주로 대화 전반부에 나와요.

W Did you see the Seoul International Marathon yesterday?
M No, I didn't.

어제 있었던 마라톤 경주에 대한 이야기가 진행될 것으로 짐작할 수 있어요. 경기 결과에 대한 내용이 언급되겠죠?

FINDING ANSWER　감정을 나타내는 표현을 단서로 이용하되, 반전이 중요해요.

M Oh, I wish I had seen it.

가정법에 관련된 표현도 알아야 답을 알 수 있는 문제네요. 마라톤 경주, 이봉주 선수 우승, 경기를 보지 못한 아쉬움의 순서로 연결되는 내용이에요.

Pronunciation

앞서 풀어본 문제의 스크립트입니다. 대화를 듣고 정확한 표현을 골라보세요.

W (**Do you see / Did you see**) the Seoul International Marathon yesterday?

M No, I didn't. I usually get up late on Sundays, so (**I mistake / I missed it**).

W Yi Bong-ju took (**first place / fast race**) in the race.

M That's amazing for a thirty-eight year old man.

W It's (**because of / because**) he trains hard all the time.

M Oh, I wish I had seen it.

Chunk Training

다음을 듣고 강세가 느껴지는 단어에 O 표시하고, 끊어 읽는 부분에 / 표시하세요.

W Did you see / the Seoul International Marathon yesterday?

M No, I didn't. I usually get up late on Sundays, so I missed it.

W Yi Bong-ju took first place in the race.

M That's amazing for a thirty-eight year old man.

W It's because he trains hard all the time.

M Oh, I wish I had seen it.

CHUNK SPEAKING

Chunk List

대화문에 등장한 핵심 chunk입니다. 다섯 번씩 소리 내어 읽고 적어 보세요.

	① ② ③ ④ ⑤		① ② ③ ④ ⑤
Did you see ~? 너는 ~를 보았니	☑ ☐ ☐ ☐ ☐	get up late 늦게 일어나다	☐ ☐ ☐ ☐ ☐
I missed it 나는 그것을 놓쳤어	☐ ☐ ☐ ☐ ☐	took first place 일등을 했다	☐ ☐ ☐ ☐ ☐
all the time 항상	☐ ☐ ☐ ☐ ☐		

Intonation

이번에는 영어의 느낌을 살려서 인토네이션과 강세(파랑, 분홍 글씨), 끊어 읽기(/ 한번 호흡)에 유의하여 다섯 번씩 소리 내어 읽어보세요.

	① ② ③ ④ ⑤
W Did you see / the Seoul International Marathon / yesterday?	☑ ☐ ☐ ☐ ☐
M No, I didn't. I usually / get up late / on Sundays, / so I missed it.	☐ ☐ ☐ ☐ ☐
W Yi Bong-ju / took first place / in the race.	☐ ☐ ☐ ☐ ☐
M That's amazing / for a thirty-eight year old man.	☐ ☐ ☐ ☐ ☐
W It's because / he trains hard / all the time.	☐ ☐ ☐ ☐ ☐
M Oh, I wish / I had seen it.	☐ ☐ ☐ ☐ ☐

이번에는 학습한 chunk를 활용해볼까요? 상황에 맞게 빈칸을 채워 말해보세요.

너는 봤니 / 세계 피겨 스케이팅을 / 어제?
_______________ the World Figure Skating yesterday?

아니, 난 안 봤어. 나는 대개 늦게 일어나 / 일요일에, 그래서 난 그것을 놓쳤어.
No, I didn't. I _______________ on Sundays, so _______________.

김연아가 / 1등을 했어 / 챔피언십에서.
Kim Yu-na _______________ in the championshop.

그거 놀랍다 / 21살의 소녀에게는.
_______________ for a twenty-one year old girl.

그것은 ~때문이야 / 그녀가 열심히 훈련하다 / 항상.
It's because _______________ all the time.

오, 나는 바란다 / 내가 그것을 봤기를.
Oh, _______________.

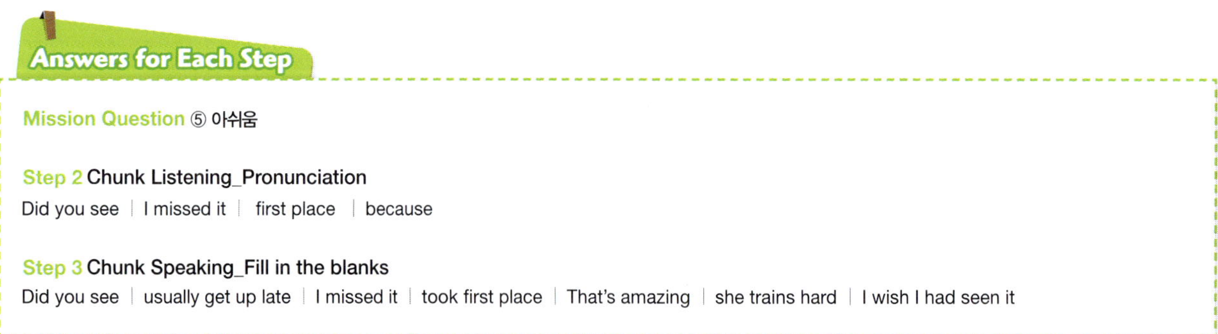

Answers for Each Step

Mission Question ⑤ 아쉬움

Step 2 Chunk Listening_Pronunciation
Did you see | I missed it | first place | because

Step 3 Chunk Speaking_Fill in the blanks
Did you see | usually get up late | I missed it | took first place | That's amazing | she trains hard | I wish I had seen it

다음을 듣고, Andy의 심경으로 가장 알맞은 것을 고르시오. 중3-교육청 듣기평가 2008년 4월

① scared　　② angry　　③ tired　　④ happy　　⑤ excited

STEP 1　STRATEGIC LISTENING

위 문제의 정답을 찾기 어려웠다면 다음 단계에 따라 다시 듣고 정답을 찾아보세요.

BEFORE LISTENING　선택지의 의미를 확실하게 알아야 합니다.

① scared (　　　　　)
② angry (　　　　　)
③ tired (　　　　　)
④ happy (　　　　　)
⑤ excited (　　　　　)

WHILE LISTENING　상황 묘사는 주로 대화 전반부에 나와요.

the dentist came in / She asked Andy to open his mouth.

치과의사가 등장하는 곳에서 어떤 일이 벌어질지 예상할 수 있어요.

FINDING ANSWER　감정을 나타내는 표현을 단서로 이용하되, 반전이 중요해요

However, as soon as the dentist pushed something into his mouth, he nearly (　　　　　　　　　)

치과의사가 진료를 시작했는지 입안에 기구를 집어 넣었다면, 환자의 기분이 어떻게 변할지 예측할 수 있겠죠?

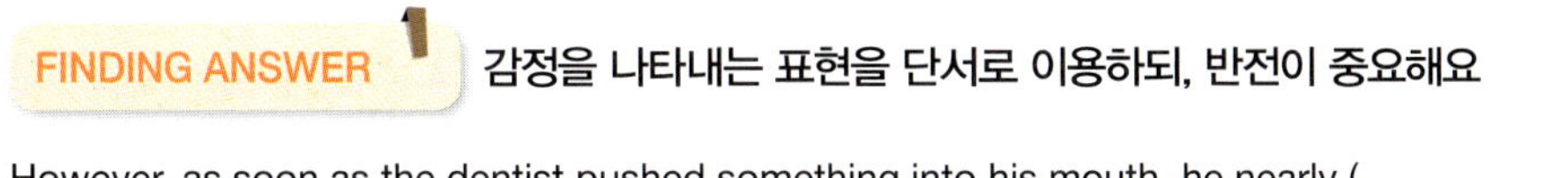

Pronunciation

앞서 풀어본 문제의 스크립트입니다. 대화를 듣고 정확한 표현을 골라보세요.

W Andy was sitting in a chair looking around the room.

After a while, the dentist came in and sat down next to him.

She asked Andy **(too often / to open)** his mouth.

She looked very kind, so Andy thought it would **(not heart / not hurt)** much.

However, as soon as the dentist pushed something into his mouth, he **(near jumped / nearly jumped)** out of his seat.

He held on tightly to the arms of the chair and kept **(his eyes closed / his eyes closing)**.

Chunk Training

다음을 듣고 강세가 느껴지는 단어에 O 표시하고, 끊어 읽는 부분에 / 표시하세요.

W Andy was sitting / in a chair looking around the room.

After a while, the dentist came in and sat down next to him.

She asked Andy to open his mouth.

She looked very kind, so Andy thought it would not hurt much.

However, as soon as the dentist pushed something into his mouth, he nearly jumped out of his seat.

He held on tightly to the arms of the chair and kept his eyes closed.

STEP 3 CHUNK SPEAKING

Chunk List

대화문에 등장한 핵심 chunk입니다. 다섯 번씩 소리 내어 읽고 적어 보세요.

	① ② ③ ④ ⑤		① ② ③ ④ ⑤
ask A to B A에게 B하라고 요청하다	☑ ☐ ☐ ☐ ☐	nearly jumped 거의 뛰쳐나왔다	☐ ☐ ☐ ☐ ☐
his eyes closed 그의 눈을 감은 채로	☐ ☐ ☐ ☐ ☐	next to him 그의 옆에	☐ ☐ ☐ ☐ ☐
as soon as 하자마자	☐ ☐ ☐ ☐ ☐	out of his seat 그의 좌석에서	☐ ☐ ☐ ☐ ☐

Intonation

이번에는 영어의 느낌을 살려서 인토네이션과 강세(파랑, 분홍 글씨), 끊어 읽기(/ 한번 호흡)에 유의하여 다섯 번씩 소리 내어 읽어보세요.

M Andy was sitting / in a chair / looking around / the room.

After a while, / the dentist came in / and sat down / next to him. /

She asked Andy / to open his mouth. /

She looked very kind, / so Andy thought / it would not hurt much. /

However, / as soon as / the dentist pushed something into his mouth, /

he nearly jumped / out of his seat.

He held on tightly / to the arms of the chair / and kept his eyes closed.

이번에는 학습한 chunk를 활용해볼까요? 상황에 맞게 빈칸을 채워 말해보세요.

Alex는 앉아 있는 중이었다 / 의자에 / 둘러보며 / 방을.
Alex was sitting in a chair looking around the room.

잠시후. / 치과의사가 들어왔다 / 그리고 앉았다 / 그의 옆에. / 그녀가 Alex에게 요구했다 /
After a while, the dentist came in and sat down next to him. She asked Alex

그의 입을 열라고. / 그녀는 매우 친절해 보였다. / 그래서 Alex는 생각했다 / 아프지 않을 것이라.
to open his mouth.   , so Alex thought   .

그러나 / ~하자마자 / 의사가 무언가를 넣자 / 그의 입에. /
However,   the dentist pushed something/ into his mouth,

그는 거의 뛰쳐나올 뻔했다 / 그의 좌석을. / 그는 꽉 붙잡았다 / 의자의 팔걸이를 /
he nearly jumped out of his seat. He   to the arms of the chair

그리고 그의 눈을 감은 채로 있었다.
and   .

대화를 듣고, 남자의 마지막 말에 대한 여자의 심정으로 가장 알맞은 것을 고르시오.

중3–교육청 듣기평가 2007년 9월

① proud   ② curious   ③ worried
④ thankful   ⑤ surprised

STEP 1 — STRATEGIC LISTENING

위 문제의 정답을 찾기 어려웠다면 다음 단계에 따라 다시 듣고 정답을 찾아보세요.

BEFORE LISTENING 선택지의 의미를 확실하게 알아야 합니다.

① proud ( )
② curious ( )
③ worried ( )
④ thankful ( )
⑤ surprised ( )

WHILE LISTENING 상황 묘사는 주로 대화 전반부에 나와요.

M   Hi. Where are you headed?
W   To the library. I'm in a hurry. It will close in 20 minutes.

FINDING ANSWER 감정을 나타내는 표현을 단서로 이용하되, 반전이 중요해요.

W   I have to return this book by today.
M   I'll give you a ride. I think you can make it then.

도서관에 책을 오늘까지 반납해야 하는데, 기꺼이 태워 주겠다고 하니 고맙겠죠?

Pronunciation

앞서 풀어본 문제의 스크립트입니다. 대화를 듣고 정확한 표현을 골라보세요.

1

M Hi. Where are you headed?

W To the library. I'm **(in a worry / in a hurry)**. It will close in 20 minutes.

M What for?

W I have to **(return this book / turn this book)** by today.

M I'll **(give you alright / give you a ride)**. I think you can make it then.

Chunk Training

다음을 듣고 강세가 느껴지는 단어에 O 표시하고, 끊어 읽는 부분에 / 표시하세요.

M Hi. / Where are you headed?

W To the library. I'm in a hurry. It will close in 20 minutes.

M What for?

W I have to return this book by today.

M I'll give you a ride. I think you can make it then.

CHUNK SPEAKING

Chunk List

대화문에 등장한 핵심 chunk입니다. 다섯 번씩 소리 내어 읽고 적어 보세요.

	① ② ③ ④ ⑤		① ② ③ ④ ⑤
Where are you headed~? 너 어디 가니?	☑ ☐ ☐ ☐ ☐	I'm in a hurry 나 지금 급해	☐ ☐ ☐ ☐ ☐
in 20 minutes 20분 후에	☐ ☐ ☐ ☐ ☐	What for? 무엇 때문에?	☐ ☐ ☐ ☐ ☐
by today 오늘까지	☐ ☐ ☐ ☐ ☐	give you a ride 당신을 태워주다	☐ ☐ ☐ ☐ ☐

Intonation

이번에는 영어의 느낌을 살려서 인토네이션과 강세(파랑, 분홍 글씨), 끊어 읽기(/ 한번 호흡)에 유의하여 다섯 번씩 소리 내어 읽어보세요.

		① ② ③ ④ ⑤
M	Hi. / where are you headed?	☑ ☐ ☐ ☐ ☐
W	To the library. / I'm in a hurry. / It will close / in 20 minutes.	☐ ☐ ☐ ☐ ☐
M	what for?	☐ ☐ ☐ ☐ ☐
W	I have to / return this book / by today.	☐ ☐ ☐ ☐ ☐
M	I'll give you a ride. / I think / you can make it / then.	☐ ☐ ☐ ☐ ☐

이번에는 학습한 chunk를 활용해볼까요? 상황에 맞게 빈칸을 채워 말해보세요.

안녕 / 넌 어디로 가고 있니?
Hi.   ?

수영장으로 / 난 지금 급해. / 그것은 닫을 거야 / 30분 안에.
To the swimming pool.   . It will close in 30 minutes.

무엇 때문에?
What for?

나는 내 지갑을 놓아 두었어 / 라커룸에.
I left my wallet in the locker room.

내가 너를 태워다줄게. / 내 생각에 / 네가 해낼 수 있을 것 같아 / 그러면.
                        . I think   then.

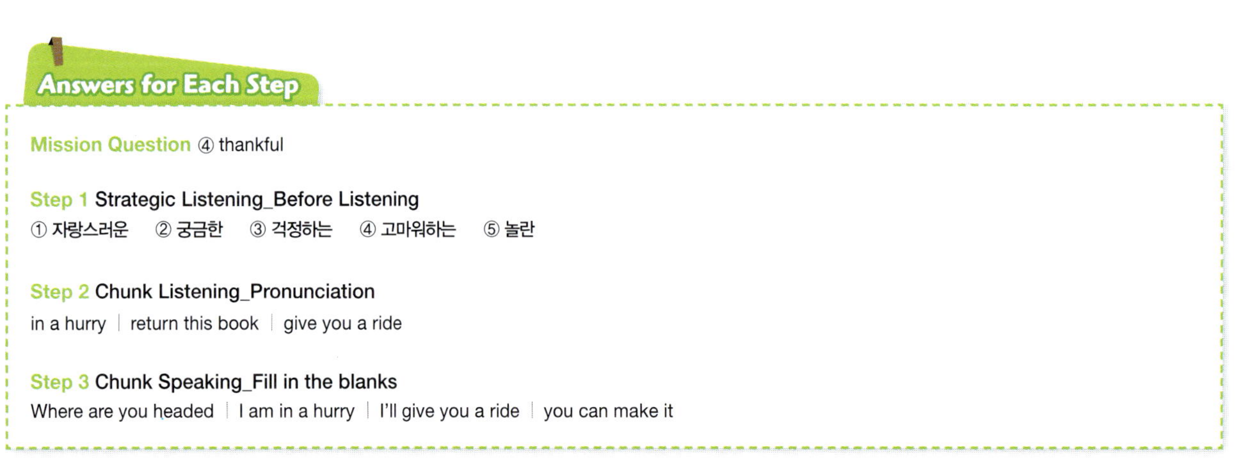

Answers for Each Step

Mission Question ④ thankful

Step 1 Strategic Listening_Before Listening
① 자랑스러운   ② 궁금한   ③ 걱정하는   ④ 고마워하는   ⑤ 놀란

Step 2 Chunk Listening_Pronunciation
in a hurry ┃ return this book ┃ give you a ride

Step 3 Chunk Speaking_Fill in the blanks
Where are you headed ┃ I am in a hurry ┃ I'll give you a ride ┃ you can make it

Chapter 8에서 학습한 핵심 Chunk의 모음입니다. 소리 내어 다섯 번씩 읽고 빈칸에 그 의미를 적어보세요.

Chunk	의미	① ② ③ ④ ⑤
What's wrong?		☑ ☐ ☐ ☐ ☐
this is my first time		☐ ☐ ☐ ☐ ☐
an English speech contest		☐ ☐ ☐ ☐ ☐
in front of many people		☐ ☐ ☐ ☐ ☐
a chance to speak		☐ ☐ ☐ ☐ ☐
you'll be fine		☐ ☐ ☐ ☐ ☐
I am very nervous		☐ ☐ ☐ ☐ ☐
How are you?		☐ ☐ ☐ ☐ ☐
new apartment		☐ ☐ ☐ ☐ ☐
but not any more		☐ ☐ ☐ ☐ ☐
Are there any problems?		☐ ☐ ☐ ☐ ☐
That's terrible		☐ ☐ ☐ ☐ ☐
make a lot of noise		☐ ☐ ☐ ☐ ☐
Did you tell them?		☐ ☐ ☐ ☐ ☐
at a fire station		☐ ☐ ☐ ☐ ☐
how to use		☐ ☐ ☐ ☐ ☐
I am tired now		☐ ☐ ☐ ☐ ☐
That sounds difficult		☐ ☐ ☐ ☐ ☐
I'm proud of		☐ ☐ ☐ ☐ ☐
Did you see?		☐ ☐ ☐ ☐ ☐
get up late		☐ ☐ ☐ ☐ ☐
I missed it		☐ ☐ ☐ ☐ ☐
took first place		☐ ☐ ☐ ☐ ☐
all the time		☐ ☐ ☐ ☐ ☐
ask A to B		☐ ☐ ☐ ☐ ☐
nearly jumped		☐ ☐ ☐ ☐ ☐
his eyes closed		☐ ☐ ☐ ☐ ☐
next to him		☐ ☐ ☐ ☐ ☐
as soon as		☐ ☐ ☐ ☐ ☐
out of his seat		☐ ☐ ☐ ☐ ☐
Where are you headed?		☐ ☐ ☐ ☐ ☐
I'm in a hurry		☐ ☐ ☐ ☐ ☐
in 20 minutes		☐ ☐ ☐ ☐ ☐
What for?		☐ ☐ ☐ ☐ ☐
by today		☐ ☐ ☐ ☐ ☐
give you a ride		☐ ☐ ☐ ☐ ☐

Chapter 09 — Guessing Purposes & Causes

목적 · 이유 추론

Fundamental Principle

1. 문제를 미리 읽고 대화의 상황에 대한 정보를 얻어라.
2. 무엇을 알아야 하는지 스스로에게 물어라.
3. 단어 듣기에서 chunk(의미덩어리) 듣기로 전환하라.
4. 대화나 설명의 처음 시작에 주목하라.

유형

대화자가 전화를 건 목적을 추론하는 형태로 출제되기도 하고 두 사람이 만나기로 한 목적을 물으면서 답지를 영어로 제시하는 형태로 출제되기도 합니다. 이유를 묻는 유형의 경우 특정한 사람이 느끼거나 행동을 한 원인 혹은 이유를 파악하는 문제입니다.

BEFORE LISTENING

지시문과 선택지를 먼저 읽고 대화 내용이나 사용될 어휘를 예측하며 들으면 목적이나 이유를 더 쉽고 정확하게 파악할 수 있습니다. 특히 지시문에 언급된 사람의 말에 집중해서 듣도록 하세요. 이유나 원인에 대한 물음의 응답에 유의하여 Why~?, How come~?, What's wrong? 등의 질문에 대한 응답을 잘 들으세요!

WHILE LISTENING

□ 담화의 목적은 <u>앞부분이나 뒷부분에 제시</u>됩니다

안부나 이유를 묻는 말 뒤에 본론이 나옵니다. 안내, 설득, 권고, 요청을 담고 있는 광고나 안내 방송, 또는 한 가지 주제에 대한 연설문 등의 형식으로 주로 출제가 됩니다. <u>이 유형은 대부분 대화의 첫 부분에서 전화를 건 목적을 밝히고 있기 때문에 다른 어떤 유형보다 첫 부분이 중요한 유형이니 첫 부분을 절대로 놓치면 안 됩니다!</u> 앞부분 외에도 뒷부분에서 직접적인 목적이 제시 될 수 있으므로 집중하세요.

□ 특정한 사람 즉, <u>방문하거나 전화를 건 사람의 말</u>을 주의해서 들으세요!

대화의 목적 파악은 대화자 중의 한 사람이 방문을 하거나 전화를 거는 상황이기에 '방문하거나 전화를 건' 사람의 말을 주의해서 들어야 합니다!

FINDING ANSWER

이유를 묻는 표현에 대한 상대방의 대답을 정확히 들어야 합니다.

대화를 듣고, 남자가 여자에게 전화를 건 목적을 고르시오.

중2–교육청 듣기평가 2007년 9월

① 음악회에 초대하려고
② 피아노 수업에 함께 가려고
③ 휴대폰을 사러 같이 가려고
④ 음악 다운로드받는 법을 배우려고

STEP 1 STRATEGIC LISTENING

위 문제의 정답을 찾기 어려웠다면 다음 단계에 따라 다시 듣고 정답을 찾아보세요.

BEFORE LISTENING 먼저 지시문과 선택지를 통해 대화의 성격을 파악하세요.

① 음악회에 초대하려고 ________________________________
② 피아노 수업에 함께 가려고 ______________________________
③ 휴대폰을 사러 같이 가려고 ______________________________
④ 음악 다운로드받는 법을 배우려고 ____________________________

각각의 선택지에 해당하는 핵심단어가 무엇이 될지 생각해보세요.

WHILE LISTENING 특정한 사람 즉 '방문하거나 전화를 건' 사람의 말을 주의해서 들으세요.

Can you tell me how to download music?이라는 말에서 남자가 음악 다운로드받는 법을 배우려고 전화했다는 것을 알 수 있어요. 하지만 여자가 지금 피아노 수업을 듣고 있어서 수업이 끝난 후 다시 전화를 한다고 하죠. 따라서 정답은 ④번입니다. 단어만 듣고 오답인 ②번과 ③번을 선택하지 않도록 주의하세요.

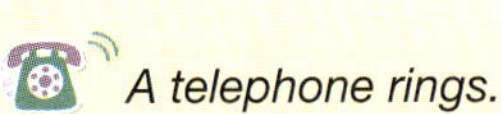

Pronunciation

앞서 풀어본 문제의 스크립트입니다. 대화를 듣고 정확한 표현을 골라보세요.

🕿 *A telephone rings.*

W Hello?

M Hello, this is Mike. May I speak to Jane, please?

W Hi, Mike. It's me, Jane. What's up?

M (**My mother brought / My mother bought**) a cell phone for me yesterday. Can ou tell me (**how to download music / how to down music**)?

W Sorry, but (**I'm baking / I'm taking**) a piano lesson now. Can I call you back after I finish the lesson?

M No problem!

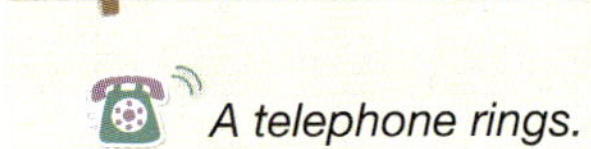

Chunk Training

다음을 듣고 강세가 느껴지는 단어에 O 표시하고, 끊어 읽는 부분에 / 표시하세요.

🕿 *A telephone rings.*

W Hello?

M Hello, this is Mike. May I speak to / Jane, please?

W Hi, Mike. It's me, Jane. What's up?

M My mother bought a cell phone for me yesterday. Can you tell me how to download music?

W Sorry, but I'm taking a piano lesson now. Can I call you back after I finish the lesson?

M No problem!

CHUNK SPEAKING

Chunk List

대화문에 등장한 핵심 chunk입니다. 다섯 번씩 소리 내어 읽고 적어 보세요.

My mother bought 엄마가 사주셨어	①②③④⑤ ☑☐☐☐☐	can you tell me? 나에게 말해줄래?	①②③④⑤ ☐☐☐☐☐
how to download music 음악을 어떻게 다운로드 하는지	☐☐☐☐☐	May I speak to Jane? Jane과 통화할 수 있을까?	☐☐☐☐☐
I'm taking a piano lesson 나는 피아노 레슨을 받는 중이다	☐☐☐☐☐	No problem! 좋아!	☐☐☐☐☐

Intonation

이번에는 영어의 느낌을 살려서 인토네이션과 강세(파랑, 분홍 글씨), 끊어 읽기(/ 한번 호흡)에 유의하여 다섯 번씩 소리 내어 읽어보세요.

		①②③④⑤
W	Hello?	☑☐☐☐☐
M	Hello, this is Mike. May I speak to / Jane, please?	☐☐☐☐☐
W	Hi, Mike. It's me, Jane. What's up?	☐☐☐☐☐
M	My mother bought / a cell phone for me / yesterday. Can you tell me / how to download music?	☐☐☐☐☐
W	Sorry, but I'm taking / a piano lesson now. Can I call you back / after I finish the lesson?	☐☐☐☐☐
M	No problem!	☐☐☐☐☐

이번에는 학습한 chunk를 활용해볼까요? 상황에 맞게 빈칸을 채워 말해보세요.

☎ *A telephone rings.*

여보세요?
Hello?

여보세요, 제이슨입니다. 내가 통화할 수 있을까요 / 유진과?
Hello, this is Jason. ______________________ Yujin, please?

안녕, 제이슨. 나야, 유진. 무슨 일이야?
Hi, Jason. It's me, Yujin. What's up?

우리 엄마가 사주셨어 / 나에게 / MP3 플레이어를 / 오늘. 말해 줄 수 있니 / 어떻게 음악을 다운로드하는지?
______________________ a MP3 Player for me today. ______________________ ?

미안, 하지만 나는 받고있어 / 바이올린 레슨을 / 지금.
Sorry, but ______________________ now.

내가 다시 전화해도 되겠니 / 있다가 내 레슨이 끝나면?
Can I call you back after I finish the lesson?

문제 없어!
______________________ !

대화를 듣고, 여자가 하는 말의 의도로 알맞은 것을 고르시오.

중2–교육청 듣기평가 2007년 9월

① 사과   ② 변명   ③ 충고   ④ 칭찬

STEP 1   STRATEGIC LISTENING

위 문제의 정답을 찾기 어려웠다면 다음 단계에 따라 다시 듣고 정답을 찾아보세요.

BEFORE LISTENING   대화자가 처한 상황을 파악한 후 말의 의도를 추론해 보세요.

① 사과 (   )
② 변명 (   )
③ 충고 (   )
④ 칭찬 (   )

WHILE LISTENING   상황 묘사는 주로 대화 전반부에 나와요. 대화자가 처한 상황을 파악한 후 그런 상황에서의 심정을 추론해 보세요.

I fell over while playing soccer, Again? You had your leg broken a few months ago에서 남자가 축구를 하다가 넘어져 또 다리가 부러졌다는 걸 알 수 있죠. 이 상황에서 여자가 Maybe you should try another sport like swimming.이라고 했다는 건 충고라고 할 수 있어요. 그리고 you should…는 상대방에게 충고를 할 때 자주 쓰는 표현이에요.

Pronunciation

앞서 풀어본 문제의 스크립트입니다. 대화를 듣고 정확한 표현을 골라보세요.

W What happened **(to your leg / to your lag)**?

M **(I fell over / I felt over)** while playing soccer.

W Again? You had your leg broken a few months ago, didn't you?

M Yes, it's my second time.

W Maybe **(you should fry / you should try)** another sport like swimming.

Chunk Training

다음을 듣고 강세가 느껴지는 단어에 O 표시하고, 끊어 읽는 부분에 / 표시하세요.

W What happened / to your leg?

M I fell over while playing soccer.

W Again? You had your leg broken a few months ago, didn't you?

M Yes, it's my second time.

W Maybe you should try another sport like swimming.

Chunk List

대화문에 등장한 핵심 chunk입니다. 다섯 번씩 소리 내어 읽고 적어보세요.

	① ② ③ ④ ⑤		① ② ③ ④ ⑤
what happened to your leg? 다리 어떻게 된 거야?	☑ ☐ ☐ ☐ ☐	it's my second time 이번이 두 번째야	☐ ☐ ☐ ☐ ☐
fell over 넘어졌다	☐ ☐ ☐ ☐ ☐	You had your leg broken 너 다리 부러졌었잖아	☐ ☐ ☐ ☐ ☐
you should try 시도해봐야 할 것 같아	☐ ☐ ☐ ☐ ☐	a few months ago 몇 달 전에	☐ ☐ ☐ ☐ ☐

Intonation

이번에는 영어의 느낌을 살려서 인토네이션과 강세(파랑, 분홍 글씨), 끊어 읽기(/ 한번 호흡)에 유의하여 다섯 번씩 소리 내어 읽어보세요.

	① ② ③ ④ ⑤
W What happened / to your leg?	☑ ☐ ☐ ☐ ☐
M I fell over / while playing soccer.	☐ ☐ ☐ ☐ ☐
W Again? You had your leg broken / a few months ago, didn't you?	☐ ☐ ☐ ☐ ☐
M Yes, it's my second time.	☐ ☐ ☐ ☐ ☐
W Maybe / you should try / another sport / like swimming.	☐ ☐ ☐ ☐ ☐

이번에는 학습한 chunk를 활용해볼까요? 상황에 맞게 빈칸을 채워 말해보세요.

어떻게 된 거야 / 팔이?
______________ your arm?

내가 넘어졌어 / 농구를 하는 중에.
I ______________ while playing basketball.

또? 너 팔 부러졌잖아 / 몇 달 전에도, 그렇지 않니?
Again? ______________, didn't you?

응, 이게 두 번째야.
Yes, ______________.

너는 해야겠어 / 다른 스포츠를 / 수영 같은.
Maybe ______________ another sport like swimming.

대화를 듣고, 남자가 편지를 쓰는 목적을 고르시오.

중2-교육청 듣기평가 2008년 4월

① 초대   ② 사과   ③ 의논   ④ 감사

STEP 1   STRATEGIC LISTENING

위 문제의 정답을 찾기 어려웠다면 다음 단계에 따라 다시 듣고 정답을 찾아보세요.

BEFORE LISTENING   먼저 지시문과 선택지를 통해 대화의 성격을 파악하세요.

① 초대 _______________________
② 사과 _______________________
③ 의논 _______________________
④ 감사 _______________________

WHILE LISTENING   대화자가 처한 상황을 파악한 후 목적을 추론해 보세요.

I wasn't very nice to her와 She must have been upset에서 Jane이 화가 난 상황이라는 걸 알 수 있어요. 그리고 마지막에 남자가 I want to say I'm sorry라고 했기 때문에 남자는 Jane에게 사과하기 위해 편지를 쓰고 있어요.

Pronunciation

앞서 풀어본 문제의 스크립트입니다. 대화를 듣고 정확한 표현을 골라보세요.

W Mike, you look serious. What are you doing?

M I'm writing **(a latter / a letter)** to Jane.

W But you just talked to her **(on the phone / on the pond)**.

M I know. I wasn't very nice to her.

W What did you do?

M I said her new hair style **(looked funny / looked pony)**.

W She must have been upset.

M Yes. So I want to say I'm sorry.

Chunk Training

다음을 듣고 강세가 느껴지는 단어에 O 표시하고, 끊어 읽는 부분에 / 표시하세요.

W Mike, you look serious. What are you doing?

M I'm writing **/** a letter to Jane.

W But you just talked to her on the phone.

M I know. I wasn't very nice to her.

W What did you do?

M I said her new hair style looked funny.

W She must have been upset.

M Yes. So I want to say I'm sorry.

STEP 3 CHUNK SPEAKING

Chunk List

대화문에 등장한 핵심 chunk입니다. 다섯 번씩 소리 내어 읽고 적어 보세요.

	① ② ③ ④ ⑤		① ② ③ ④ ⑤
you look serious 너 심각해보여	☑ ☐ ☐ ☐ ☐	looked funny 우스워 보였다	☐ ☐ ☐ ☐ ☐
writing a letter 편지를 쓰다	☐ ☐ ☐ ☐ ☐	I wasn't very nice to her 내가 그녀에게 친절하지 못했어	☐ ☐ ☐ ☐ ☐
on the phone 전화로	☐ ☐ ☐ ☐ ☐	She must have been upset 그녀는 틀림없이 화가 났을 거야	☐ ☐ ☐ ☐ ☐

Intonation

이번에는 영어의 느낌을 살려서 인토네이션과 강세(파랑, 분홍 글씨), 끊어 읽기(/ 한번 호흡)에 유의하여 다섯 번씩 소리 내어 읽어보세요.

		① ② ③ ④ ⑤
W	Mike, you look serious. What are you doing?	☑ ☐ ☐ ☐ ☐
M	I'm writing / a letter / to Jane.	☐ ☐ ☐ ☐ ☐
W	But you just talked to her / on the phone.	☐ ☐ ☐ ☐ ☐
M	I know. I wasn't very nice to her.	☐ ☐ ☐ ☐ ☐
W	What did you do?	☐ ☐ ☐ ☐ ☐
M	I said / her new hair style / looked funny.	☐ ☐ ☐ ☐ ☐
W	She must have been upset.	☐ ☐ ☐ ☐ ☐
M	Yes. So I want to say / I'm sorry.	☐ ☐ ☐ ☐ ☐

이번에는 학습한 chunk를 활용해볼까요? 상황에 맞게 빈칸을 채워 말해보세요.

조시, 너 심각해보여. 뭐하고 있니?
Josh, you ______________. What are you doing?

나는 쓰고 있어 / 편지를 / 앤에게.
I'm ______________ to Anne.

하지만 너 방금 그녀와 얘기했잖아 / 전화로.
But you just talked to her ______________.

알아. 나는 그녀에게 잘하지 못했어.
I know. ______________ to her.

뭘 어쨌는데?
What did you do?

나는 말했어 / 그녀의 새로운 헤어스타일이 / 이상해 보인다고.
I said her new hair style looked ridiculous.

그녀는 틀림없이 짜증났을 거야.
______________ annoyed.

응. 그래서 나는 말하고 싶어 / 내가 미안하다고.
Yes. So I want to say I'm sorry.

Mission Question ② 사과

Step 1 Strategic Listening_Before Listening
① invite   ② apologize   ③ discuss   ④ thank

Step 2 Chunk Listening_Pronunciation
a letter | on the phone | looked funny

Step 3 Chunk Speaking_Fill in the blanks
look serious | writing a letter | on the phone | I wasn't very nice | She must have been

Mission Question 04

대화를 듣고, 여자가 전화를 한 목적으로 알맞은 것을 고르시오.

중3-교육청 듣기평가 2007년 4월

① 수리 요청　　　　② 교환 요청　　　　③ 식사 초대
④ 물건 주문　　　　⑤ 분실물 신고

STEP 1 · STRATEGIC LISTENING

위 문제의 정답을 찾기 어려웠다면 다음 단계에 따라 다시 듣고 정답을 찾아보세요.

BEFORE LISTENING
먼저 지시문과 선택지를 통해 대화의 성격을 파악하세요.

① 수리 요청 _______________________
② 교환 요청 _______________________
③ 식사 초대 _______________________
④ 물건 주문 _______________________
⑤ 분실물 신고 _______________________

WHILE LISTENING
담화의 목적은 앞부분이나 뒷부분에 제시됩니다!

M　My name is Mark. How can I help you?
W　Hello. I'm having a problem (　　　　　　　　　　　　).

How can I help you?는 전화를 건 목적을 물어보는 표현이기 때문에 다음에 오는 표현들은 정답과 밀접한 관련이 있어요.

FINDING ANSWER
방문하거나 전화를 건 사람의 말을 주의해서 들으세요.

W　Hello. I'm having a problem with my new washing machine. It's making a lot of funny noises.
Can you please (　　　　　　　　　　)?

Can you please... 표현을 통해서 '여자가 부탁을 하는구나' 라는 걸 알 수 있어요. 이와 같은 표현들을 주목하면 답을 찾기 쉽겠죠?

Pronunciation

앞서 풀어본 문제의 스크립트입니다. 대화를 듣고 정확한 표현을 골라보세요.

 *A telephone rings.*

M Hello. This is Magic Customer Service. My name is Mark. How **(can I have / can I help)** you?

W Hello. **(I'm heading a / I'm having a)** problem with my new washing machine. It's making a lot of funny noises. **(Can you please send someone here / Can you please send someone over)** to fix the problem?

M Sure, **(we can become by / we can come by)** tomorrow. When will you be at home?

W I'll be at home around 6 o'clock.

M What's your address?

W I live at 2508 Washington Street.

M Great. **(We'll beat that / We'll be there)** tomorrow at six. See you then.

W Thank you.

Chunk Training

다음을 듣고 강세가 느껴지는 단어에 O 표시하고, 끊어 읽는 부분에 / 표시하세요.

 *A telephone rings.*

M Hello. This is Magic Customer Service. My name is Mark. How can I help you?

W Hello. I'm having a problem / with my new washing machine. It's making a lot of funny noises. Can you please send someone over to fix the problem?

M Sure, we can come by tomorrow. When will you be at home?

W I'll be at home around 6 o'clock.

M What's your address?

W I live at 2508 Washington Street.

M Great. We'll be there tomorrow at six. See you then.

W Thank you.

Chunk List

대화문에 등장한 핵심 chunk입니다. 다섯 번씩 소리 내어 읽고 적어 보세요.

	① ② ③ ④ ⑤		① ② ③ ④ ⑤
washing machine 세탁기	☑ ☐ ☐ ☐ ☐	a lot of 많은	☐ ☐ ☐ ☐ ☐
fix the problem 문제를 해결하다	☐ ☐ ☐ ☐ ☐	by tomorrow 내일까지	☐ ☐ ☐ ☐ ☐
What's your address ~? 주소가 어떻게 되세요?	☐ ☐ ☐ ☐ ☐	around 6 o'clock 약 6시에	☐ ☐ ☐ ☐ ☐

Intonation

이번에는 영어의 느낌을 살려서 인토네이션과 강세(파랑, 분홍 글씨), 끊어 읽기(/ 한번 호흡)에 유의하여 다섯 번씩 소리 내어 읽어보세요.

M　Hello. This is magic customer service.
　　My name is Mark. How can I help you?　① ☑ ② ☐ ③ ☐ ④ ☐ ⑤ ☐

W　Hello. I'm having a problem / with my new washing machine.
　　It's making / a lot of funny noises.
　　Can you please send someone over / to fix the problem?　☐ ☐ ☐ ☐ ☐

M　Sure, we can come / by tomorrow. When will you be at home?　☐ ☐ ☐ ☐ ☐

W　I'll be at home / around 6 o'clock.　☐ ☐ ☐ ☐ ☐

M　What's your address?　☐ ☐ ☐ ☐ ☐

W　I live / at 2508 washington street.　☐ ☐ ☐ ☐ ☐

M　Great. We'll be there tomorrow / at six. See you then.　☐ ☐ ☐ ☐ ☐

W　Thank you.　☐ ☐ ☐ ☐ ☐

이번에는 학습한 chunk를 활용해볼까요? 상황에 맞게 빈칸을 채워 말해보세요.

📞 *A telephone rings.*

안녕하세요. 여기는 Handy Customer Service입니다. 제 이름은 James입니다. 무엇을 도와드릴까요?
Hello. This is Handy Customer Service. My name is James. How may I help you?

안녕하세요. 나는 문제가 있어요 / 나의 새 냉장고에. 그것은 내고 있어요 / 많은 이상한 소음을.
Hello. _______________________ my new refrigerator. _______________________.

누군가를 보내줄 수 있나요 / 이 문제를 고치기 위해서?
Can you please send someone over to fix the problem?

물론이죠. 우리는 갈 수 있습니다 / 내일까지. 언제 집에 있으실 건가요?
Sure, we can come by tomorrow. _______________________?

저는 집에 있을 거예요 / 5시 정도에.
I'll be at home around 5 o'clock.

주소가 어떻게 되십니까?
_______________________?

저는 살아요 / Lincoln Street 508번지에.
I live at 508 Lincoln Street.

좋습니다. 저희는 내일 그 곳에 있을 겁니다 / 5시에. 그때 봐요.
Great. _______________________ tomorrow at five. See you then.

감사합니다.
Thank you.

Mission Question ① 수리 요청

Step 1 Strategic Listening_Before Listening
① repair   ② exchange   ③ have dinner / meal   ④ order   ⑤ lost

Step 2 Chunk Listening_Pronunciation
can I help | I'm having a | Can you please send someone over | we can come by

Step 3 Chunk Speaking_Fill in the blanks
I'm having a problem with | It's making a lot of funny noises | send someone over
When will you be at home | What's your address | We'll be there

대화를 듣고, 여자가 파일을 열지 못하는 이유로 알맞은 것을 고르시오. 중3–교육청 듣기평가 2008년 10월

① 압축 파일이어서
② 컴퓨터가 고장 나서
③ 바이러스에 감염되어서
④ 파일 용량이 너무 커서
⑤ 재생 프로그램이 없어서

STEP 1 · STRATEGIC LISTENING

위 문제의 정답을 찾기 어려웠다면 다음 단계에 따라 다시 듣고 정답을 찾아보세요.

BEFORE LISTENING 먼저 지시문과 선택지를 통해 대화의 성격을 파악하세요.

① 압축 파일이어서 ________________________
② 컴퓨터가 고장 나서 ________________________
③ 바이러스에 감염되어서 ________________________
④ 파일 용량이 너무 커서 ________________________
⑤ 재생 프로그램이 없어서 ________________________

WHILE LISTENING 이유나 원인에 대한 물음에 주의해서 듣도록 합니다.

W Oh, really? (   )?

이유나 원인을 묻는 표현인 Why~? What should I do? 같은 표현을 잘 들어야 해요.

FINDING ANSWER 이유를 묻는 표현에 대한 답을 정확히 들어야합니다.

M You need to download a media player to (   ). I can show you how to do it.

미디어 플레이어를 다운 받아야 파일을 열 수 있다는 핵심 내용이 나오는 부분이에요.

Pronunciation

앞서 풀어본 문제의 스크립트입니다. 대화를 듣고 정확한 표현을 골라보세요.

W **(Do you know everything / Do you know anything)** about computers?

M I know a little. What's up?

W **(My friend sent me / My friend send man)** an e-mail with an attachment, but **(I can't offer / I can't open)** the file.

M **(Let me take / Let me shake)** a look. Oh, it's an audio file.

W Oh, really? What should I do ?

M You need to download a media player to open this file. **(I can sew / I can show)** you how to do it.

Chunk Training

다음을 듣고 강세가 느껴지는 단어에 O 표시하고, 끊어 읽는 부분에 / 표시하세요.

W Do you know / anything about computers?

M I know a little. What's up?

W My friend sent me an e-mail with an attachment, but I can't open the file.

M Let me take a look. Oh, it's an audio file.

W Oh, really? What should I do?

M You need to download a media player to open this file. I can show you how to do it.

Chunk List

대화문에 등장한 핵심 chunk입니다. 다섯 번씩 소리 내어 읽고 적어 보세요.

	① ② ③ ④ ⑤		① ② ③ ④ ⑤
What's up? 무슨 일이니?	☑ ☐ ☐ ☐ ☐	with an attachment 첨부파일과 함께	☐ ☐ ☐ ☐ ☐
take a look 한번 보다	☐ ☐ ☐ ☐ ☐	audio file 음성파일	☐ ☐ ☐ ☐ ☐
You need to ~ 너는 ~할 필요가 있다	☐ ☐ ☐ ☐ ☐	how to do it 그것을 어떻게 하는지	☐ ☐ ☐ ☐ ☐

Intonation

이번에는 영어의 느낌을 살려서 인토네이션과 강세(파랑, 분홍 글씨), 끊어 읽기(/ 한번 호흡)에 유의하여 다섯 번씩 소리 내어 읽어보세요.

	① ② ③ ④ ⑤
W Do you know / anything about computers?	☑ ☐ ☐ ☐ ☐
M I know / a little. what's up?	☐ ☐ ☐ ☐ ☐
W My friend sent me an e-mail / with an attachment, but I can't open the file.	☐ ☐ ☐ ☐ ☐
M Let me / take a look. Oh, it's an audio file.	☐ ☐ ☐ ☐ ☐
W Oh, really? what should I do?	☐ ☐ ☐ ☐ ☐
M You need to / download a media player / to open this file. I can show you / how to do it.	☐ ☐ ☐ ☐ ☐

이번에는 학습한 chunk를 활용해볼까요? 상황에 맞게 빈칸을 채워 말해보세요.

너는 아니 / 컴퓨터에 관한 어떤 것?

                  computers?

나는 알아 / 조금. 무슨 일이니?

I know a little.   ?

내 친구가 내게 이메일을 보냈어 / 첨부 파일과 함께. 그러나 나는 파일을 열 수 없어.

My friend sent me an e-mail with an attachment, but I can't open the file.

내가 한 번 볼게. 오, 이건 비디오 파일이야.

           . Oh, it's an video file.

오, 정말? 내가 무엇을 해야 하니?

Oh, really?   ?

너는 ~할 필요가 있어 / 미디어 플레이어를 다운로드하다 / 이 파일을 열기 위해서. 나는 너에게 보여줄 수 있어

You need to download a media player to open this file. I can show you

어떻게 그것을 하는지.

how to do it.

Mission Question ⑤ 재생 프로그램이 없어서

Step 1 Strategic Listening_Before Listening
① file contracted ② computer is broken ③ virus ④ file is big ⑤ open the file

Step 2 Chunk Listening_Pronunciation
Do you know anything | My friend sent me | I can't open | Let me take | I can show

Step 3 Chunk Speaking_Fill in the blanks
Do you know anything about | What's up | Let me take a look | What should I do

Mission Question 06

대화를 듣고, 남자가 환불을 받을 수 <u>없는</u> 이유를 고르시오.

중3-교육청 듣기평가 2009년 9월

① 영수증이 없기 때문에
② 가격표가 없기 때문에
③ 환불가능 기간이 지났기 때문에
④ 상품을 이미 사용했기 때문에
⑤ 환불이 안 되는 상품이기 때문에

STEP 1 STRATEGIC LISTENING

위 문제의 정답을 찾기 어려웠다면 다음 단계에 따라 다시 듣고 정답을 찾아보세요.

BEFORE LISTENING 먼저 지시문과 선택지를 통해 대화의 성격을 파악하세요

① 영수증 ________________________________
② 가격표 ________________________________
③ 환불 ________________________________
④ 이미 사용했기 때문에 ________________________
⑤ 환불이 안 되는 ________________________

WHILE LISTENING 이유나 원인에 대한 물음에 주의해서 듣도록 합니다.

M That's right. Is there (   )?

What's up?이나 Is there a problem?과 같은 질문이 이유를 물어보는 표현이 돼요. 그 다음 말에 주의해서 들으면 되겠네요.

FINDING ANSWER 이유를 묻는 표현에 대한 답을 정확히 들어야합니다.

W Yes. We can only give you a refund (   ).

환불이 refund라는 내용을 기억하고 듣는다면 정답을 유추하는데 중요한 내용을 더 잘 들을 수 있어요.

Pronunciation

앞서 풀어본 문제의 스크립트입니다. 대화를 듣고 정확한 표현을 골라보세요.

M Hi, I'd like to **(get a refill / get a refund)** for this bag.

W Okay. Do you have a receipt?

M Sure. Here it is.

W Your receipt says that **(you bought / you fought)** this over a month ago.

M That's right. Is there a problem?

W Yes. We can only give you a refund **(with 30 days / within 30 days)**.

M What? I've **(ever used it / never used it)** and the price tag is **(still long / still on)**.

W I'm sorry, there's nothing I can do, sir. That's our store policy.

Chunk Training

다음을 듣고 강세가 느껴지는 단어에 O 표시하고, 끊어 읽는 부분에 / 표시하세요.

M Hi, I'd like / to get a refund for this bag.

W Okay. Do you have a receipt?

M Sure. Here it is.

W Your receipt says that you bought this over a month ago.

M That's right. Is there a problem?

W Yes. We can only give you a refund within 30 days.

M What? I've never used it and the price tag is still on.

W I'm sorry, there's nothing I can do, sir. That's our store policy.

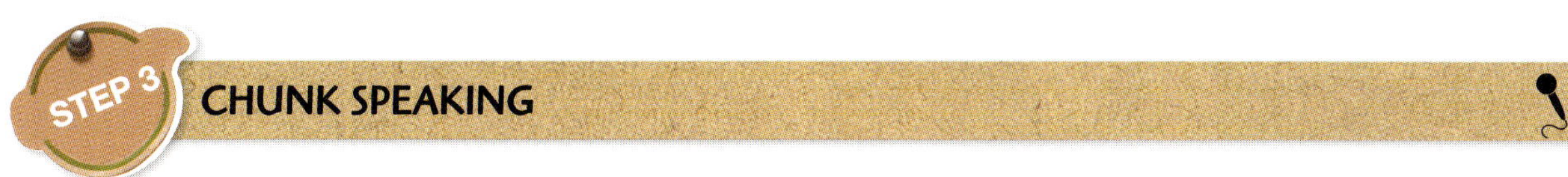

Chunk List

대화문에 등장한 핵심 chunk입니다. 다섯 번씩 소리 내어 읽고 적어 보세요.

	① ② ③ ④ ⑤		① ② ③ ④ ⑤
get a refund 환불을 받다	☑ ☐ ☐ ☐ ☐	over a month ago 한 달 이상 전에	☐ ☐ ☐ ☐ ☐
Here it is 여기 있습니다	☐ ☐ ☐ ☐ ☐	within 30 days 30일 이내에	☐ ☐ ☐ ☐ ☐
price tag is still on 가격표는 여전히 달려 있다	☐ ☐ ☐ ☐ ☐	That's our store policy 그것이 우리 가게 규정이다	☐ ☐ ☐ ☐ ☐

Intonation

이번에는 영어의 느낌을 살려서 인토네이션과 강세(파랑, 분홍 글씨), 끊어 읽기(/ 한번 호흡)에 유의하여 다섯 번씩 소리 내어 읽어보세요.

		① ② ③ ④ ⑤
M	Hi, I'd like to / get a refund / for this bag.	☑ ☐ ☐ ☐ ☐
W	Okay. Do you have a receipt?	☐ ☐ ☐ ☐ ☐
M	Sure. Here it is.	☐ ☐ ☐ ☐ ☐
W	Your receipt says / that you bought this / over a month ago.	☐ ☐ ☐ ☐ ☐
M	That's right. Is there a problem?	☐ ☐ ☐ ☐ ☐
W	Yes. We can only give you a refund / within 30 days.	☐ ☐ ☐ ☐ ☐
M	What? I've never used it / and the price tag is still on.	☐ ☐ ☐ ☐ ☐
W	I'm sorry, there's nothing I can do, sir. That's our store policy.	☐ ☐ ☐ ☐ ☐

이번에는 학습한 chunk를 활용해볼까요? 상황에 맞게 빈칸을 채워 말해보세요.

안녕하세요, 나는 ~하고 싶어요 / 환불받다 / 이 셔츠를.
Hi, I'd like to ____________ for this shirt.

네. 영수증이 있으신가요?
Okay. ____________?

물론이죠. 여기요.
Sure. Here it is.

당신의 영수증에 적혀 있습니다 / 당신이 이것을 샀다고 / 한 달 이상 전에.
Your receipt says that you bought this over a month ago.

맞아요. 문제가 있나요?
That's right. ____________?

네. 우리는 당신에게 환불을 해 줄 수 있습니다 / 30일 이내에만.
Yes. We can only ____________ within 30 days.

뭐라고요? 저는 그걸 한 번도 쓰지 않았어요 / 그리고 가격표도 아직 있어요.
What? ____________ and the ____________.

죄송합니다. 아무것도 없습니다 / 제가 할 수 있다. 그것이 저희 가게 규정입니다.
I'm sorry, there's nothing I can do, sir. ____________.

Chapter 9에서 학습한 핵심 Chunk의 모음입니다. 소리 내어 다섯 번씩 읽고 빈칸에 그 의미를 적어보세요.

	① ② ③ ④ ⑤
My mother bought	☑ ☐ ☐ ☐ ☐
can you tell me?	☐ ☐ ☐ ☐ ☐
how to download music	☐ ☐ ☐ ☐ ☐
May I speak to Jane?	☐ ☐ ☐ ☐ ☐
I'm taking a piano lesson	☐ ☐ ☐ ☐ ☐
No problem!	☐ ☐ ☐ ☐ ☐
what happened to your leg?	☐ ☐ ☐ ☐ ☐
it's my second time	☐ ☐ ☐ ☐ ☐
fell over	☐ ☐ ☐ ☐ ☐
You had your leg broken	☐ ☐ ☐ ☐ ☐
you should try	☐ ☐ ☐ ☐ ☐
a few months ago	☐ ☐ ☐ ☐ ☐
you look serious	☐ ☐ ☐ ☐ ☐
looked funny	☐ ☐ ☐ ☐ ☐
writing a letter	☐ ☐ ☐ ☐ ☐
I wasn't very nice to her	☐ ☐ ☐ ☐ ☐
on the phone	☐ ☐ ☐ ☐ ☐
She must have been upset	☐ ☐ ☐ ☐ ☐
washing machine	☐ ☐ ☐ ☐ ☐
a lot of	☐ ☐ ☐ ☐ ☐
fix the problem	☐ ☐ ☐ ☐ ☐
by tomorrow	☐ ☐ ☐ ☐ ☐
What's your address?	☐ ☐ ☐ ☐ ☐
around 6 o'clock	☐ ☐ ☐ ☐ ☐
What's up?	☐ ☐ ☐ ☐ ☐
with an attachment	☐ ☐ ☐ ☐ ☐
take a look	☐ ☐ ☐ ☐ ☐
audio file	☐ ☐ ☐ ☐ ☐
You need to	☐ ☐ ☐ ☐ ☐
how to do it	☐ ☐ ☐ ☐ ☐
get a refund	☐ ☐ ☐ ☐ ☐
over a month ago	☐ ☐ ☐ ☐ ☐
Here it is	☐ ☐ ☐ ☐ ☐
within 30 days	☐ ☐ ☐ ☐ ☐
price tag is still on	☐ ☐ ☐ ☐ ☐
That's our store policy	☐ ☐ ☐ ☐ ☐

Chapter 10 · Questions with Pictures II

그림 상황 파악

유형

들려주는 다섯 개의 대화중에서 제시된 그림의 상황에 가장 적절한 대화를 고르는 유형으로 매년 한 문항씩 출제되고 있습니다.

BEFORE LISTENING

먼저 그림을 보고 대화의 상황이나 장소가 어디인지를 파악한 후, 두 사람의 신분 관계, 표정, 동작 등을 통해 가능한 대화 내용을 추측하세요.

WHILE LISTENING

▫ 대화를 한번만 들려주니 지나간 대화를 떠올릴 겨를이 없죠. 그러니 대화를 들으면서 정답이 아닌 것은 바로바로 지워나가며 각 대화의 상황을 간단하게 메모하도록 하세요.

▫ 특정한 상황에서 쓰이는 표현에 유의하세요!
짧은 대화로서 특정 표현(try on 등)을 통해 상황이 직접 드러나기도 하니 유의해서 들으세요.

FINDING ANSWER

특정한 상황에서 쓰이는 표현에 유의하세요.

다음 그림의 상황에 가장 알맞은 대화를 고르시오.

중2-교육청 듣기평가 2007년 4월

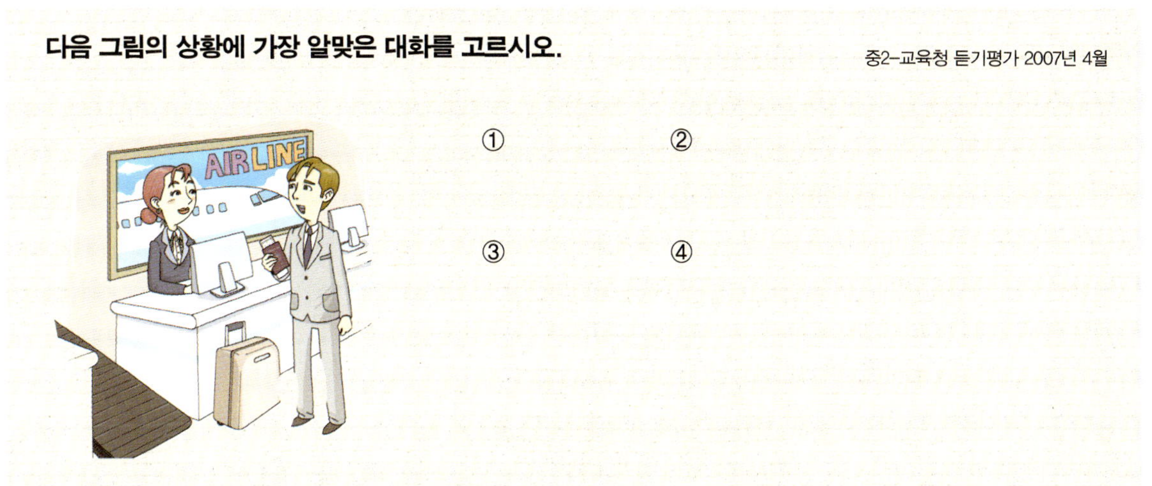

①   ②

③   ④

STEP 1   STRATEGIC LISTENING

위 문제의 정답을 찾기 어려웠다면 다음 단계에 따라 다시 듣고 정답을 찾아보세요.

BEFORE LISTENING   그림을 먼저 살펴보세요.

질문 1. 그림에 있는 Airline은 무슨 뜻이죠?

질문 2. 남자는 무엇을 하고 있나요?

WHILE LISTENING   정답이 아닌 것은 바로 바로 지워 나가세요.

① Can I try this on? (   ) → a shop
② I'm just looking around. (   ) → a shop
③ May I have your passport, please? (   ) → the airport
④ Are you ready to order? (   ) → a restaurant

FINDING ANSWER   특정한 상황에서 쓰이는 표현에 유의하세요

May I have your passport, please?

Pronunciation

앞서 풀어본 문제의 스크립트입니다. 대화를 듣고 정확한 표현을 골라보세요.

① **W** Can I try this on?

 M Sure. **(This way / This weight)**, please.

② **W** May I help you?

 M **(I'm just looking around / I'm just looking round)**.

③ **W** May I have your passport, please?

 M Yes, here you are.

④ **W** Are you ready **(to older / to order)**?

 M Just a minute, please.

Chunk Training

다음을 듣고 강세가 느껴지는 단어에 O 표시하고, 끊어 읽는 부분에 / 표시하세요.

① **W** Can I try this on?

 M Sure. / This way, please.

② **W** May I help you?

 M I'm just looking around.

③ **W** May I have your passport, please?

 M Yes, here you are.

④ **W** Are you ready to order?

 M Just a minute, please.

Chunk List

대화문에 등장한 핵심 chunk입니다. 다섯 번씩 소리 내어 읽고 적어 보세요.

	❶ ❷ ❸ ❹ ❺		❶ ❷ ❸ ❹ ❺
Can I try this on? 제가 이걸 입어 봐도 될까요?	☑ ☐ ☐ ☐ ☐	This way, please 이쪽으로 오세요	☐ ☐ ☐ ☐ ☐
I'm just looking around 그냥 둘러보는 중이에요	☐ ☐ ☐ ☐ ☐	here you are 여기 있어요	☐ ☐ ☐ ☐ ☐
Are you ready to order? 주문하시겠어요?	☐ ☐ ☐ ☐ ☐	Just a minute, please 잠시만요	☐ ☐ ☐ ☐ ☐

Intonation

이번에는 영어의 느낌을 살려서 인토네이션과 강세(파랑, 분홍 글씨), 끊어 읽기(/ 한번 호흡)에 유의하여 다섯 번씩 소리 내어 읽어보세요.

		❶ ❷ ❸ ❹ ❺
① W	Can I try this on?	☑ ☐ ☐ ☐ ☐
M	Sure. This way, please.	☐ ☐ ☐ ☐ ☐
② W	May I help you?	☐ ☐ ☐ ☐ ☐
M	I'm just looking around.	☐ ☐ ☐ ☐ ☐
③ W	May I / have your passport, please?	☐ ☐ ☐ ☐ ☐
M	Yes, here you are.	☐ ☐ ☐ ☐ ☐
④ W	Are you ready / to order?	☐ ☐ ☐ ☐ ☐
M	Just a minute, please.	☐ ☐ ☐ ☐ ☐

이번에는 학습한 chunk를 활용해볼까요? 상황에 맞게 빈칸을 채워 말해보세요.

① 내가 입어봐도 되나요 / 이것을?
Can I ________________ ?

물론이죠. 이쪽으로, / 부탁합니다.
Sure. This way, please.

② 도와드릴까요?
May I help you?

나는 그냥 보고 있는데요.
I'm ________________ .

③ 내가 봐도 되나요 / 당신의 여권을?
________________ passport, please?

네, 여기 있어요.
Yes, here you are.

④ 준비되셨습니까 / 주문하기?
Are you ________________ ?

잠깐만요.
Just a minute, please.

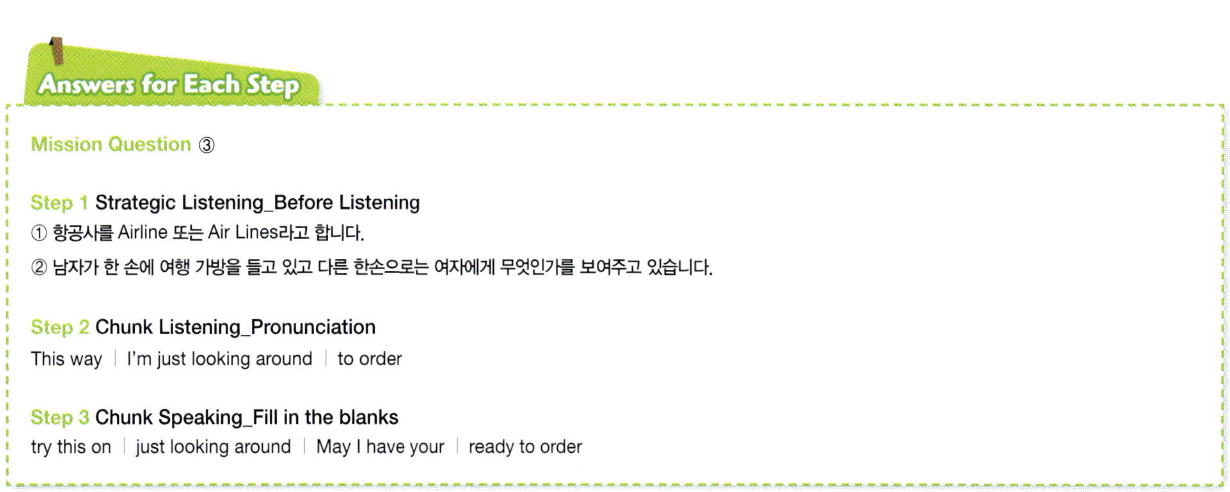

Answers for Each Step

Mission Question ③

Step 1 Strategic Listening_Before Listening
① 항공사를 Airline 또는 Air Lines라고 합니다.
② 남자가 한 손에 여행 가방을 들고 있고 다른 한손으로는 여자에게 무엇인가를 보여주고 있습니다.

Step 2 Chunk Listening_Pronunciation
This way | I'm just looking around | to order

Step 3 Chunk Speaking_Fill in the blanks
try this on | just looking around | May I have your | ready to order

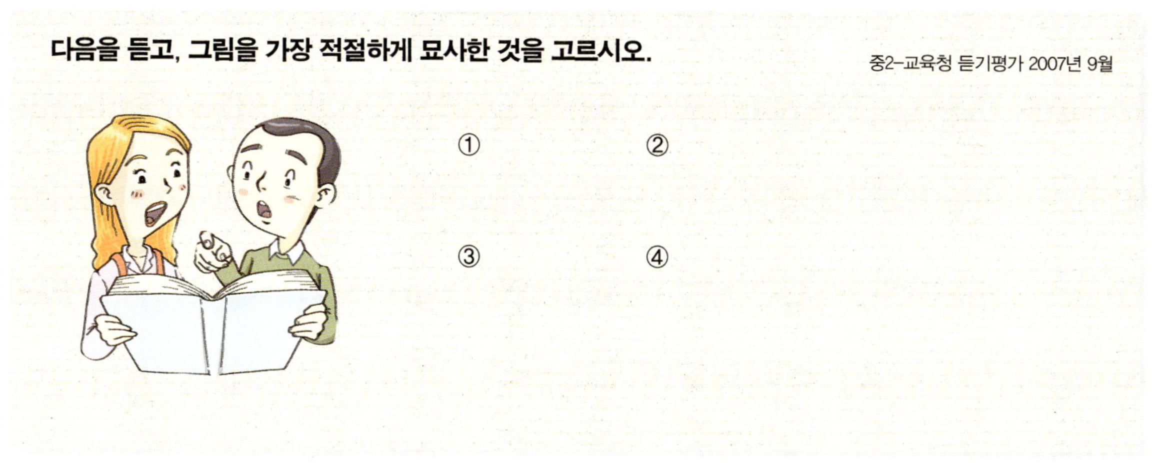

STEP 1   STRATEGIC LISTENING

위 문제의 정답을 찾기 어려웠다면 다음 단계에 따라 다시 듣고 정답을 찾아보세요.

BEFORE LISTENING 그림을 먼저 살펴보세요.

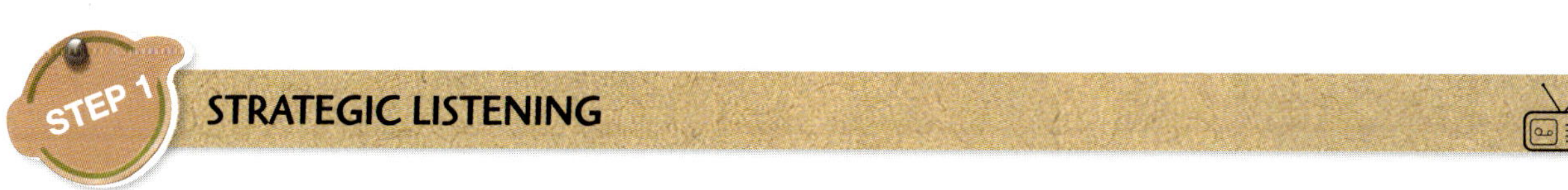

'두 학생이 책을 보고 있다'는 영어로 어떻게 표현할까요?

WHILE LISTENING 정답이 아닌 것은 바로 바로 지워 나가세요.

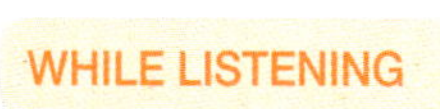

① Two students are going to the library.
② Two students are talking on the phone.
③ Two students are reading a book.
④ Two students are taking care of a baby.

Pronunciation

앞서 풀어본 문제의 스크립트입니다. 설명을 듣고 정확한 표현을 골라보세요.

① **M** Two students are going (**to the library / to the binary**).

② **M** Two students (**are taking on the phone / are talking on the phone**).

③ **M** Two students (**are leading / are reading**) a book.

④ **M** Two students (**are taking carry of / are taking care of**) a baby.

Chunk Training

다음을 듣고 강세가 느껴지는 단어에 O 표시하고, 끊어 읽는 부분에 / 표시하세요.

① **M** Two students / are going to the library.

② **M** Two students are talking on the phone.

③ **M** Two students are reading a book.

④ **M** Two students are taking care of a baby.

Chunk List

설명에 등장한 핵심 chunk입니다. 다섯 번씩 소리 내어 읽고 적어보세요.

	❶ ❷ ❸ ❹ ❺		❶ ❷ ❸ ❹ ❺
going to the library 도서관에 가고 있다	☑ ☐ ☐ ☐ ☐	taking care of baby 아이를 돌보고 있다	☐ ☐ ☐ ☐ ☐
talking on the phone 통화 중이다	☐ ☐ ☐ ☐ ☐	be -ing ～하는 중이다	☐ ☐ ☐ ☐ ☐
reading a book 책을 읽고 있다	☐ ☐ ☐ ☐ ☐		

Intonation

이번에는 영어의 느낌을 살려서 인토네이션과 강세(파랑, 분홍 글씨), 끊어 읽기(/ 한번 호흡)에 유의하여 다섯 번씩 소리 내어 읽어보세요.

① **M**　Two students / are going / to the library.　　❶ ☑ ❷ ☐ ❸ ☐ ❹ ☐ ❺ ☐

② **M**　Two students / are talking on the phone.　　☐ ☐ ☐ ☐ ☐

③ **M**　Two students / are reading a book.　　☐ ☐ ☐ ☐ ☐

④ **M**　Two students / are taking care of / a baby.　　☐ ☐ ☐ ☐ ☐

이번에는 학습한 chunk를 활용해볼까요? 상황에 맞게 빈칸을 채워 말해보세요.

① 두 명의 학생들이 / 가고 있습니다 / 도서관에.
Two students are ______________________ .

② 두 명의 학생들은 / 전화로 얘기하고 있습니다.
Two students are ______________________ .

③ 두 명의 학생들은 / 책을 읽고 있습니다.
Two students are ______________________ .

④ 두 명의 학생들은 / 보살피고 있습니다 / 아기를.
Two students are ______________________ .

Answers for Each Step

Mission Question ③

Step 1 Strategic Listening_Before Listening
Two students are reading a book.

Step 2 Chunk Listening_Pronunciation
to the library │ are talking on the phone │ are reading │ are taking care of

Step 3 Chunk Speaking_Fill in the blanks
going to the library │ talking on the phone │ reading a book │ taking care of a baby

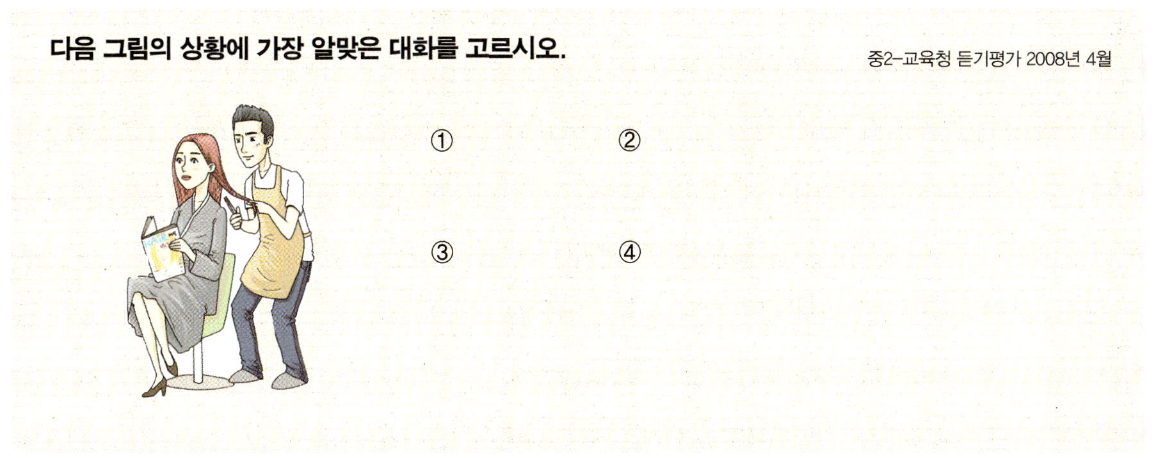

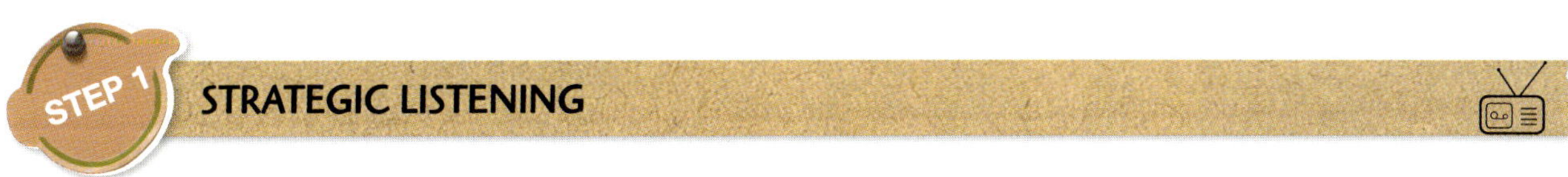

위 문제의 정답을 찾기 어려웠다면 다음 단계에 따라 다시 듣고 정답을 찾아보세요.

그림을 먼저 살펴보세요.

'머리를 어떻게 잘라드릴까요?'는 영어로 어떻게 표현할 수 있을까요?

정답이 아닌 것은 바로 바로 지워 나가세요.

① I want to send this package to London. → a post office
② How do you want me to cut your hair? → a hair shop
③ There is a hair in my sandwich. → a restaurant
④ How would you like your steak? → a restaurant

Pronunciation

앞서 풀어본 문제의 스크립트입니다. 대화를 듣고 정확한 표현을 골라보세요.

① **M** How can I help you?

   W I want **(to send this package / to send this baggage)** to London.

② **M** How do you want me to cut your hair?

   W I'd like to have my hair cut short.

③ **M** There is a hair **(in my sand beach / in my sandwich)**.

   W I'm terribly sorry. I'll get you a new one.

④ **M** How would you like **(your steak / your stick)**?

   W Medium, please.

Chunk Training

다음을 듣고 강세가 느껴지는 단어에 O 표시하고, 끊어 읽는 부분에 / 표시하세요.

① **M** How can I help you?

   W I want **/** to send this package to London.

② **M** How do you want me to cut your hair?

   W I'd like to have my hair cut short.

③ **M** There is a hair in my sandwich.

   W I'm terribly sorry. I'll get you a new one.

④ **M** How would you like your steak?

   W Medium, please.

Chunk List

대화문에 등장한 핵심 chunk입니다. 다섯 번씩 소리 내어 읽고 적어 보세요.

	① ② ③ ④ ⑤		① ② ③ ④ ⑤
send this package 소포를 보내다	☑ ▢ ▢ ▢ ▢	How do you want ~ 어떻게 하길 원하세요?	▢ ▢ ▢ ▢ ▢
in my sandwich 샌드위치 안에	▢ ▢ ▢ ▢ ▢	I'd like to ~하길 원해요	▢ ▢ ▢ ▢ ▢
How would you like your steak? 스테이크를 어떻게 해 드릴까요?	▢ ▢ ▢ ▢ ▢	I'll get you a new one. 새걸로 가져다 드릴게요.	▢ ▢ ▢ ▢ ▢

Intonation

이번에는 영어의 느낌을 살려서 인토네이션과 강세(파랑, 분홍 글씨), 끊어 읽기(/ 한번 호흡)에 유의하여 다섯 번씩 소리 내어 읽어보세요.

① M How can I help you? ☑ ▢ ▢ ▢ ▢

　 W I want / to send this package / to London. ▢ ▢ ▢ ▢ ▢

② M How do you want / me to cut your hair? ▢ ▢ ▢ ▢ ▢

　 W I'd like / to have my hair cut short. ▢ ▢ ▢ ▢ ▢

③ M There is a hair / in my sandwich. ▢ ▢ ▢ ▢ ▢

　 W I'm terribly sorry. I'll get you a new one. ▢ ▢ ▢ ▢ ▢

④ M How would you like / your steak? ▢ ▢ ▢ ▢ ▢

　 W Medium, please. ▢ ▢ ▢ ▢ ▢

이번에는 학습한 chunk를 활용해볼까요? 상황에 맞게 빈칸을 채워 말해보세요.

① 어떻게 도와드릴까요?

________________?

나는 보내고 싶습니다 / 이 소포를 / 뉴욕으로.

I want to ________________ to NewYork.

② 어떻게 잘라드릴까요 / 머리를?

________________ cut your hair?

원합니다 / 짧게 잘라주기를.

I'd like to have my hair cut short.

③ 머리카락이 있습니다 / 내 파스타 안에.

There is a hair in my pasta.

정말 죄송합니다. 내가 주겠습니다 / 당신에게 / 새로운 것을.

I'm terribly sorry. I'll get you a new one.

④ 어떻게 해드릴까요 / 당신의 스테이크를?

________________ your steak?

살짝 익혀 주세요.

Rare, please.

Mission Question ②

Step 1 Strategic Listening_Before Listening
How do you want me to cut your hair? / How should I cut your hair?
How would you like your hair? / What style of hair do you want?

Step 2 Chunk Listening_Pronunciation
to send this package │ in my sandwich │ your steak

Step 3 Chunk Speaking_Fill in the blanks
How can I help you │ send this package │ How do you want me to │ How would you like

다음을 듣고 그림의 상황에 어울리는 대화를 고르시오.

중3–교육청 듣기평가 2008년 4월

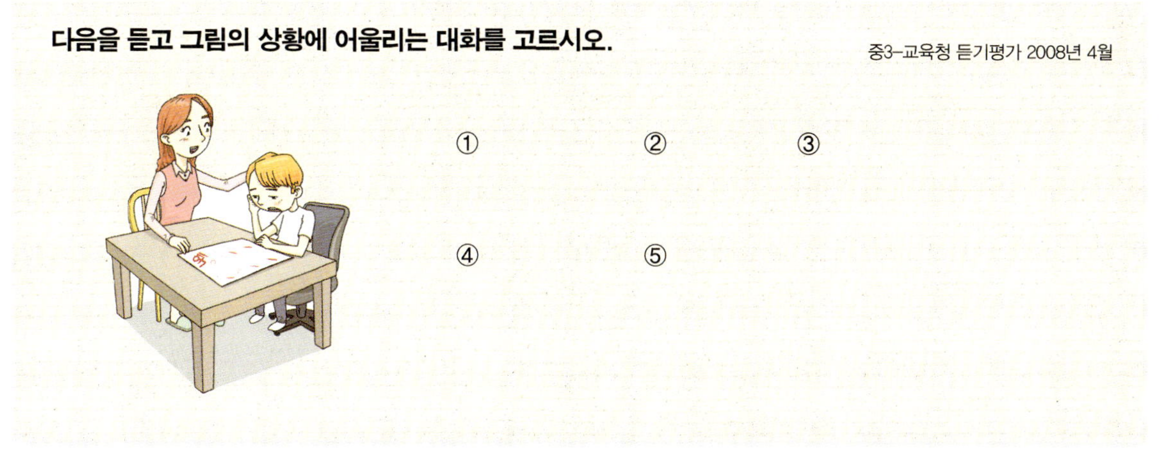

①   ②   ③

④   ⑤

STEP 1   **STRATEGIC LISTENING**

위 문제의 정답을 찾기 어려웠다면 다음 단계에 따라 다시 듣고 정답을 찾아보세요.

BEFORE LISTENING   그림을 먼저 살펴보며 상황이나 장소가 어디인지를 파악합니다.

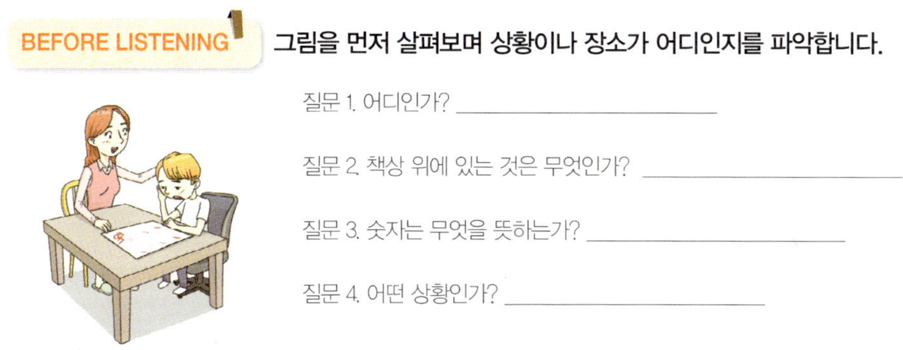

질문 1. 어디인가? _______________________

질문 2. 책상 위에 있는 것은 무엇인가? _______________________

질문 3. 숫자는 무엇을 뜻하는가? _______________________

질문 4. 어떤 상황인가? _______________________

WHILE LISTENING   정답이 아닌 것은 바로 지워나갑니다.

① **W** Yes, I'm looking for a blouse.
② **W** I'm washing the dishes.
③ **M** I got a poor grade in English.
④ **M** I've lost some weight.
⑤ **M** I broke my arm.

FINDING ANSWER   특정 상황에서 쓰이는 표현에 유의하세요.

A I got a poor grade in English.
B Cheer up!

Pronunciation

앞서 풀어본 문제의 스크립트입니다. 대화를 듣고 정확한 표현을 골라보세요.

① **M** Can I help you?

W Yes, (**I'm looking for a bloom / I'm looking for a blouse**).

② **M** What are you doing now?

W (**I'm washing / I'm watching**) the dishes.

③ **M** (**I got a full grade / I got a poor grade**) in English.

W Cheer up. You'll do better next time.

④ **M** (**I've lost summer way / I've lost some weight**).

W Good for you.

⑤ **M** (**I broke my arm / I broken arm**).

W What happened?

Chunk Training

다음을 듣고 강세가 느껴지는 단어에 O 표시하고, 끊어 읽는 부분에 / 표시하세요.

① **M** Can I help you?

W Yes, I'm looking for / a blouse.

② **M** What are you doing now?

W I'm washing the dishes.

③ **M** I got a poor grade in English.

W Cheer up. You'll do better next time.

④ **M** I've lost some weight.

W Good for you.

⑤ **M** I broke my arm.

W What happened?

Chunk List

대화문에 등장한 핵심 chunk입니다. 다섯 번씩 소리 내어 읽고 적어 보세요.

	① ② ③ ④ ⑤		① ② ③ ④ ⑤
I'm looking for a blouse 나는 블라우스 찾고 있다	☑ ☐ ☐ ☐ ☐	I'm washing the dishes 나는 설거지를 하고 있다	☐ ☐ ☐ ☐ ☐
I got a poor grade 나는 형편없는 점수를 받았다	☐ ☐ ☐ ☐ ☐	cheer up 힘내	☐ ☐ ☐ ☐ ☐
I lost some weight 나는 약간의 몸무게를 뺐다	☐ ☐ ☐ ☐ ☐	What happened? 무슨 일 있었니?	☐ ☐ ☐ ☐ ☐

Intonation

이번에는 영어의 느낌을 살려서 인토네이션과 강세(파랑, 분홍 글씨), 끊어 읽기(/ 한번 호흡)에 유의하여 다섯 번씩 소리 내어 읽어보세요.

① M Can I help you? ☑ ☐ ☐ ☐ ☐

W Yes, I'm looking for / a blouse. ☐ ☐ ☐ ☐ ☐

② M what are you doing / now? ☐ ☐ ☐ ☐ ☐

W I'm / washing the dishes. ☐ ☐ ☐ ☐ ☐

③ M I got a poor grade / in English. ☐ ☐ ☐ ☐ ☐

W cheer up. / You'll do better / next time. ☐ ☐ ☐ ☐ ☐

④ M I've lost some weight. ☐ ☐ ☐ ☐ ☐

W Good for you. ☐ ☐ ☐ ☐ ☐

⑤ M I broke my arm. ☐ ☐ ☐ ☐ ☐

W What happened? ☐ ☐ ☐ ☐ ☐

이번에는 학습한 chunk를 활용해볼까요? 상황에 맞게 빈칸을 채워 말해보세요.

① 무엇을 도와드릴까요?

        ?

  네, 저는 찾고 있어요 / 목걸이를.

Yes,   a necklace.

② 너 무엇을 / 지금 하고 있니?

        ?

  나는 울타리를 고치는 중이야.

I'm fixing the fence.

③ 나는 나쁜 점수를 받았어 / 과학에서.

         Science.

  힘내. 너는 잘 할 거야 / 다음에.

        .   .

④ 나는 몸무게를 조금 뺐어.

I've lost some weight.

  너한테는 잘 됐다.

        .

⑤ 나는 내 다리를 다쳤어.

I broke my leg.

  무슨 일 있었니?

        ?

Answers for Each Step

Mission Question ③

Step 1 Strategic Listening_Before Listening
① 방 안 ② 시험지 ③ 시험 성적 ④ 시험성적이 나빠서 위로한다.

Step 2 Chunk Listening_Pronunciation
I'm looking for a blouse │ I'm washing │ I got a poor grade │ I've lost some weight │ I broke my arm

Step 3 Chunk Speaking_Fill in the blanks
Can I help you │ I'm looking for │ What are you doing now │ I got a poor grade in │ Cheer up
You'll do better next time │ Good for you │ What happened

다음을 듣고 그림의 상황에 가장 잘 어울리는 대화를 고르시오.

중2-교육청 듣기평가 2007년 4월

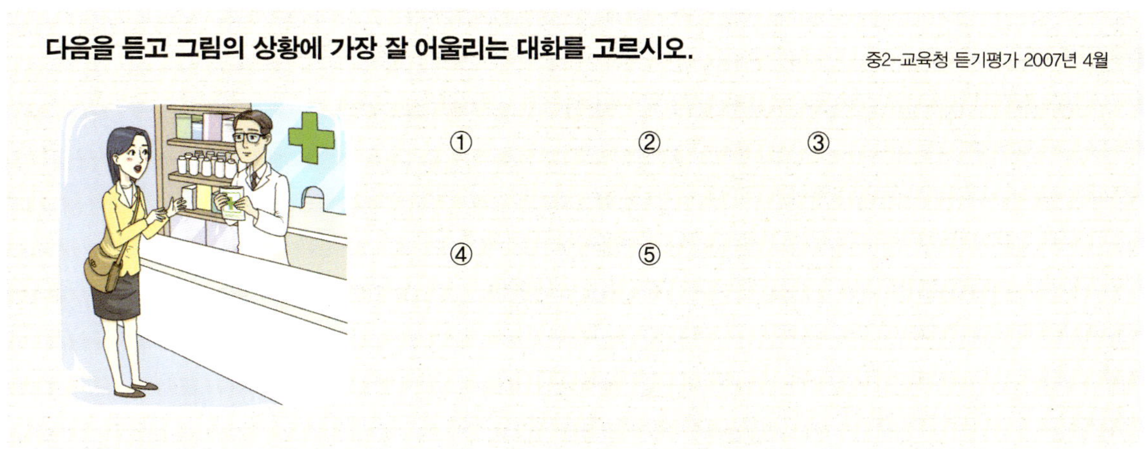

① ② ③

④ ⑤

STEP 1 STRATEGIC LISTENING

위 문제의 정답을 찾기 어려웠다면 다음 단계에 따라 다시 듣고 정답을 찾아보세요.

BEFORE LISTENING 그림을 먼저 살펴보며 상황이나 장소가 어디인지를 파악하세요.

질문 1. 어디인가? ______________________________

질문 2. 어떤 상황인가? ______________________________

WHILE LISTENING 정답이 아닌 것은 바로 바로 지워 나가세요.

① **M** It's five dollars for an adult.
② **W** Where can I find travel books?
③ **M** I'd like to send this package to Canada.
④ **W** What's the purpose of your visit?
⑤ **W** How often should I take this medicine?

FINDING ANSWER 특정한 상황에서 쓰이는 표현에 유의하세요.

A How often should I take this medicine?
B Three times a day after a meal.

Pronunciation

앞서 풀어본 문제의 스크립트입니다. 대화를 듣고 정확한 표현을 골라보세요.

① **W** **(How much is that feel / How much is the fee)**?

M It's five dollars for an adult.

② **W** Where can I find travel books?

M **(They're on / There are on)** the next shelf.

③ **W** May I help you?

M **(I'd like too sold / I'd like to send)** this package to Canada.

④ **W** What's the purpose of your visit?

M **(I'm here / I'm hearing)** on holiday.

⑤ **W** **(How open / How often)** should I take this medicine?

M Three times a day after meals.

Chunk Training

다음을 듣고 강세가 느껴지는 단어에 O 표시하고, 끊어 읽는 부분에 / 표시하세요.

① **W** How much / is the fee?

M It's five dollars for an adult.

② **W** Where can I find travel books?

M They're on the next shelf.

③ **W** May I help you?

M I'd like to send this package to Canada.

④ **W** What's the purpose of your visit?

M I'm here on holiday.

⑤ **W** How often should I take this medicine?

M Three times a day after meals.

Chunk List

대화문에 등장한 핵심 chunk입니다. 다섯 번씩 소리 내어 읽고 적어 보세요.

	① ② ③ ④ ⑤		① ② ③ ④ ⑤
How much is the fee? 요금이 얼마입니까?	☑ ☐ ☐ ☐ ☐	**I'm here on holiday** 저는 휴가로 여기 와 있습니다	☐ ☐ ☐ ☐ ☐
on the next shelf 다음 선반에	☐ ☐ ☐ ☐ ☐	**What's the purpose~** 목적이 무엇이니?	☐ ☐ ☐ ☐ ☐
for an adult 어른은	☐ ☐ ☐ ☐ ☐	**Three times a day** 하루에 세 번	☐ ☐ ☐ ☐ ☐

Intonation

이번에는 영어의 느낌을 살려서 인토네이션과 강세(파랑, 분홍 글씨), 끊어 읽기(/ 한번 호흡)에 유의하여 다섯 번씩 소리 내어 읽어보세요.

① **W** HOw mUch is the fEe?

　M It's fIve dOllars / for an adUlt.

② **W** whEre can I fInd / trAvel bOOks?

　M They're / on the nExt shelf.

③ **W** May I hElp you?

　M I'd like to / sEnd this pAckage / to cAnada.

④ **W** whAt's the pUrpose / of your vIsit?

　M I'm here on hOliday.

⑤ **W** HOw Often / should I tAke this mEdicine?

　M Three tImes a day / after mEals.

이번에는 학습한 chunk를 활용해볼까요? 상황에 맞게 빈칸을 채워 말해보세요.

① 얼마인가요 / 요금이?
　　　　　　　　　　　　is the fee?

6달러입니다/ 어른은.
It's six dollars for an adult.

② 어디서 제가 찾을 수 있나요 / 언어 책을?
　　　　　　　　　　　　language books?

그것들은 있습니다 / 다음 책장에.
They're on the next shelf.

③ 무엇을 도와드릴까요?
　　　　　　　　　　　　?

나는 ~하고 싶어요 / 이 짐을 보내다 / 중국으로.
　　　　　　　　　　　　send this package to China.

④ 목적이 무엇입니까 / 당신의 방문의?
　　　　　　　　　　　　your visit?

나는 여기 왔습니다 / 휴가로.
　　　　　　　　　　　　.

⑤ 얼마나 자주 / 제가 이 알약을 먹어야 하나요?
　　　　　　　　　　　　should I take this pill?

하루에 3회 / 식후에.
Three times a day after meals.

Answers for Each Step

Mission Question ⑤

Step 1 Strategic Listening_Before Listening
① 약국　② 약을 처방받고 있다.

Step 2 Chunk Listening_Pronunciation
How much is the fee │ They're on │ I'd like to send │ I'm here │ How often

Step 3 Chunk Speaking_Fill in the blanks
How much │ Where can I find │ May I help you │ I'd like to │ What's the purpose of │ I'm here on holiday │ How often

다음을 듣고, 그림의 상황에 가장 어울리는 대화를 고르시오.

중3-교육청 듣기평가 2009년 9월

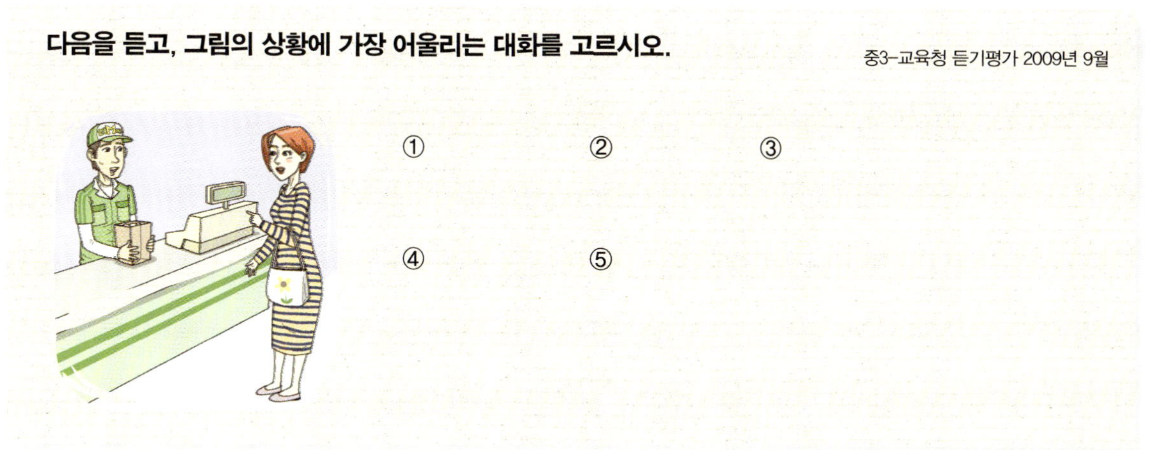

①   ②   ③

④   ⑤

STEP 1   STRATEGIC LISTENING

위 문제의 정답을 찾기 어려웠다면 다음 단계에 따라 다시 듣고 정답을 찾아보세요.

BEFORE LISTENING   그림을 먼저 살펴보며 상황이나 장소가 어디인지를 파악하세요.

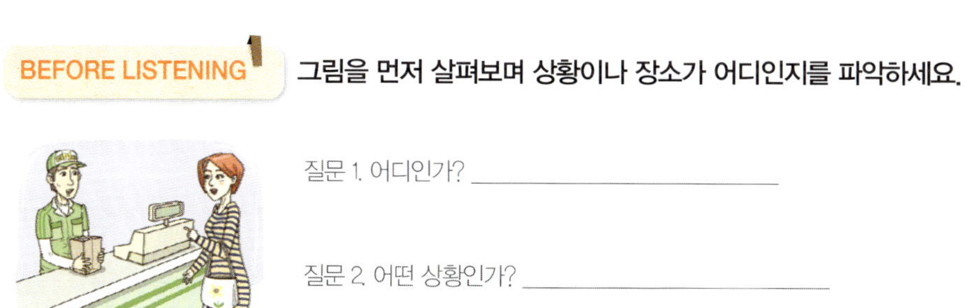

질문 1. 어디인가? _______________________

질문 2. 어떤 상황인가? _______________________

WHILE LISTENING   정답이 아닌 것은 바로 바로 지워 나가세요.

FINDING ANSWER   특정한 상황에서 쓰이는 표현에 유의하세요!

M How would you like to pay?
W I'll pay with the cash.

Pronunciation

앞서 풀어본 문제의 스크립트입니다. 대화를 듣고 정확한 표현을 골라보세요.

① **M** (**What did you / What is your**) favorite hobby?

W I love swimming.

② **M** (**Can I trying / Can I try**) on this shirt?

W Sure, go ahead.

③ **M** (**Does this bus / Does that bus**) go to City Hall?

W No, you should take bus number 301.

④ **M** (**How would you like two pays / How would you like to pay**)?

W I'll pay with cash.

⑤ **M** Excuse me, is there a restroom nearby?

W Yes, (**it's just around the corn / it's just around the corner**).

Chunk Training

다음을 듣고 강세가 느껴지는 단어에 O 표시하고, 끊어 읽는 부분에 / 표시하세요.

① **M** What is your favorite hobby?

W I love swimming.

② **M** Can I try on / this shirt?

W Sure, go ahead.

③ **M** Does this bus go to City Hall?

W No, you should take bus number 301.

④ **M** How would you like to pay?

W I'll pay with cash.

⑤ **M** Excuse me, is there a restroom nearby?

W Yes, it's just around the corner.

Chunk List

대화문에 등장한 핵심 chunk입니다. 다섯 번씩 소리 내어 읽고 적어 보세요.

	① ② ③ ④ ⑤		① ② ③ ④ ⑤
try on 입어보다	☑ ☐ ☐ ☐ ☐	go ahead 그러세요	☐ ☐ ☐ ☐ ☐
take bus 버스를 타다	☐ ☐ ☐ ☐ ☐	with cash 현금으로	☐ ☐ ☐ ☐ ☐
around the coner 모퉁이를 돈 곳에	☐ ☐ ☐ ☐ ☐		

Intonation

이번에는 영어의 느낌을 살려서 인토네이션과 강세(파랑, 분홍 글씨), 끊어 읽기(/ 한번 호흡)에 유의하여 다섯 번씩 소리 내어 읽어보세요.

		① ② ③ ④ ⑤
① M	What is your favorite hobby?	☑ ☐ ☐ ☐ ☐
W	I love swimming.	☐ ☐ ☐ ☐ ☐
② M	Can I try on / this shirt?	☐ ☐ ☐ ☐ ☐
W	Sure, go ahead.	☐ ☐ ☐ ☐ ☐
③ M	Does this bus / go to City Hall?	☐ ☐ ☐ ☐ ☐
W	No, you should / take bus number 301.	☐ ☐ ☐ ☐ ☐
④ M	How would you like to pay?	☐ ☐ ☐ ☐ ☐
W	I'll pay / with cash.	☐ ☐ ☐ ☐ ☐
⑤ M	Excuse me, is there a restroom / nearby?	☐ ☐ ☐ ☐ ☐
W	Yes, / it's just around the corner.	☐ ☐ ☐ ☐ ☐

이번에는 학습한 chunk를 활용해볼까요? 상황에 맞게 빈칸을 채워 말해보세요.

① 네가 가장 좋아하는 취미가 뭐니?
What is your favorite hobby?

나는 사랑해 / 등산을.
I love to climb mountains.

② 내가 입어 볼 수 있나요 / 이 치마를?
________________ this skirt?

물론이죠, 입어보세요.
________________ .

③ 이 버스는 ~하나요 / 공공 도서관에 가다?
Does this bus go to the Public Library?

아니오, 당신은 ~해야 합니다 / 506번 버스를 타다.
No, ________________ bus number 506.

④ 어떻게 계산하시겠습니까?
________________ ?

나는 지불할 겁니다 / 신용카드로.
________________ credit card.

⑤ 실례합니다, 화장실이 있나요 / 근처에?
Excuse me, is there a restroom nearby?

네, 그건 모퉁이 돌아서 바로입니다.
Yes, it's ________________ .

Mission Question ④

Step 1 Strategic Listening_Before Listening
① 슈퍼마켓, 편의점   ② 물건을 계산하고 있다.

Step 2 Chunk Listening_Pronunciation
What is your ┃ Can I try ┃ Does this bus ┃ How would you like to pay ┃ it's just around the corner

Step 3 Chunk Speaking_Fill in the blanks
Can I try on ┃ Sure, go ahead ┃ you should take ┃ How would you like to pay ┃ I'll pay with ┃ just around the corner

Chunk Review

Chapter 10에서 학습한 핵심 Chunk의 모음입니다. 소리 내어 다섯 번씩 읽고 빈칸에 그 의미를 적어보세요.

Chunk	의미	① ② ③ ④ ⑤
Can I try this on?		☑ ☐ ☐ ☐ ☐
This way, please		☐ ☐ ☐ ☐ ☐
I'm just looking around		☐ ☐ ☐ ☐ ☐
here you are		☐ ☐ ☐ ☐ ☐
Are you ready to order?		☐ ☐ ☐ ☐ ☐
Just a minute, please		☐ ☐ ☐ ☐ ☐
going to the library		☐ ☐ ☐ ☐ ☐
taking care of baby		☐ ☐ ☐ ☐ ☐
talking on the phone		☐ ☐ ☐ ☐ ☐
be –ing		☐ ☐ ☐ ☐ ☐
reading a book		☐ ☐ ☐ ☐ ☐
send this package		☐ ☐ ☐ ☐ ☐
How do you want		☐ ☐ ☐ ☐ ☐
in my sandwich		☐ ☐ ☐ ☐ ☐
I'd like to		☐ ☐ ☐ ☐ ☐
How would you like your steak?		☑ ☐ ☐ ☐ ☐
I'll get you a new one.		☐ ☐ ☐ ☐ ☐
I'm looking for a blouse		☐ ☐ ☐ ☐ ☐
I'm washing the dishes		☐ ☐ ☐ ☐ ☐
I got a poor grade		☐ ☐ ☐ ☐ ☐
cheer up		☐ ☐ ☐ ☐ ☐
I lost some weight		☐ ☐ ☐ ☐ ☐
What happened?		☐ ☐ ☐ ☐ ☐
How much is the fee?		☐ ☐ ☐ ☐ ☐
I'm here on holiday		☐ ☐ ☐ ☐ ☐
on the next shelf		☐ ☐ ☐ ☐ ☐
What's the purpose		☐ ☐ ☐ ☐ ☐
for an adult		☐ ☐ ☐ ☐ ☐
Three times a day		☐ ☐ ☐ ☐ ☐
try on		☐ ☐ ☐ ☐ ☐
go ahead		☐ ☐ ☐ ☐ ☐
take bus		☐ ☐ ☐ ☐ ☐
with cash		☐ ☐ ☐ ☐ ☐
around the coner		☐ ☐ ☐ ☐ ☐

Chapter 11 Guessing Last Responses

마지막 말에 이어질 응답 추론

 **유형**

매년 세 문항씩 출제되고 있는 적절한 응답 고르기는 듣기의 형태로 말하기 능력을 간접 평가하는 문제 유형입니다. 이 유형은 도표나 일정표를 보면서 적절한 응답을 고르는 형태로도 출제될 수 있습니다.

BEFORE LISTENING

대화를 들으면서 선택지를 읽으면 집중력이 떨어지니 미리 선택지 내용을 파악하세요.

WHILE LISTENING

전체적인 내용 이해가 있어야 오답을 피할 수 있어요. 전반적인 대화 내용을 이해하지 못하고 마지막 말에만 근거하여 답을 찾지 않도록 하세요!

FINDING ANSWER

▫ 대화의 마지막 말에 집중하세요.
대화의 **마지막 말을 특히 주의해서 듣고, 그 말의 의도(질문, 격려, 푸념, 칭찬, 원망 등)를 파악하도록 하세요.** 마지막 말이 의문문인 경우에는 사용된 의문사에 따라 답이 가능한 선택지를 어느 정도는 구별할 수 있습니다. 하지만 마지막 말에만 근거하지 않는 것이 매우 중요합니다.

대화를 듣고, 남자의 마지막 말에 이어질 여자의 응답으로 가장 알맞은 것을 고르시오.

중2-교육청 듣기평가 2007년 9월

① Why not?
② Good for you.
③ That's too bad.
④ You're welcome.

STEP 1　STRATEGIC LISTENING

위 문제의 정답을 찾기 어려웠다면 다음 단계에 따라 다시 듣고 정답을 찾아보세요.

BEFORE LISTENING　먼저 선택지를 읽어 두세요.

① Why not? _______________________
② Good for you. _______________________
③ That's too bad. _______________________
④ You're welcome. _______________________

WHILE LISTENING　핵심어를 듣고 중심 화제를 파악하세요.

'Big Bang's new CD, I love heir music. 등에서 중심 화제는 가수 빅뱅의 새 음반이라는 것을 알 수 있네요

FINDING ANSWER　대화의 마지막 말에 집중하세요.

마지막에 남자가 Can I borrow it later?라고 물었으니까 여자는 승낙, 또는 거절의 말을 해야겠죠. 정답은 ① Why not?입니다.

CHUNK LISTENING 

Pronunciation

앞서 풀어본 문제의 스크립트입니다. 대화를 듣고 정확한 표현을 골라보세요.

M What **(are you doing / are you done it)**?

W **(I'm listing to / I'm listening to)** music. I've just bought 'Big Bang's new CD.

M Really? I love their music. What do you think of their new songs?

W They are great.

M I knew it! Can I **(blow it / borrow it)** later?

W _______________________

Chunk Training

다음을 듣고 강세가 느껴지는 단어에 O 표시하고, 끊어 읽는 부분에 / 표시하세요.

M What are you doing?

W I'm listening to music. I've just bought / 'Big Bang's new CD.

M Really? I love their music. What do you think of their new songs?

W They are great.

M I knew it! Can I borrow it later?

W _______________________

CHUNK SPEAKING

Chunk List

대화문에 등장한 핵심 chunk입니다. 다섯 번씩 소리 내어 읽고 적어 보세요.

	① ② ③ ④ ⑤		① ② ③ ④ ⑤
What are you doing? 무엇을 하고 있니?	☑ ☐ ☐ ☐ ☐	What do you think of ~넌 어떻게 생각해?	☐ ☐ ☐ ☐ ☐
I'm listening to music 난 음악 듣고 있어	☐ ☐ ☐ ☐ ☐	Can I borrow it later? 나중에 빌려도 될까?	☐ ☐ ☐ ☐ ☐
I knew it 그럴 줄 알았어	☐ ☐ ☐ ☐ ☐	I've just ~ 막 ~하다	☐ ☐ ☐ ☐ ☐

Intonation

이번에는 영어의 느낌을 살려서 인토네이션과 강세(파랑, 분홍 글씨), 끊어 읽기(/ 한번 호흡)에 유의하여 다섯 번씩 소리 내어 읽어보세요.

	① ② ③ ④ ⑤
M What are you dOing?	☑ ☐ ☐ ☐ ☐
W I'm listening to music. I've just bOUght / 'Big Bang's new CD.	☐ ☐ ☐ ☐ ☐
M REally? I lOve / their music. What do you think of / their new sOngs?	☐ ☐ ☐ ☐ ☐
W They are grEat.	☐ ☐ ☐ ☐ ☐
M I knew it! Can I / bOrrow it / later?	☐ ☐ ☐ ☐ ☐

이번에는 학습한 chunk를 활용해볼까요? 상황에 맞게 빈칸을 채워 말해보세요.

무엇을 하고 있니?
What are you doing?

나는 음악을 듣고 있어. 나는 막 샀어 / 소녀시대의 새 CD를.
________________ music. ________________ 'Girl's Generation's new CD.

정말? 나는 좋아해 / 그들의 음악을. 너는 어떻게 생각해 / 그들의 새로운 노래를?
Really? I love their music. ________________ their new songs?

그것들은 정말 환상적이야.
They are fantastic.

그럴 줄 알았어! 내가 빌릴 수 있니 / 그것을 / 나중에?
I knew it! Can I ________________ later?

대화를 듣고, 남자의 마지막 말에 이어질 여자의 응답으로 가장 알맞은 것을 고르시오.

중2–교육청 듣기평가 200년 4월

① That's not mine.
② You're welcome.
③ No, thanks. I'm full.
④ Oh, I'm sorry to hear that.

STRATEGIC LISTENING

위 문제의 정답을 찾기 어려웠다면 다음 단계에 따라 다시 듣고 정답을 찾아보세요.

BEFORE LISTENING 먼저 선택지를 읽어 둔다.

① That's not mine. _______________________________
② You're welcome. _______________________________
③ No, thanks. I'm full. _______________________________
④ Oh, I'm sorry to hear that. _______________________________

WHILE LISTENING 핵심어를 듣고 중심 화제를 파악하세요.

your camera, broken. What happened

→ 카메라, 부서진, 무슨 일이야?를 듣고 중심 화제를 파악해야 해요.

FINDING ANSWER 대화의 마지막 말에 집중하세요.

I dropped it while I was riding my bike.

자전거를 타다가 카메라를 떨어뜨렸대요. 그렇다면 위로의 한 마디를 건네야 하지 않을까요? 정답은 ④ Oh, I'm sorry to hear that.입니다.

Pronunciation

앞에서 풀어본 문제의 스크립트입니다. 대화를 듣고 정확한 표현을 골라보세요.

W Can I borrow your camera this weekend?

M I'm afraid you can't. **(It's broken / It's blocked)**.

W **(What happened / What's happening)**?

M **(I cropped it / I dropped it)** while I was riding my bike.

W ________________________________

Chunk Training

다음을 듣고 강세가 느껴지는 단어에 O 표시하고, 끊어 읽는 부분에 / 표시하세요.

W Can I borrow / your camera this weekend?

M I'm afraid you can't. It's broken.

W What happened?

M I dropped it while I was riding my bike.

W ________________________________

Chunk List

대화문에 등장한 핵심 chunk입니다. 다섯 번씩 소리 내어 읽고 적어보세요.

	① ② ③ ④ ⑤		① ② ③ ④ ⑤
Can I borrow~? ~를 빌려도 될까?	☑ □ □ □ □	I'm afraid you can't 미안하지만 안 될 것 같아	□ □ □ □ □
it's broken 고장났어	□ □ □ □ □	what happened? 무슨 일이야?	□ □ □ □ □
I dropped it 떨어뜨리다	□ □ □ □ □		

Intonation

이번에는 영어의 느낌을 살려서 인토네이션과 강세(파랑, 분홍 글씨), 끊어 읽기(/ 한번 호흡)에 유의하여 다섯 번씩 소리 내어 읽어보세요.

W　Can I borrow / your camera / this weekend?　　① ② ③ ④ ⑤　☑ □ □ □ □

M　I'm afraid you can't. It's broken.　　□ □ □ □ □

W　What happened?　　□ □ □ □ □

M　I dropped it / while I was riding my bike.　　□ □ □ □ □

이번에는 학습한 chunk를 활용해볼까요? 상황에 맞게 빈칸을 채워 말해보세요.

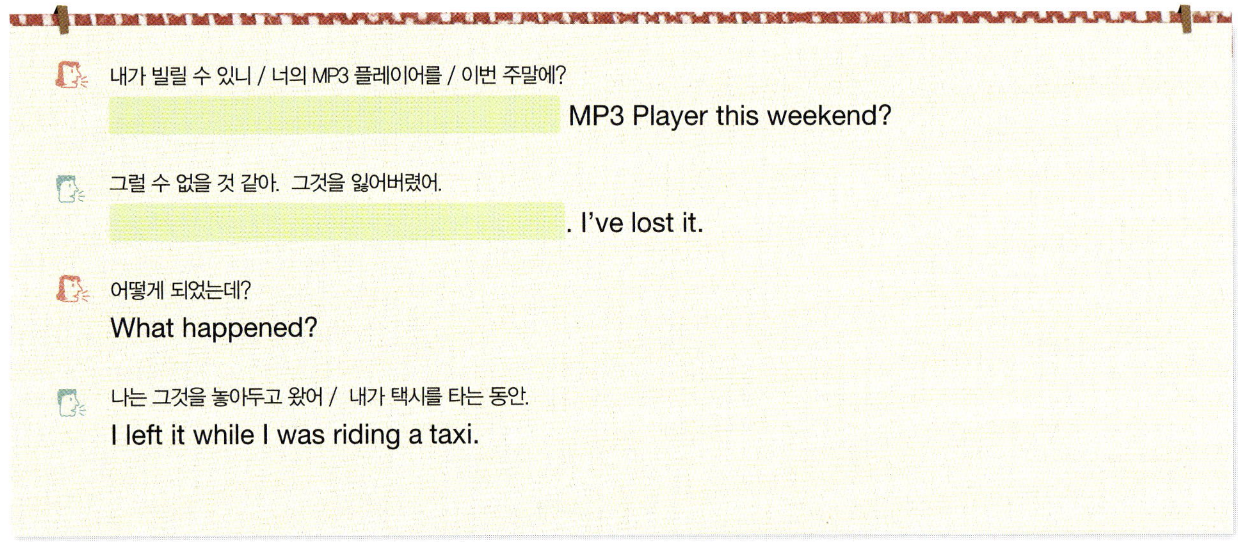

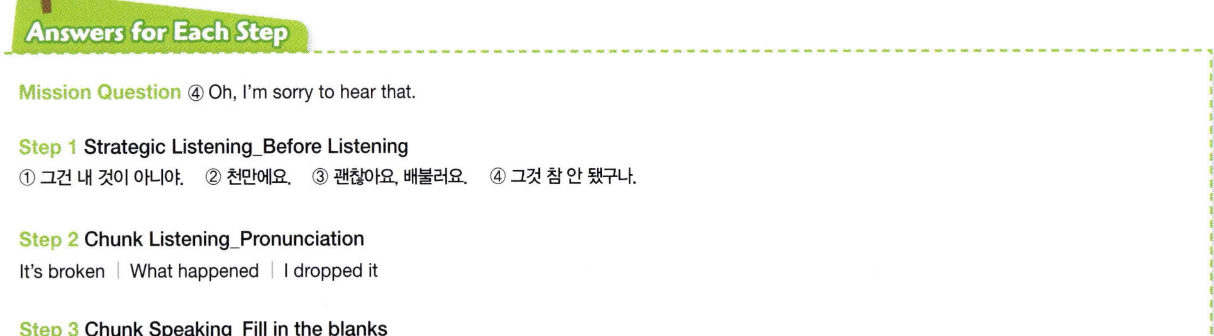

Answers for Each Step

Mission Question ④ Oh, I'm sorry to hear that.

Step 1 Strategic Listening_Before Listening
① 그건 내 것이 아니야.   ② 천만에요.   ③ 괜찮아요, 배불러요.   ④ 그것 참 안 됐구나.

Step 2 Chunk Listening_Pronunciation
It's broken ｜ What happened ｜ I dropped it

Step 3 Chunk Speaking_Fill in the blanks
Can I borrow your ｜ I'm afraid you can't

대화를 듣고, 여자의 마지막 말에 이어질 남자의 응답으로 가장 알맞은 것을 고르시오.

중2-교육청 듣기평가 2008년 9월

① I wish you good luck.
② I'm sorry to hear that.
③ Thanks, but I'll do all right.
④ Are you serious? Congratulations!

STEP 1 STRATEGIC LISTENING

위 문제의 정답을 찾기 어려웠다면 다음 단계에 따라 다시 듣고 정답을 찾아보세요.

BEFORE LISTENING 먼저 선택지를 읽어 둡니다.

① I wish you good luck. _______________________
② I'm sorry to hear that. _______________________
③ Thanks, but I'll do all right. _______________________
④ Are you serious? Congratulations! _______________________

WHILE LISTENING 핵심어를 듣고 중심 화제를 파악하세요.

hospital, broke his arm

→ 병원, 팔이 부러졌다는 걸 듣고 중심 화제를 파악해야 해요.

FINDING ANSWER 대화의 마지막 말에 집중하세요.

He fell down while riding his bike.

동생이 자전거를 타다가 넘어졌다고 하면 뭐라고 해야 할까요? 정답은 ② I'm sorry to hear that.입니다.

Pronunciation

앞서 풀어본 문제의 스크립트입니다. 대화를 듣고 정확한 표현을 골라보세요.

M Hi, Alice. How are you and your brother doing?

W I'm fine, but (**my bother is / my brother is**) in the hospital.

M Why? What happened to him?

W He broke his arm.

M Really? Did he (**have a car accident / have a car incident**)?

W No. (**He fell down / he fall down**) while riding his bike.

M ______________________________

Chunk Training

다음을 듣고 강세가 느껴지는 단어에 O 표시하고, 끊어 읽는 부분에 / 표시하세요.

M Hi, Alice. How are / you and your brother doing?

W I'm fine, but my brother is in the hospital.

M Why? What happened to him?

W He broke his arm.

M Really? Did he have a car accident?

W No. He fell down while riding his bike.

M ______________________________

Chunk List

대화문에 등장한 핵심 chunk입니다. 다섯 번씩 소리 내어 읽고 적어 보세요.

	① ② ③ ④ ⑤		① ② ③ ④ ⑤
my brother is 나의 동생은	☑ ☐ ☐ ☐ ☐	How are you? 어떻게 지내?	☐ ☐ ☐ ☐ ☐
car accident 차 사고	☐ ☐ ☐ ☐ ☐	I'm fine 잘 지내, 난 괜찮아	☐ ☐ ☐ ☐ ☐
fell down 넘어졌다	☐ ☐ ☐ ☐ ☐	broke one's arm 팔을 다쳤다	☐ ☐ ☐ ☐ ☐

Intonation

이번에는 영어의 느낌을 살려서 인토네이션과 강세(파랑, 분홍 글씨), 끊어 읽기(/ 한번 호흡)에 유의하여 다섯 번씩 소리 내어 읽어보세요.

		① ② ③ ④ ⑤
M	Hi, Alice. How are / you and your brother doing?	☑ ☐ ☐ ☐ ☐
W	I'm fine, but my brother / is in the hospital.	☐ ☐ ☐ ☐ ☐
M	Why? What happened to him?	☐ ☐ ☐ ☐ ☐
W	He broke his arm.	☐ ☐ ☐ ☐ ☐
M	Really? Did he / have a car accident?	☐ ☐ ☐ ☐ ☐
W	No. He fell down / while riding his bike.	☐ ☐ ☐ ☐ ☐

이번에는 학습한 chunk를 활용해볼까요? 상황에 맞게 빈칸을 채워 말해보세요.

안녕, 제인. 너와 너의 사촌은 / 어떻게 지내니?
Hi, Jane. How are ____________ doing?

나는 괜찮아, 그런데 나의 사촌은 / 병원에 있어.
I'm fine, but my cousin is in the hospital.

왜? 그에게 무슨 일이 있었어?
Why? ____________?

그의 다리가 부러졌어.
He broke his leg.

정말? 차 사고가 있었어?
Really? ____________ car accident?

아니. 그는 넘어졌어 / 스케이트보드를 타는 동안에
No. He ____________ while riding his skateboard.

대화를 듣고, 여자의 마지막 말에 이어질 남자의 응답으로 가장 알맞은 것을 고르시오.

중3–교육청 듣기평가 2007년 4월

① Yes, I do a lot.
② No, I'm just trying.
③ I don't use paper cups.
④ Nature is very important.
⑤ I want many people to do so.

STRATEGIC LISTENING

위 문제의 정답을 찾기 어려웠다면 다음 단계에 따라 다시 듣고 정답을 찾아보세요.

BEFORE LISTENING 먼저 선택지를 읽어 둡니다.

① Yes, I do a lot. ________________________________
② No, I'm just trying. ______________________________
③ I don't use paper cups. ___________________________
④ Nature is very important. _________________________
⑤ I want many people to do so. ______________________

WHILE LISTENING 핵심어를 듣고 중심 화제를 파악하세요.

picking up some trash │ environment │ ecycle │ ride my bike │ save the earth

쓰레기 줍기 / 환경 / 재활용 / 자전거 카다 / 지구를 지키다 등의 내용을 통해서 두 사람이 환경문제에 대해서 이야기를 하고 있음을 알 수 있어요

FINDING ANSWER 대화의 마지막 말에 집중하세요.

W What else do you do?
M ___________________

마지막 말이 "또 할 수 있는 다른 일이 뭐가 있니?"에요. 전체 상황이 환경을 보호하자는 것이니까 정답을 찾을 수 있겠죠?

Pronunciation

앞서 풀어본 문제의 스크립트입니다. 대화를 듣고 정확한 표현을 골라보세요.

W What are you doing, Steve?

M (**I'm picking up** / **I'm thinking of**) some trash. People don't care about the environment these days. (**They're just restoring** / **They're just destroying**) the environment.

W Right. I recycle and (**ride my bike in stage of** / **ride my bike instead of**) driving.

M Good for you! We need to do more (**to say the earth** / **to save the earth**).

W What else do you do?

M _______________________

Chunk Training

다음을 듣고 강세가 느껴지는 단어에 O 표시하고, 끊어 읽는 부분에 / 표시하세요.

W What are you doing, / Steve?

M I'm picking up some trash. People don't care about the environment these days. They're just destroying the environment.

W Right. I recycle and ride my bike instead of driving.

M Good for you! We need to do more to save the earth.

W What else do you do?

M _______________________

CHUNK SPEAKING

대화문에 등장한 핵심 chunk입니다. 다섯 번씩 소리 내어 읽고 적어 보세요.

	① ② ③ ④ ⑤		① ② ③ ④ ⑤
I'm picking up some trash. 나는 쓰레기를 줍고 있다.	☑ ☐ ☐ ☐ ☐	They're just destroying the environment. 그것들은 환경을 파괴하고 있다.	☐ ☐ ☐ ☐ ☐
these days 오늘날, 요즘	☐ ☐ ☐ ☐ ☐	instead of 대신에	☐ ☐ ☐ ☐ ☐
save the earth 지구를 지키다	☐ ☐ ☐ ☐ ☐		

이번에는 영어의 느낌을 살려서 인토네이션과 강세(파랑, 분홍 글씨), 끊어 읽기(/ 한번 호흡)에 유의하여 다섯 번씩 소리 내어 읽어보세요.

① ② ③ ④ ⑤

W what are you doing, / steve? ☑ ☐ ☐ ☐ ☐

M I'm picking up / some trash. / People don't care about / ☐ ☐ ☐ ☐ ☐

the environment / these days. They're just destroying /

the environment.

W Right. I recycle and ride my bike / instead of driving. ☐ ☐ ☐ ☐ ☐

M Good for you! We need to / do more / to save the earth. ☐ ☐ ☐ ☐ ☐

W what else / do you do? ☐ ☐ ☐ ☐ ☐

이번에는 학습한 chunk를 활용해볼까요? 상황에 맞게 빈칸을 채워 말해보세요.

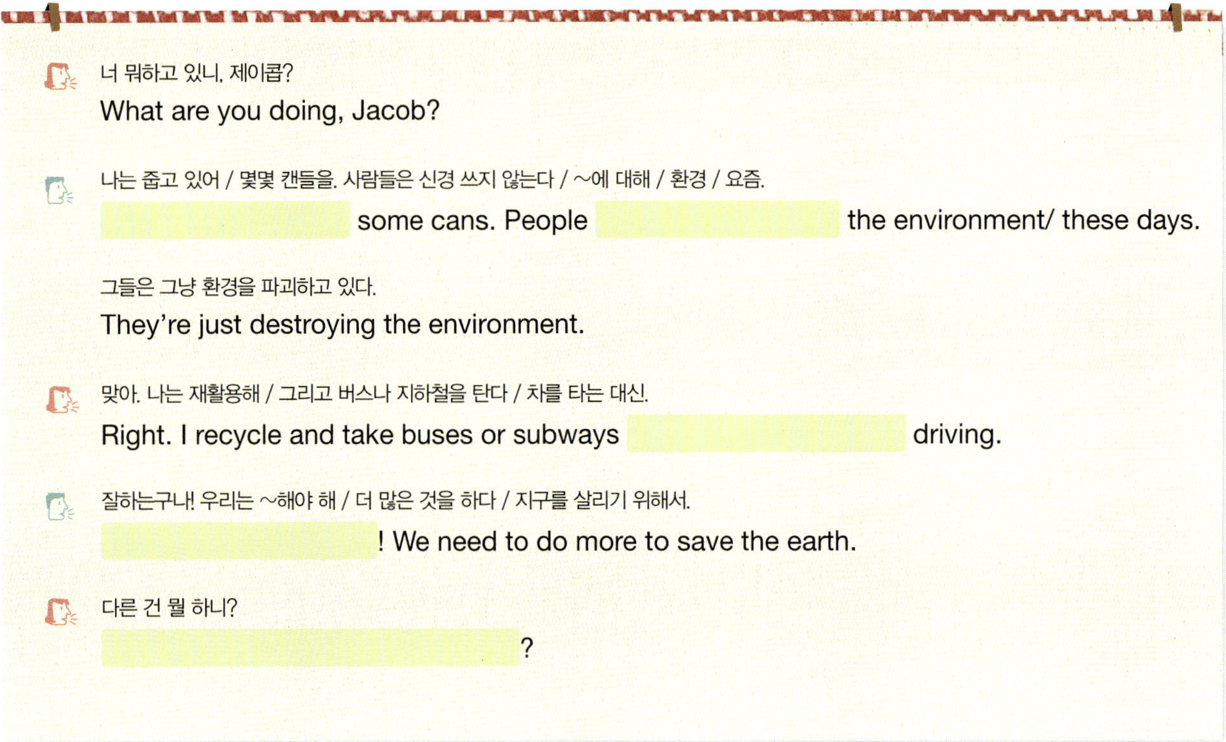

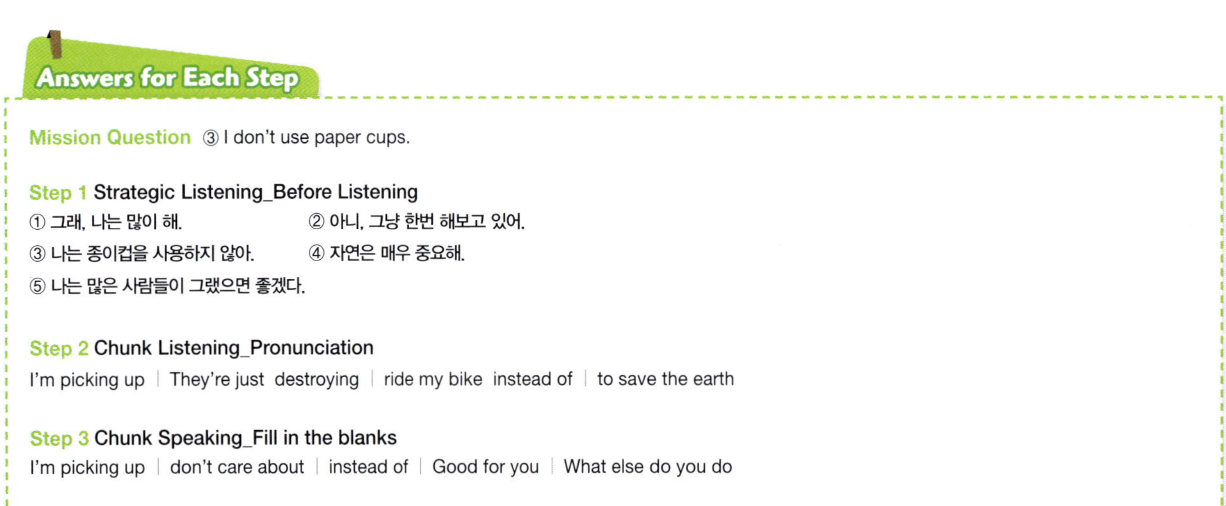

대화를 듣고, 여자의 마지막 말에 이어질 남자의 응답으로 가장 알맞은 것을 고르시오.

중3–교육청 듣기평가 2008년 4월

① Sorry to hear that.
② You can stay late at night.
③ So, did you say thank you?
④ Who couldn't finish it on time?
⑤ Sorry that you didn't know the time for the test.

STEP 1 STRATEGIC LISTENING

위 문제의 정답을 찾기 어려웠다면 다음 단계에 따라 다시 듣고 정답을 찾아보세요.

BEFORE LISTENING 먼저 선택지를 읽어 둡니다.

① Sorry to hear that. _______________________________________
② You can stay late at night. _______________________________
③ So, did you say thank you? _______________________________
④ Who couldn't finish it on time? ___________________________
⑤ Sorry that you didn't know the time for the test. ___________

WHILE LISTENING 핵심어를 듣고 중심 화제를 파악하세요.

test, pass, what happened, car accident, I didn't have enough time

시험, 통과, 사고, 시간이 없었다는 말을 듣고 내용을 파악해야 합니다.

FINDING ANSWER  대화의 마지막 말에 집중하세요.

W I was ten minutes late because there was a car accident, so I didn't have enough time to finish the exam.

자동차 사고 때문에 늦어서, 시간이 모자랐다면 다음에 이어질 말은 어떻게 될까요?

Pronunciation

앞서 풀어본 문제의 스크립트입니다. 대화를 듣고 정확한 표현을 골라보세요.

M So, (how did the test goes / how did the test go)?

W (I don't want to talk about it / I don't want to talk around it). I don't think I'm going to pass.

M Really? Tell me (what I have to / what happened).

W I was ten minutes late because there was a car accident, so (I didn't have inner's time / I didn't have enough time) to finish the exam.

M ______________________________

Chunk Training

다음을 듣고 강세가 느껴지는 단어에 O 표시하고, 끊어 읽는 부분에 / 표시하세요.

M So, / how did the test go?

W I don't want to talk about it. I don't think I'm going to pass.

M Really? Tell me what happened.

W I was ten minutes late because there was a car accident,

so I didn't have enough time to finish the exam.

M ______________________________

Chunk List

대화문에 등장한 핵심 chunk입니다. 다섯 번씩 소리 내어 읽고 적어 보세요.

how did the test go? 시험은 어떻게 되었니?	☑ ☐ ☐ ☐ ☐	I'm going to pass. 나는 합격할 것이다.	☐ ☐ ☐ ☐ ☐
what happened 무슨 일이 있었니?	☐ ☐ ☐ ☐ ☐	I was ten minutes late 난 10분 늦었다	☐ ☐ ☐ ☐ ☐
there was a car accident 차 사고가 있었다	☐ ☐ ☐ ☐ ☐	enough time to finish the exam 시험을 끝낼 충분한 시간	☐ ☐ ☐ ☐ ☐

Intonation

이번에는 영어의 느낌을 살려서 인토네이션과 강세(파랑, 분홍 글씨), 끊어 읽기(/ 한번 호흡)에 유의하여 다섯 번씩 소리 내어 읽어보세요.

M So, / how did the test go? ☑ ☐ ☐ ☐ ☐

W I don't want to talk about it./ I don't think / I'm going to pass. ☐ ☐ ☐ ☐ ☐

M Really? Tell me / what happened. ☐ ☐ ☐ ☐ ☐

W I was ten minutes late / because / there was a car accident, ☐ ☐ ☐ ☐ ☐

so I didn't have / enough time / to finish the exam. ☐ ☐ ☐ ☐ ☐

이번에는 학습한 chunk를 활용해볼까요? 상황에 맞게 빈칸을 채워 말해보세요.

그래서, 인터뷰는 어떻게 되었니?
So, _______________________ ?

나는 그것에 대해서 말하고 싶지 않아. 나는 생각하지 않아 / 내가 일을 가질 것이라고.
I don't want to talk about it. _______________ I'm going to get the job.

정말? 내게 말해줘 / 무슨 일이 있었는지.
Really? _______________ .

나는 20분 늦었어 / 왜냐하면 교통 혼잡이 있었어.
I was twenty minutes late because there was a traffic jam,

그래서 나는 충분한 시간이 없었어 / 그곳에 가다 / 제시간 안에.
so _______________ get there in time.

대화를 듣고, 여자의 마지막 말에 이어질 남자의 응답으로 가장 알맞은 것을 고르시오. 중3-교육청 듣기평가 2009년 9월

① What do you want to pick up?
② I don't like delivery food service.
③ Let me see. I think I can make it.
④ I want to send this package by Friday.
⑤ How long will it take to go downtown?

STEP 1 STRATEGIC LISTENING

위 문제의 정답을 찾기 어려웠다면 다음 단계에 따라 다시 듣고 정답을 찾아보세요.

BEFORE LISTENING  먼저 선택지를 읽어 둡니다.

① What do you want to pick up? ________________________________
② I don't like delivery food service. ________________________________
③ Let me see. I think I can make it. ________________________________
④ I want to send this package by Friday. ________________________________
⑤ How long will it take to go downtown? ________________________________

WHILE LISTENING  핵심어를 듣고 중심 화제를 파악하세요.

Speed Delivery Service / package / visit your office / delivery / Speed Delivery Service

물품 / 사무실 방문 / 배달 등의 표현으로 물건 배송과 관련된 약속을 하고 있는 대화임을 알 수 있어요.

FINDING ANSWER 대화의 마지막 말에 집중하세요.

M I'm sorry I can't. I have a delivery downtown at that time.
W Then, how about 6 this evening?
M ________________________________

배송 가능한 시간을 물어보고 시간을 조정하는 내용임을 알 수 있어요. 여자가 바빠서 6시에 어떠냐고 제안을 했어요. 남자의 반응은 "가능하다 / 안 되겠다" 둘 중 하나예요.

앞서 풀어본 문제의 스크립트입니다. 대화를 듣고 정확한 표현을 골라보세요.

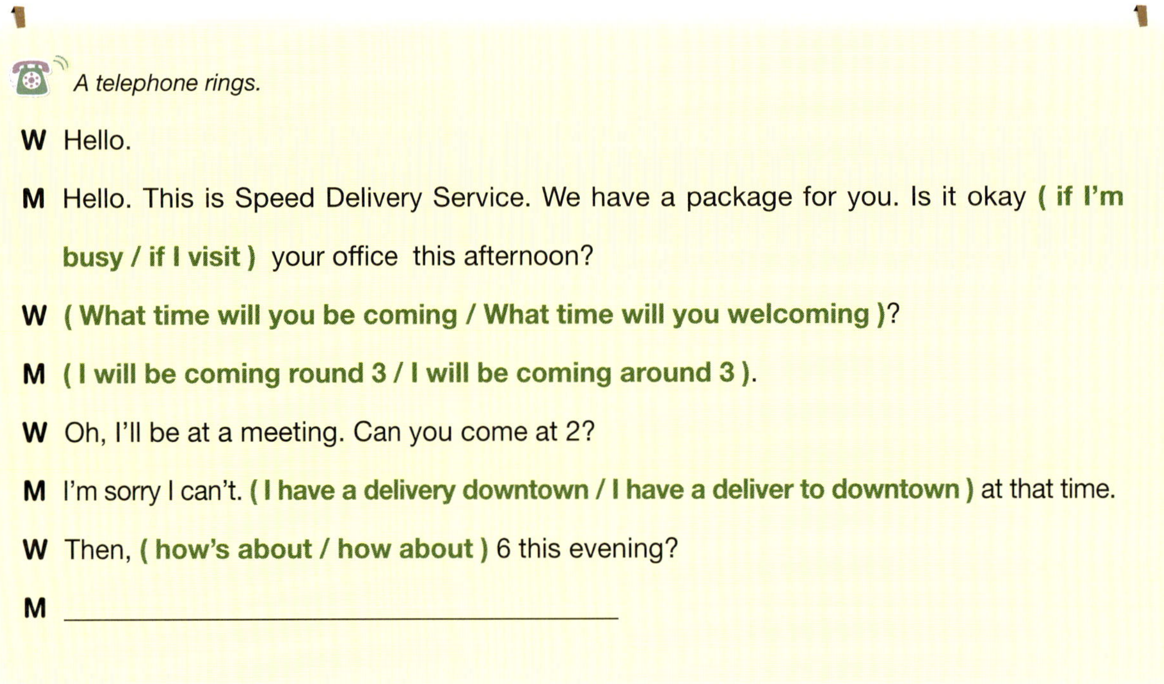

☎ *A telephone rings.*

W Hello.

M Hello. This is Speed Delivery Service. We have a package for you. Is it okay **(if I'm busy / if I visit)** your office this afternoon?

W **(What time will you be coming / What time will you welcoming)**?

M **(I will be coming round 3 / I will be coming around 3)**.

W Oh, I'll be at a meeting. Can you come at 2?

M I'm sorry I can't. **(I have a delivery downtown / I have a deliver to downtown)** at that time.

W Then, **(how's about / how about)** 6 this evening?

M ___________________________________

다음을 듣고 강세가 느껴지는 단어에 O 표시하고, 끊어 읽는 부분에 / 표시하세요.

☎ *A telephone rings.*

W Hello.

M Hello. This is Speed Delivery Service. We have a package for you.

Is it okay **/** if I visit your office this afternoon?

W What time will you be coming?

M I will be coming around 3.

W Oh, I'll be at a meeting. Can you come at 2?

M I'm sorry I can't. I have a delivery downtown at that time.

W Then, how about 6 this evening?

M ___________________________________

Chunk List

대화문에 등장한 핵심 chunk입니다. 다섯 번씩 소리 내어 읽고 적어 보세요.

	① ② ③ ④ ⑤		① ② ③ ④ ⑤
Is it okay ? 괜찮나요?	☑ ☐ ☐ ☐ ☐	if I visit 만약 내가 방문한다면	☐ ☐ ☐ ☐ ☐
at a meeting 회의에	☐ ☐ ☐ ☐ ☐	I have a delivery 나는 배달이 있다	☐ ☐ ☐ ☐ ☐
at that time 그 시각에	☐ ☐ ☐ ☐ ☐	how about ~ ~은 어떠신가요?	☐ ☐ ☐ ☐ ☐

Intonation

이번에는 영어의 느낌을 살려서 인토네이션과 강세(파랑, 분홍 글씨), 끊어 읽기(/ 한번 호흡)에 유의하여 다섯 번씩 소리 내어 읽어보세요.

		① ② ③ ④ ⑤
W	Hello.	☑ ☐ ☐ ☐ ☐
M	Hello. This is speed delivery service. We have a package / for you.	☐ ☐ ☐ ☐ ☐
	Is it okay / if I visit your office / this afternoon?	☐ ☐ ☐ ☐ ☐
W	what time / will you be coming?	☐ ☐ ☐ ☐ ☐
M	I will be coming / around 3.	☐ ☐ ☐ ☐ ☐
W	Oh, I'll be at a meeting. Can you come / at 2?	☐ ☐ ☐ ☐ ☐
M	I'm sorry I can't. I have a delivery / downtown at that time.	☐ ☐ ☐ ☐ ☐
W	Then, how about / 6 this evening?	☐ ☐ ☐ ☐ ☐

이번에는 학습한 chunk를 활용해볼까요? 상황에 맞게 빈칸을 채워 말해보세요.

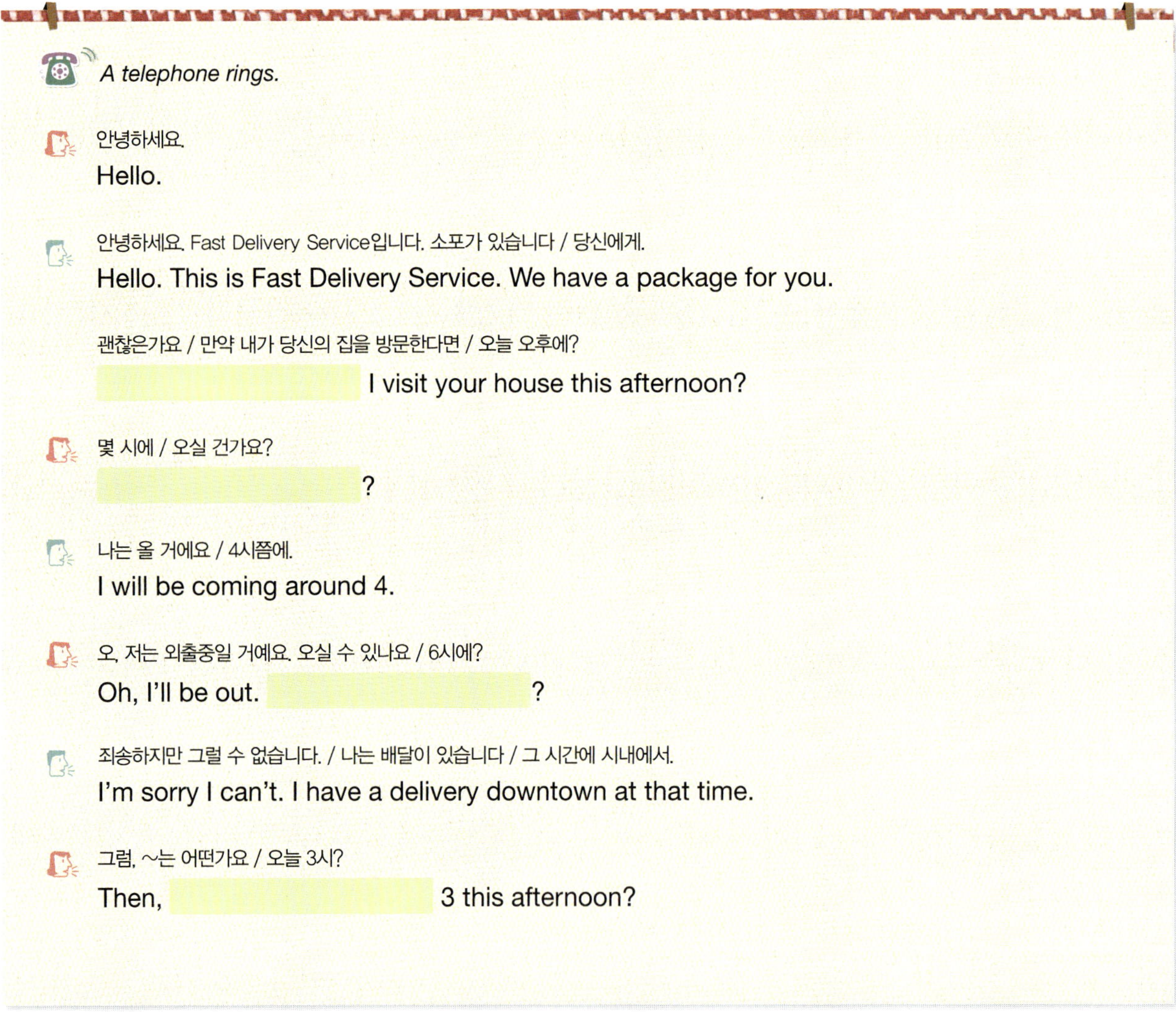

Mission Question ④

Step 1 Strategic Listening_Before Listening
① 무엇을 갖고 싶나요?　② 나는 배달음식이 싫어요.　③ 어디 보자, 가능할 것 같아요.
④ 금요일까지 소포를 보내고 싶어요.　⑤ 시내까지 얼마나 걸리나요?

Step 2 Chunk Listening_Pronunciation
if I visit ｜ What time will you be coming ｜ I will be coming around 3 ｜ I have a delivery downtown ｜ how about

Step 3 Chunk Speaking_Fill in the blanks
Is it okay if ｜ What time will you be coming ｜ Can you come at 6 ｜ how about

Chapter 11에서 학습한 핵심 Chunk의 모음입니다. 소리 내어 다섯 번씩 읽고 빈칸에 그 의미를 적어보세요.

	① ② ③ ④ ⑤
What are you doing?	
What do you think of ~	
I'm listening to music	
Can I borrow it later?	
I knew it	
I've just ~	
Can I borrow ~?	
I'm afraid you can't	
it's broken	
what happened?	
I dropped it	
my brother is	
How are you?	
car accident	
I'm fine	
fell down	
broke one's arm	
I'm picking up some trash.	
They're just destroying the environment.	
these days	
instead of	
save the earth	
how did the test go?	
I'm going to pass.	
what happened	
I was ten minutes late	
there was a car accident	
enough time to finish the exam	
Is it okay?	
if I visit	
at a meeting	
I have a delivery	
at that time	
how about ~	

Chapter 12 — Guessing Suitable Responses

상황에 적절한 말 추론

Fundamental Principle

1. 문제를 미리 읽고 대화의 상황에 대한 정보를 얻어라.
2. 무엇을 알아야 하는지 스스로에게 물어라.
3. 단어 듣기에서 chunk(의미덩어리) 듣기로 전환하라.
4. 대화나 설명의 처음 시작에 주목하라.

유형

매년 한 문항씩 출제되고 있는 상황 응답은 상황에 대한 설명을 들려주고 그 상황에 처한 사람이 할 수 있는 말로 적절한 것을 고르는 유형입니다. 대화 간에 상대방의 말에 대한 적절한 응답 고르기와 마찬가지로 말하기 능력을 간접적으로 평가합니다.

BEFORE LISTENING

담화를 듣기 전에 누가 누구에게 할 말인지 확인하고, 선택지를 통하여 대략적인 상황을 이해한 후 듣기에 임하세요. 세부 내용을 일부 놓치더라도 당황하지 말고 전체 흐름을 파악하는 것이 중요합니다. '누구'의 응답을 요구하는지 확인하고, 그 사람이 처한 상황에 주목하세요.

WHILE LISTENING

전체적인 내용 이해가 있어야 오답을 피할 수 있습니다. 전반적인 대화 내용을 이해하지 못하고 마지막 말에만 근거하여 답을 찾지 않도록 하세요!

FINDING ANSWER

□ 마지막 부분에 유의해야합니다!

상황 담화는 '배경 설명-중심 상황-적절한 발언 유도 질문'의 구조로 전개되므로 질문이 나오기 직전 마지막 부분에 많은 주의를 기울여야 합니다. 앞부분은 대체로 질문에 대한 예비적 상황 설명이고 뒷부분에 구체적인 상황과 질문이 나오므로 뒷부분을 유의하여 듣는 게 중요합니다.

□ 감사, 사과, 충고, 동의 등에 관한 의사소통 기능 표현을 숙지하세요!

주로 일상생활에서 흔히 일어나는 상황이 제시되므로, 일상에서 흔히 쓰일 수 있는 의사소통 기능의 기본 표현들을 미리 익혀 두도록 하세요.

Mission Question 01

다음을 듣고, 남자에게 조언해 줄 수 있는 속담으로 알맞은 것을 고르시오. 중2–교육청 듣기평가 2007년 9월

① Walls have ears.
② It's a piece of cake.
③ No news is good news.
④ Practice makes perfect.

 STEP 1 **STRATEGIC LISTENING** 

위 문제의 정답을 찾기 어려웠다면 다음 단계에 따라 다시 듣고 정답을 찾아보세요.

BEFORE LISTENING 선택지를 먼저 읽고 상황을 파악하세요.

① Walls have ears. ______________________________
② It's a piece of cake. ______________________________
③ No news is good news. ______________________________
④ Practice makes perfect. ______________________________

WHILE LISTENING 중심 화제를 파악하세요.

enjoy music, like to play the violin, want to be a violinist에서 음악을 좋아하고 바이올린연주자가 되고 싶어한다는 걸 알 수 있어요.

FINDING ANSWER '배경 설명–중심 상황–적절한 발언 유도 질문'의 구조를 생각해 보세요.

배경 설명 I want to be a violinist like Sarah Chang.
중심 상황 I play the violin every day, but I can't play it well. I make a lot of mistakes.
적절한 발언 유도 질문 What can I do?

Pronunciation

앞서 풀어본 문제의 스크립트입니다. 담화를 듣고 정확한 표현을 골라보세요.

M I'm (**a little school student** / **a middle school student**).

I enjoy music very much. and I like to play the violin.

I want to be a violinist like Sarah Chang.

I play the violin every day, but I can't (**plan it well** / **play it well**).

I make (**a lot of mistaken** / **a lot of mistakes**).

What can I do?

Chunk Training

다음을 듣고 강세가 느껴지는 단어에 O 표시하고, 끊어 읽는 부분에 / 표시하세요.

M I'm a middle school student.

I enjoy music / very much and I like to play the violin.

I want to be a violinist like Sarah Chang.

I play the violin every day, but I can't play it well.

I make a lot of mistakes.

What can I do?

Chunk List

담화문에 등장한 핵심 chunk입니다. 다섯 번씩 소리 내어 읽고 적어 보세요.

	❶ ❷ ③ ④ ⑤		❶ ❷ ③ ④ ⑤
middle school student 중학생	☑ ☐ ☐ ☐ ☐	I want to be ~가 되고 싶다	☐ ☐ ☐ ☐ ☐
I can't play it well 잘 연주하지 못한다	☐ ☐ ☐ ☐ ☐	What can I do? 내가 뭘 할 수 있겠는가?	☐ ☐ ☐ ☐ ☐
a lot of mistakes 많은 실수들	☐ ☐ ☐ ☐ ☐	I enjoy ~ 나는 ~를 즐기다	☐ ☐ ☐ ☐ ☐

Intonation

이번에는 영어의 느낌을 살려서 인토네이션과 강세(파랑, 분홍 글씨), 끊어 읽기(/ 한번 호흡)에 유의하여 다섯 번씩 소리 내어 읽어보세요.

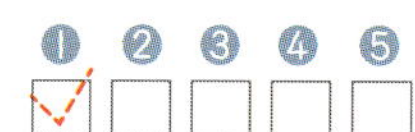

M I'm a middle school student.

I enjoy music / very much / and I like / to play the violin.

I want to be / a violinist like sarah chang.

I play the violin / every day, but I can't play it well.

I make / a lot of mistakes.

what can I do?

이번에는 학습한 chunk를 활용해볼까요? 상황에 맞게 빈칸을 채워 말해보세요.

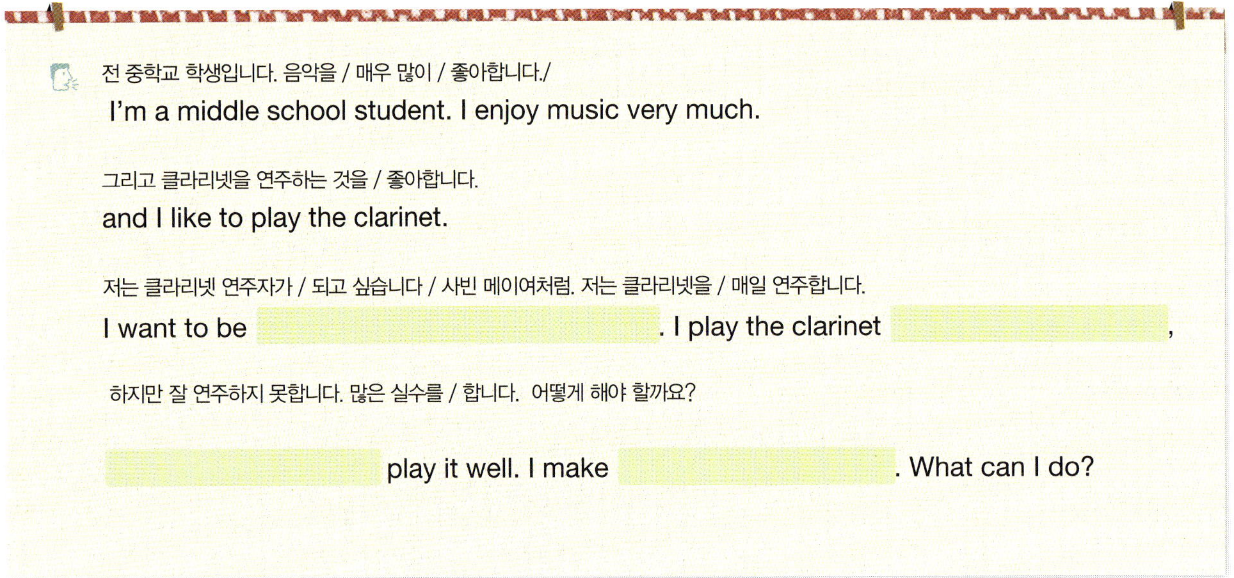

다음을 듣고, 마지막 질문에 가장 알맞은 답을 고르시오.

중2–교육청 듣기평가 2007년 9월

① How long does it take?
② Can you help me, please?
③ What time shall we meet?
④ Can you show me the way?

STEP 1 STRATEGIC LISTENING

위 문제의 정답을 찾기 어려웠다면 다음 단계에 따라 다시 듣고 정답을 찾아보세요.

BEFORE LISTENING 선택지를 먼저 읽고 상황을 파악하세요.

① How long does it take? ______________________________
② Can you help me, please? ______________________________
③ What time shall we meet? ______________________________
④ Can you show me the way? ______________________________

WHILE LISTENING 중심 화제를 파악하세요.

classroom, the door is closed, a bag and some books in both hands에서 교실에 들어가려는데 문은 닫혀있고, 양손엔 가득 짐을 들고 있다는 걸 알 수 있네요.

FINDING ANSWER '배경 설명–중심 상황–적절한 발언 유도 질문'의 구조를 생각해보세요.

배경 설명 You want to enter the classroom, but the door is closed.
중심 상황 You are holding a bag and some books in both hands. At that moment, a student is passing by you.
적절한 발언 유도 질문 What would you say to the student?

Pronunciation

앞에서 풀어본 문제의 스크립트입니다. 담화를 듣고 정확한 표현을 골라보세요.

W You want **(to renter / to enter)** the classroom, but the door **(is close / is closed)**.

You are holding a bag and some books **(in both hands / in boss hands)**.

(At that monument / At that moment), a student is passing by you.

What would you say to the student?

Chunk Training

다음을 듣고 강세가 느껴지는 단어에 O 표시하고, 끊어 읽는 부분에 / 표시하세요.

W You want / to enter the classroom, but the door is closed.

You are holding a bag and some books in both hands.

At that moment, a student is passing by you.

What would you say to the student?

STEP 3 CHUNK SPEAKING

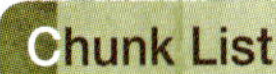

Chunk List

담화문에 등장한 핵심 chunk입니다. 다섯 번씩 소리 내어 읽고 적어보세요.

	❶ ❷ ❸ ❹ ❺		❶ ❷ ❸ ❹ ❺
enter the classroom 수업에 들어가다	☑ ☐ ☐ ☐ ☐	What would you say ~ 뭐라 말할 것인가?	☐ ☐ ☐ ☐ ☐
in both hands 양손에	☐ ☐ ☐ ☐ ☐	pass by you 너를 지나가다	☐ ☐ ☐ ☐ ☐
At that moment 그 순간에	☐ ☐ ☐ ☐ ☐	hold a bag 가방을 잡다	☐ ☐ ☐ ☐ ☐

Intonation

이번에는 영어의 느낌을 살려서 인토네이션과 강세(파랑, 분홍 글씨), 끊어 읽기(/ 한번 호흡)에 유의하여 다섯 번씩 소리 내어 읽어보세요.

❶ ❷ ❸ ❹ ❺

W You want / to enter the classroom, but the door is closed.

You are holding a bag / and some books / in both hands.

At that moment, a student is passing by you.

What would you say / to the student?

이번에는 학습한 chunk를 활용해볼까요? 상황에 맞게 빈칸을 채워 말해보세요.

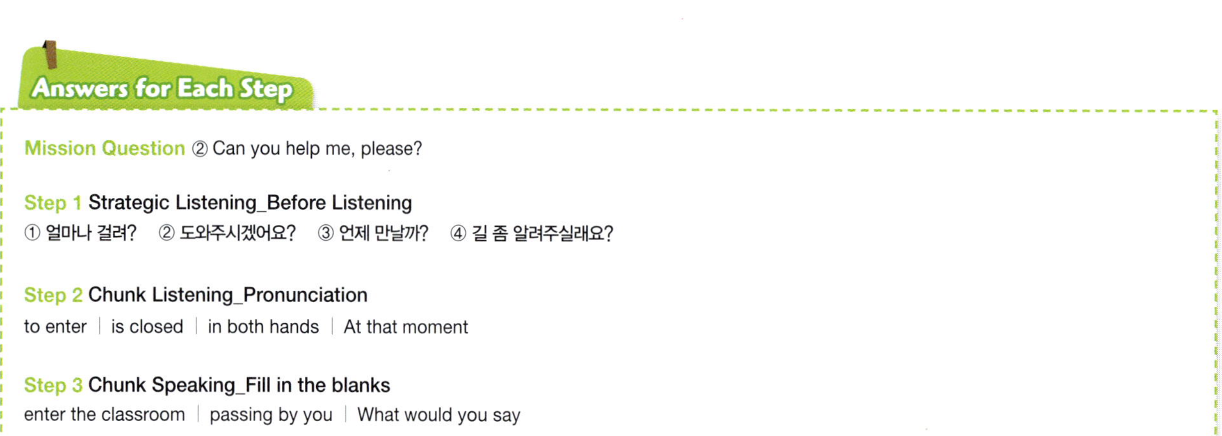

다음을 듣고, 대화의 내용에 가장 알맞은 안내문을 고르시오.

중2-교육청 듣기평가 2008년 9월

① PLEASE RECYCLE

② DON'T TOUCH THE SIGN

③ DON'T FEED THE ANIMALS

④ PLAY WITH THE SQUIRRELS

STEP 1 — **STRATEGIC LISTENING**

위 문제의 정답을 찾기 어려웠다면 다음 단계에 따라 다시 듣고 정답을 찾아보세요.

BEFORE LISTENING 선택지를 먼저 읽고 상황을 파악하세요.

선택지로 주어진 안내문은 어디에서 볼 수 있을지, 어떤 의미인지 생각해보세요

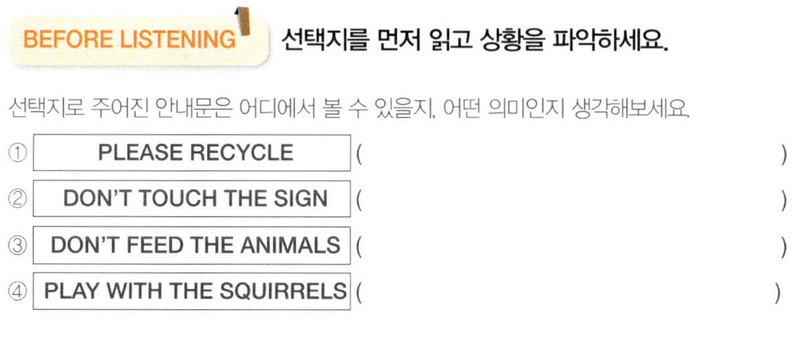

① PLEASE RECYCLE (   )
② DON'T TOUCH THE SIGN (   )
③ DON'T FEED THE ANIMALS (   )
④ PLAY WITH THE SQUIRRELS (   )

WHILE LISTENING 중심 화제를 파악하세요.

feeding the squirrels, You shouldn't do that! Giving animals something to eat can be harmful.에서 남자는 다람쥐에게 먹이를 주고 있었고 여자가 그래선 안 된다며 동물들에게 먹이를 주는 것이 해로울 수 있다고 얘기해요. 그렇다면 정답은 ③번! the squirrels, the sign over there를 듣고 오답인 ④번과 ②을 선택해서는 안 돼요.

Pronunciation

앞서 풀어본 문제의 스크립트입니다. 대화를 듣고 정확한 표현을 골라보세요.

W Hey, what are you doing over there?

M **(I'm padding / I'm feeding)** the squirrels.

W You shouldn't do that! Can't you see **(the sign / the sigh)** over there?

M I'm terribly sorry! I didn't see that.

W Giving animals something to eat **(can be harmful / can be handful)**.

M Oh, I see. I'll keep that in mind.

Chunk Training

다음을 듣고 강세가 느껴지는 단어에 O 표시하고, 끊어 읽는 부분에 / 표시하세요.

W (Hey) what are you doing / over there?

M I'm feeding the squirrels.

W You shouldn't do that! Can't you see the sign over there?

M I'm terribly sorry! I didn't see that.

W Giving animals something to eat can be harmful.

M Oh, I see. I'll keep that in mind.

CHUNK SPEAKING

Chunk List

대화문에 등장한 핵심 chunk입니다. 다섯 번씩 소리 내어 읽고 적어 보세요.

	① ② ③ ④ ⑤		① ② ③ ④ ⑤
What are you doing~? 무엇을 하고 있니?	☑ ☐ ☐ ☐ ☐	feed the squirrels 다람쥐 먹이를 주다	☐ ☐ ☐ ☐ ☐
I see 알았어	☐ ☐ ☐ ☐ ☐	keep that in mind 그것을 기억해둘게	☐ ☐ ☐ ☐ ☐

Intonation

이번에는 영어의 느낌을 살려서 인토네이션과 강세(파랑, 분홍 글씨), 끊어 읽기(/ 한번 호흡)에 유의하여 다섯 번씩 소리 내어 읽어보세요.

		① ② ③ ④ ⑤
W	Hey, what are you doing / over there?	☑ ☐ ☐ ☐ ☐
M	I'm feeding / the squirrels.	☐ ☐ ☐ ☐ ☐
W	You shouldn't do that! Can't you see / the sign over there?	☐ ☐ ☐ ☐ ☐
M	I'm terribly sorry! I didn't see that.	☐ ☐ ☐ ☐ ☐
W	Giving animals / something to eat / can be harmful.	☐ ☐ ☐ ☐ ☐
M	Oh, I see. I'll keep that in mind.	☐ ☐ ☐ ☐ ☐

이번에는 학습한 chunk를 활용해볼까요? 상황에 맞게 빈칸을 채워 말해보세요.

얘, 뭐하고 있니 / 거기서?
Hey, what are you doing over there?

먹이 주고 있어 / 토끼한테.
I'm ________________________.

너 그러면 안 돼! 안내문 못 봤니/ 저기에 있는?
You ________________! ________________ the sign over there?

정말 미안해! 저걸 못 봤어.
I'm terribly sorry! I didn't see that.

동물에게 / 먹을 것을 주는 건 / 해로울 수 있어.
________________________ can be harmful.

오, 알았어. 명심할게.
Oh, I see. I'll keep that in mind.

다음을 듣고, Sally가 할 말로 가장 알맞은 것을 고르시오

중3–교육청 듣기평가 2007년 9월

① I will buy some more.
② I want my money back.
③ Sorry, but I don't like the color.
④ I'm sorry, but these are too big.
⑤ Excuse me, I'm looking for some bed linen.

STEP 1 STRATEGIC LISTENING

위 문제의 정답을 찾기 어려웠다면 다음 단계에 따라 다시 듣고 정답을 찾아보세요.

BEFORE LISTENING 선택지를 먼저 읽고 상황을 파악하세요.

① I will buy some more. ____
② I want my money back. ____
③ Sorry, but I don't like the color. _______________________________
④ I'm sorry, but these are too big. _______________________________
⑤ Excuse me, I'm looking for some bed linen. ______________________

WHILE LISTENING 중심 화제를 파악하세요.

bed sheets / big hole in the middle / very angry

침대 시트를 구입했는데 나중에 구멍이 나 있어서 매우 화가 났다는 것을 알 수 있어요.

FINDING ANSWER '배경–중심 상황–반응 유도'의 구조를 생각하세요.

배경 침대시트를 샀다.
중심 상황 집에 돌아와 보니 구멍이 나있었다.
마지막 반응 (물건을) 교환해주세요. 환불해주세요. 등

Pronunciation

앞서 풀어본 문제의 스크립트입니다. 담화를 듣고 정확한 표현을 골라보세요.

M The other day, Sally bought **(some badly / some bed)** sheets at a small store near her home.

But when she **(get some / got home)** and examined the sheets, Sally **(was shocked / was shocking)**.

One of them had a big hole in the middle and the others were very dirty.

Sally was very angry and **(want it back / went back)** immediately to complain.

In this situation, what would Sally most likely say to the salesperson?

Chunk Training

다음을 듣고 강세가 느껴지는 단어에 O 표시하고, 끊어 읽는 부분에 / 표시하세요.

M The other day, / Sally bought some bed sheets at a small store near her home.

But when she got home and examined the sheets, Sally was shocked.

One of them had a big hole in the middle and the others were very dirty.

Sally was very angry and went back immediately to complain.

In this situation, what would Sally most likely say to the salesperson?

Chunk List

담화문에 등장한 핵심 chunk입니다. 다섯 번씩 소리 내어 읽고 적어 보세요.

bed sheet 침대 시트	① ② ③ ④ ⑤	near her home 그녀의 집 가까이에	① ② ③ ④ ⑤
get home 집에 도착하다		in the middle 중간에	
in this situation 이런 상황에서			

Intonation

이번에는 영어의 느낌을 살려서 인토네이션과 강세(파랑, 분홍 글씨), 끊어 읽기(/ 한번 호흡)에 유의하여 다섯 번씩 소리 내어 읽어보세요.

M The other day, / Sally bought some bed sheets / at a small store / ① ② ③ ④ ⑤

near her home. /

But when she got home / and examined the sheets, / Sally was shocked. /

One of them had a big hole / in the middle / and the others were very dirty. /

Sally was very angry / and went back immediately to complain. /

In this situation, / what would Sally most likely say / to the salesperson?

이번에는 학습한 chunk를 활용해볼까요? 상황에 맞게 빈칸을 채워 말해보세요.

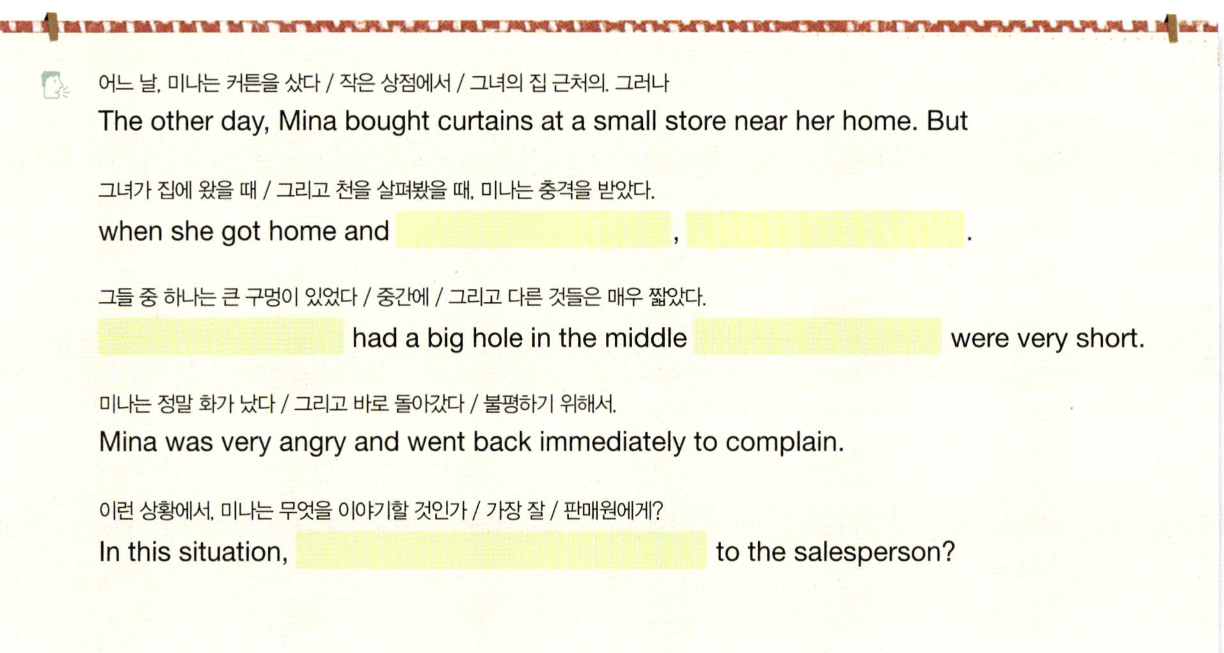

어느 날, 미나는 커튼을 샀다 / 작은 상점에서 / 그녀의 집 근처의. 그러나
The other day, Mina bought curtains at a small store near her home. But

그녀가 집에 왔을 때 / 그리고 천을 살펴봤을 때, 미나는 충격을 받았다.
when she got home and ⬛⬛⬛⬛⬛⬛⬛⬛⬛, ⬛⬛⬛⬛⬛⬛⬛⬛⬛.

그들 중 하나는 큰 구멍이 있었다 / 중간에 / 그리고 다른 것들은 매우 짧았다.
⬛⬛⬛⬛⬛⬛ had a big hole in the middle ⬛⬛⬛⬛⬛ were very short.

미나는 정말 화가 났다 / 그리고 바로 돌아갔다 / 불평하기 위해서.
Mina was very angry and went back immediately to complain.

이런 상황에서, 미나는 무엇을 이야기할 것인가 / 가장 잘 / 판매원에게?
In this situation, ⬛⬛⬛⬛⬛⬛⬛⬛⬛ to the salesperson?

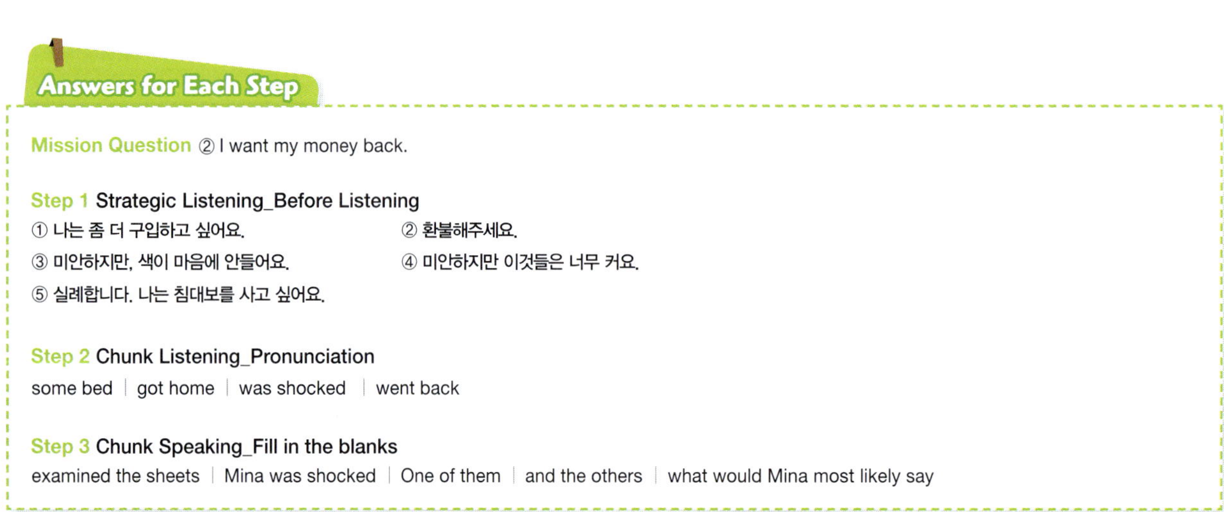

Answers for Each Step

Mission Question ② I want my money back.

Step 1 Strategic Listening_Before Listening
① 나는 좀 더 구입하고 싶어요.　　　　② 환불해주세요.
③ 미안하지만, 색이 마음에 안들어요.　　④ 미안하지만 이것들은 너무 커요.
⑤ 실례합니다. 나는 침대보를 사고 싶어요.

Step 2 Chunk Listening_Pronunciation
some bed ｜ got home ｜ was shocked ｜ went back

Step 3 Chunk Speaking_Fill in the blanks
examined the sheets ｜ Mina was shocked ｜ One of them ｜ and the others ｜ what would Mina most likely say

다음을 듣고, Peter가 여자에게 할 말로 가장 적절한 것을 고르시오.

중3–교육청 듣기평가 2009년 4월

① Is anyone sitting here?
② Will you take an exam?
③ Do you like this library?
④ What time shall we make it?
⑤ How long will you stay here?

STEP 1 — STRATEGIC LISTENING

위 문제의 정답을 찾기 어려웠다면 다음 단계에 따라 다시 듣고 정답을 찾아보세요.

BEFORE LISTENING 선택지를 먼저 읽고 상황을 파악하세요.

다음을 듣고, Peter가 여자에게 할 말로 가장 적절한 것을 고르시오.

① Is anyone sitting here? _______________________________
② Will you take an exam? _______________________________
③ Do you like this library? _______________________________
④ What time shall we make it? _______________________________
⑤ How long will you stay here? _______________________________

WHILE LISTENING 중심 화제를 파악하세요.

the library / prepare for his mid-term exam / an empty seat / found a seat next to a girl / no one in that seat

도서관에 간 학생이 시험 준비를 한다. 빈자리가 있는지 확인하고 싶다는 내용이 전체적인 상황이네요.

FINDING ANSWER '배경–중심상황–반응유도'의 구조를 생각하세요.

배경　도서관에 공부하러 갔다.
중심 상황　빈자리가 없는데, 한 자리를 찾았다. 앉아도 되는지 확인하고 싶다.
마지막 반응　여기 자리가 비었나요?

Pronunciation

앞서 풀어본 문제의 스크립트입니다. 담화를 듣고 정확한 표현을 골라보세요.

W Peter went to the library to **(prefer to / prepare for)** his mid-term exam.

There were so many people that he **(could be fine / couldn't find)** an empty seat.

After he looked around the library for five minutes, he finally **(pound a bit / found a seat)** next to a girl.

Peter wanted to **(make sure / make suitable)** that there was no one in that seat.

In this situation, what would Peter say to her?

Chunk Training

다음을 듣고 강세가 느껴지는 단어에 O 표시하고, 끊어 읽는 부분에 / 표시하세요.

W Peter went / to the library to prepare for his mid-term exam.

There were so many people that he couldn't find an empty seat.

After he looked around the library for five minutes, he finally found a seat next to a girl.

Peter wanted to make sure that there was no one in that seat.

In this situation, what would Peter say to her?

CHUNK SPEAKING

Chunk List

담화문에 등장한 핵심 chunk입니다. 다섯 번씩 소리 내어 읽고 적어 보세요.

	❶ ❷ ❸ ❹ ❺		❶ ❷ ❸ ❹ ❺
mid-term exam 중간고사	☑ ☐ ☐ ☐ ☐	empty seat 빈 좌석	☐ ☐ ☐ ☐ ☐
look around 둘러보다	☐ ☐ ☐ ☐ ☐	make sure 확인하다	☐ ☐ ☐ ☐ ☐
school auditorium 학교 강당	☐ ☐ ☐ ☐ ☐	found a seat 자리를 찾았다	☐ ☐ ☐ ☐ ☐

Intonation

이번에는 영어의 느낌을 살려서 인토네이션과 강세(파랑, 분홍 글씨), 끊어 읽기(/ 한번 호흡)에 유의하여 다섯 번씩 소리 내어 읽어보세요.

W   Peter went to the library / to prepare for / his mid-term exam.   ❶ ❷ ❸ ❹ ❺

There were / so many people / that he couldn't find an empty seat.

After he looked around the library / for five minutes, he finally

found a seat / next to a girl.

Peter wanted / to make sure / that the was / no one / in that seat.

In this situation, what would Peter say to her?

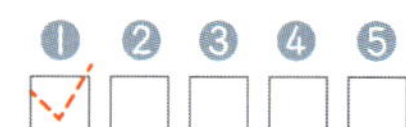

이번에는 학습한 chunk를 활용해볼까요? 상황에 맞게 빈칸을 채워 말해보세요.

제이슨은 학교 강당에 갔다 / 농구 경기를 보기 위해서.

Jason went to the school auditorium to see the basketball game.

그 곳에는 너무 많은 사람들이 있었다 / 그가 빈 자리를 못 찾을 정도로.

There were so many people that he couldn't   .

그가 강당을 둘러본 후 / 10분 정도동안,

After he   the auditorium for about ten minutes,

그는 마침내 자리를 찾았다 / 여학생 옆의. Jason은 확실히 하고 싶었다. /

he finally found a seat   a girl. Jason wanted to

아무도 없었다는 것을 / 그 자리에. 이런 상황에서, Jason은 무엇을 말할 것인가 / 그녀에게?

that there was no one in that seat. In this situation, what would Jason say to her?

Mission Question 06

다음을 듣고, 민호가 여자에게 할 말로 가장 알맞은 것을 고르시오. 중3–교육청 듣기평가 2009년 9월

① How may I help you?
② I want to buy a wallet.
③ Can you show me a receipt?
④ You look wonderful in that jacket.
⑤ No, thanks. I'm just looking around.

 **STEP 1 STRATEGIC LISTENING** 

위 문제의 정답을 찾기 어려웠다면 다음 단계에 따라 다시 듣고 정답을 찾아보세요.

BEFORE LISTENING 선택지를 먼저 읽고 상황을 파악한다.

① How may I help you? ________________________________
② I want to buy a wallet. ________________________________
③ Can you show me a receipt? ________________________________
④ You look wonderful in that jacket. ________________________________
⑤ No, thanks. I'm just looking around. ________________________________

WHILE LISTENING 중심 화제를 파악한다.

buy a new jacket, he left his wallet on the desk 등의 내용을 생각한다면 쇼핑하는 상황임을 알 수 있어요.

FINDING ANSWER '배경–중심상황–반응유도'의 구조를 생각한다.

 He enters a shop and chooses one
 He changes his mind and decides to enjoy window shopping instead. A clerk comes to him.
마지막 반응 괜찮아요. 그냥 구경만 하려고 합니다.

Pronunciation

앞서 풀어본 문제의 스크립트입니다. 담화를 듣고 정확한 표현을 골라보세요.

M Minho (**besides / decides**) to buy a new jacket.

He enters a shop and chooses one he wants to buy.

But he realizes that he left his wallet on the desk in his room.

So, he (**chances he minds / changes his mind**) and decides to (**enjoy window's sharping / enjoy window shopping**) instead.

A clerk comes to him and asks if she (**can have / can help**) him.

In this situation, what would Minho say to her?

Chunk Training

다음을 듣고 강세가 느껴지는 단어에 O 표시하고, 끊어 읽는 부분에 / 표시하세요.

M Minho decides to / buy a new jacket.

He enters a shop and chooses one he wants to buy.

But he realizes that he left his wallet on the desk in his room.

So, he changes his mind and decides to enjoy window shopping instead.

A clerk comes to him and asks if she can help him.

In this situation, what would Minho say to her?

STEP 3 CHUNK SPEAKING

Chunk List

담화문에 등장한 핵심 chunk입니다. 다섯 번씩 소리 내어 읽고 적어 보세요.

	① ② ③ ④ ⑤		① ② ③ ④ ⑤
decide to 결정하다	☑ ☐ ☐ ☐ ☐	a new jacket 새 재킷	☐ ☐ ☐ ☐ ☐
realize that ~을 깨닫다	☐ ☐ ☐ ☐ ☐	enjoy window shopping 윈도우 쇼핑을 즐기다	☐ ☐ ☐ ☐ ☐
enter a shop 가게에 들어가다	☐ ☐ ☐ ☐ ☐	change his mind 그의 생각을 바꾸다	☐ ☐ ☐ ☐ ☐

Intonation

이번에는 영어의 느낌을 살려서 인토네이션과 강세(파랑, 분홍 글씨), 끊어 읽기(/ 한번 호흡)에 유의하여 다섯 번씩 소리 내어 읽어보세요.

M Minho decides / to buy a new jacket.

He enters a shop / and chooses one / he wants to buy.

But he realizes / that he left his wallet / on the desk / in his room.

So, he changes his mind / and decides / to enjoy

window shopping / instead.

A clerk comes to him / and asks / if she can help him.

In this situation, what would Minho say / to her?

이번에는 학습한 chunk를 활용해볼까요? 상황에 맞게 빈칸을 채워 말해보세요.

민수는 결정한다 / 새 재킷을 사기로. 그는 가게에 들어간다 / 그리고 하나를 고른다 /

Minsu ▮▮▮▮▮▮▮▮▮▮▮▮ buy a new T-shirt. He enters a shop and chooses one

그가 사고 싶어하다. 그러나 그는 깨닫는다 / 그가 돈이 없다는 것을. 그래서, 그는 그의 마음을 바꾼다 /

he wants to buy. But he realizes that he ▮▮▮▮▮▮▮▮▮▮▮. So, he ▮▮▮▮▮▮▮▮▮▮▮

그리고 둘러보기를 즐기기로 결정한다 / 대신.

and decides to enjoy ▮▮▮▮▮▮▮▮▮▮ instead.

점원이 그에게 온다 / 그리고 묻는다 / 그녀가 그를 도울 수 있는지.

A clerk comes to him and asks if she can help him.

이런 상황에서, 민수는 무엇을 말할까 / 그녀에게?

 In this situation, what would Minsu say to her?

Chapter 12에서 학습한 핵심 Chunk의 모음입니다. 소리 내어 다섯 번씩 읽고 빈칸에 그 의미를 적어보세요.

	① ② ③ ④ ⑤
middle school student	☑ ☐ ☐ ☐ ☐
I want to be	☐ ☐ ☐ ☐ ☐
I can't play it well	☐ ☐ ☐ ☐ ☐
What can I do?	☐ ☐ ☐ ☐ ☐
a lot of mistakes	☐ ☐ ☐ ☐ ☐
I enjoy ~	☐ ☐ ☐ ☐ ☐
enter the classroom	☐ ☐ ☐ ☐ ☐
What would you say	☐ ☐ ☐ ☐ ☐
in both hands	☐ ☐ ☐ ☐ ☐
pass by you	☐ ☐ ☐ ☐ ☐
At that moment	☐ ☐ ☐ ☐ ☐
hold a bag	☐ ☐ ☐ ☐ ☐
What are you doing~?	☐ ☐ ☐ ☐ ☐
feed the squirrels	☐ ☐ ☐ ☐ ☐
I see	☐ ☐ ☐ ☐ ☐
keep that in mind	☐ ☐ ☐ ☐ ☐
bed sheet	☐ ☐ ☐ ☐ ☐
near her home	☐ ☐ ☐ ☐ ☐
get home	☐ ☐ ☐ ☐ ☐
in the middle	☐ ☐ ☐ ☐ ☐
in this situation	☐ ☐ ☐ ☐ ☐
mid-term exam	☐ ☐ ☐ ☐ ☐
empty seat	☐ ☐ ☐ ☐ ☐
look around	☐ ☐ ☐ ☐ ☐
make sure	☐ ☐ ☐ ☐ ☐
school auditorium	☐ ☐ ☐ ☐ ☐
found a seat	☐ ☐ ☐ ☐ ☐
decide to	☐ ☐ ☐ ☐ ☐
a new jacket	☐ ☐ ☐ ☐ ☐
realize that	☐ ☐ ☐ ☐ ☐
enjoy window shopping	☐ ☐ ☐ ☐ ☐
enter a shop	☐ ☐ ☐ ☐ ☐
change his mind	☐ ☐ ☐ ☐ ☐

녹음 대본 및 청크 해석

Mission Question 01

Minsu, what are you doing?
민수, 너 뭐하니?

I'm looking for / my cell phone. I can't find it / anywhere.
나는 찾고 있어 / 내 휴대폰을. 나는 그것을 못 찾겠어 / 어디에서도.

Okay. Let me help you. Where did you put it?
알겠어. 내가 너를 도와줄게. 그것을 어디에 뒀니?

I remember / I put it / next to the radio.
나는 기억해 / 내가 그것을 뒀다고 / 라디오 옆에.

Did you look / behind the radio?
너는 봤니 / 라디오 뒤를?

Of course / I did, / but I'll check again.
물론이지 / 봤어. / 하지만 다시 한 번 확인해볼게.

Mission Question 02

What's the date today?
오늘 며칠이니?

It's September 17th.
9월 17일이야.

You know what? It'll be / Mi-na's birthday soon.
너 그거 아니? / 곧 미나의 생일이야.

Really? I didn't know that.
정말? 난 그것을 몰랐어.

What should we get Mi-na / for her birthday?
우리는 무엇을 미나에게 주지 / 그녀의 생일 때?

How about / a book?
어때 / 책은?

That's boring.
그건 지루해.

Then let's make / a special cake for her.
그럼 만들어주자 / 그녀에게 특별한 케이크를.

That's a good idea.
좋은 생각이야.

Mission Question 03

Can I borrow / your calculator? I should / finish my math homework.
내가 빌릴 수 있니? / 너의 계산기를? 나는 ~해야 해 / 내 수학숙제를 끝내다.

Sorry, / mine doesn't work. Why don't you / use your computer?
미안 / 내거 고장 났어. ~하지 그래 / 네 컴퓨터를 사용?

It's at home. I should / finish my homework / right now.
집에 있어. 나는 ~해야 해 / 내 숙제를 끝내다 / 바로 지금.

You could use / your fingers.
너는 사용할 수 있어 / 네 손가락을.

Are you kidding? The numbers are too big.
농담하니? 숫자가 너무 커.

Then / you can use / your cell phone. Most cell phones have / a calculator.
그럼 / 너는 사용할 수 있어 / 너의 휴대폰을. 대부분의 폰은 가지고 있어 / 계산기를.

You're right! I forgot / about that. Thanks.
네가 맞아! 나는 잊고 있었어 / 그것을. 고마워.

Mission Question 04

I'm thinking of / an animal. Guess / what animal it is.
나는 생각하고 있어 / 동물을. 추측해봐 / 어떤 동물일지.

Okay. Does it live / on land?
알겠어. 그것은 사니 / 땅에?

No, it lives / in the sea / but it is not a fish.
아니. 그것은 살아 / 바다에서 / 하지만 물고기는 아니야.

Is it a penguin?
그것은 펭귄이야?

No. It's / one of the biggest animals / in the world.
아니. 이것은 / 가장 큰 동물중 하나다 / 세계에서.

Mission Question 05

Our job is / to design our class year book cover.
우리의 일은 ~이다 / 학급문집 표지를 디자인하는 것.

How about / putting the title / on the top center?
~는 어때 / 제목을 두다 / 윗부분 가운데?

It's quite common, you know.
그건 평범하잖아, 너도 알다시피.

Well, / we can make it / a little different, like placing it / in the very middle.
음. / 우리는 만들 수 있어 / 조금 다르게 / 두는 것처럼 / 완전 정 가운데에.

Then / we won't have space / for our picture.
그럼 / 우리는 공간이 없어 / 우리 사진을 위한.

We can use the picture / as a background.
우린 사용할 수 있어 사진을 / 배경으로.

Oh, that's a good idea. Then / what kind of picture / do you like?
오, 좋은 생각이야. 그럼 / 어떤 종류의 사진이 / 좋은데?

Hmm. What about / using the school picture?
음. ~는 어때 / 학교 사진을 사용하는 것?

Well, it's for our class, so I think / it's better / to use our class picture.
음. 이건 우리 반을 위한 거니깐, 나는 생각해 / 낫다고 / 우리 반 사진을 사용하는 것이.

Great. / Let's go for it !
좋아 / 그렇게 하자!

Mission Question 06

Hello, shoppers! We're looking for / a boy. His name is / David Rogers. He was lost / in the clothing section. He's wearing / a T-shirt and black shorts. He's also wearing / a white baseball cap. If you find him, /please / take him / to the information desk / near the main exit. Thank you.

안녕하세요, 고객님! 저희는 찾고 있습니다 / 소년을. 그의 이름은 / David Rogers 입니다. 그는 길을 잃었습니다 / 의류 구역에서. 그는 입고 있습니다 / 티셔츠와 검정색 반바지를. 그는 또 입고 있습니다 / 하얀 야구 모자를. 만약 그를 찾으시면 / 부탁입니다 / 그를 데리고 오세요 / 안내데스크로 / 중앙 출구 근처의. 감사합니다.

Chapter 02 특정 정보(할 일) 찾기 I

Mission Question 01

Hello.
안녕

Hello. May I speak to / Sam?
안녕. 말할 수 있을까 / 샘에게?

Speaking.
나야.

Hi, Sam. This is Judy. Can you come / to my birthday party?
안녕 샘. 나는 주디야. 너는 올 수 있니 / 내 생일파티에?

When is / your birthday?
네 생일이 언젠데?

It's the third Saturday / of this month.
세 번째 토요일이야 / 이번 달.

Oh, it's next Saturday! That's great.
오, 다음 주 토요일이네! 좋아.

Mission Question 02

How was / your weekend?
어땠어 / 너의 주말은?

Great. I saw / 'Spiderman III'.
좋았어. 나는 봤어 / 스파이더맨 3을.

Really? How was it?
정말? 어땠어?

It was / very interesting. What did you do?
그것은 / 정말 재미있었어. 너는 뭐했니?

I moved / to a new house / last Saturday.
나는 이사했어 / 새로운 집으로 / 지난 토요일에.

I had to work / all weekend.
나는 일해야 했어 / 주말 내내.

How's / your new place?
어때? / 너의 새로운 집은?

I like it / very much.
나는 마음에 들어 / 매우.

Mission Question 03

Let me introduce / your new teacher, Laura. She is / from the United States. She came to Korea / two years ago. Her favorite sport / is tennis. She will / teach you American culture. You can / e-mail her / if you have any questions.

소개할게요 / 여러분의 새로운 선생님, 로라를. 그녀는 / 미국에서 왔어요. 그녀는 한국에 왔어요 / 2년 전에. 그녀가 가장 좋아하는 운동은 / 테니스예요. 그녀는 가르칠 거예요 / 미국문화를. 여러분은 ~할 수 있어요 / 그녀에게 이메일을 보내다 / 질문이 있다면.

Good morning. This is Rina Kang. It has been so warm / throughout the country. However, there will be some changes / in weather today. Seoul is still going to be / sunny and warm. Daejeon will be the same. But in Gangneung and Gyeongju, / it will be very cloudy. If you are in Jeju, you should / have an umbrella ready.

좋은 아침입니다. 리나 강입니다. 매우 따뜻했습니다 / 전국적으로. 하지만, 약간의 변화가 있을 것입니다 / 오늘 날씨는. 서울은 여전히 ~일 것입니다 / 화창하고 따뜻한. 대전도 같을 것입니다. 하지만 강릉과 경주에는 / 매우 구름이 많을 겁니다. 당신이 제주에 있다면, 당신은 ~해야 합니다 / 우산을 준비하기.

Mission Question 05

Look! There's / the Statue of Liberty / across the water!
봐! 저기 있어 / 자유의 여신상이 / 물 건너에!

Wow! It's really wonderful.
와우! 정말 환상적이야.

It sure is. I read / in our guidebook / that it's 151 feet tall.
정말 그래. 나는 읽었어 / 우리 가이드북에서 / 그것이 151피트 높이라고.

That's pretty tall. How can we get to / Liberty Island?
그건 꽤 높구나. 우리 어떻게 가지 / 자유의 섬에?

We have to / take a ferry.
우리는 ~해야만 해 / 여객선을 타다.

Okay. Let's go.
좋아 가자.

Mission Question 06

Minho, are you going to / your hometown / for Chuseok?
민호, 너는 ~ 에 갈 거니 / 너의 고향 / 추석에?

No. I have only three days off / from Friday to Sunday, and I heard / it is going to / rain heavily.
아니. 나는 3일만 쉬어 / 금요일부터 일요일까지, 그리고 나는 들었어 / ~할 것이라고 / 비가 심하게 오다.

Rain for all three days?
3일 내내 비가 내린다고?

No, the weather will be fine / on Friday.
아니, 날씨는 괜찮아 질거야 / 금요일에.

It will be windy and rainy / on Chuseok, which falls on Saturday / this year.
바람이 불고 비가 올 거야 / 추석에, 토요일이 되는 / 올해.

I'm going to drive / to Daegu, but I don't drive well / when it's rainy or foggy.
나는 운전할 거야 / 대구로, 하지만 나는 운전을 잘 못해 / 비가 오거나 안개가 꼈을 때.

When will you come back?
언제 돌아올 거야?

Sunday afternoon.
일요일 오후.

You don't have to / worry about it. On Sunday / it will just be cloudy.
너는 ~할 필요가 없어 / 그것에 대해 걱정하다. 일요일에 / 단지 흐릴 거야.

Chapter 03 특정 정보(할 일) 찾기 II

Mission Question 01

Can you swim, Nancy?
너 수영할 수 있니, 사라?

Yes, I can.
응. 난 할 수 있어.

Well, would you like / to go swimming today?
그럼, ~할래 / 오늘 수영하러가다?

Sorry, I don't feel like / swimming today.
미안. 기분이 아니야 / 수영하기에 오늘은.

What would you like / to do, then?
무엇을 원해 / 하기를, 그럼?

Why don't we / play tennis?
~하는 게 어때 / 테니스치기?

Tennis sounds great. Let's go.
테니스 좋아. 가자.

Mission Question 02

Why are you cleaning / the classroom / alone?
왜 청소하고 있어 / 교실을 / 혼자서?

My teacher / told me to / because I didn't do / my homework.
우리 선생님이 / 시키셨어 / 왜냐하면 내가 안 해서 / 내 숙제를.

Do you want / some help?
원하니 / 도움을?

No, thanks. Hey, do you want / to go to the library / with me / this afternoon?
아니, 괜찮아. 야, ~너는 원하니 / 도서관에 가는 것 / 나와 같이 / 오늘 오후에?

Sure. I'll / wait for you.
물론. 나는 ~할 거야 / 너를 기다리다.

Mission Question 03

Susan, are you free / this afternoon?
수잔, 너 시간 있니 / 오늘 오후에?

I don't have any plans. Why?
계획 없어. 왜?

How about / playing tennis / with me?
~하는 건 어때? 테니스 치는 것 / 나와 같이

It's too hot / outside.
너무 더워 / 밖은.

You're right. Let's go / to a swimming pool.
맞아. 가자 / 수영장에.

I'm sorry, I don't feel like it. I stayed up late / last night.
미안, 그럴 기분 아니야. 늦게 까지 깨어있었어 / 어제 밤에.

You should / get some rest, then.
너는 ~해야 해 / 휴식을 취하다. 그럼.

Yeah, I think / I'd better / take a nap / after lunch.
응, 나는 생각해 / 좋을 것 같아 / 낮잠 자는 게 / 점심 이후.

Mission Question 04

Where are you going, Sue?
너는 어디에 가고 있니, 수?

I'm going to / the school auditorium.
나는 ~에 가고 있다 / 학교 강당.

As you know, the school festival is coming up.
너도 알듯이, 학교 축제가 오고 있다.

Oh, right. You are / a member of the drama club.
오, 맞아. 너는 ~이다 / 연극부 회원.

Yes, I will / be in a play / this year. So, I have to / practice / every day.
그래, 나는 연극 공연을 할 것이다 / 올해. 그래서, 나는 ~해야 한다 / 연습하다 / 매일.

What is the title / of this year's play?
제목이 뭐니 / 올해의 연극의?

Snow White. I play / the role of the princess.
백설공주. 나는 연기한다 / 공주 역할을.

Oh, do you mind / if I help you / practice? I love that play.
오, 너는 ~해도 괜찮겠니 / 내가 너를 돕다 / 연습하는 것? 나는 그 연극을 좋아한다.

I can be / your partner, / the prince.
나는 ~이 될 수 있다 / 너의 파트너, / 왕자.

Sure. That will be / a great help.
물론. 그것은 ~될 것이다 / 큰 도움.

Mission Question 05

Oh, no. They only have tickets / for after 5 p.m.
오, 안돼. 그들은 티켓을 단지 가지고 있어 / 오후 5시 이후의.

What time is it now?
지금 몇 시니?

It's only two o'clock.
지금 겨우 2시야.

Do you still want to / see the movie?
너는 여전히 ~하고 싶어 / 그 영화를 보다?

Of course.
물론이지.

What do you want to do / for three hours?
넌 무엇을 하고 싶니 / 3시간 동안?

How about / going shopping?
~는 어떨까 / 쇼핑을 가는 것은?

My father's birthday is / just around the corner.
내 아빠의 생일은 ~이다 / 거의 눈앞에 다가온.

It would be nice / if you could help me / find some gifts.
멋질 거야 / 만약 네가 날 도와줄 수 있다면 / 선물을 찾는 것을.

Okay. But first, let's buy the tickets.
알았어. 하지만 먼저, 티켓을 사자.

Mission Question 06

Hi, Jerry. Where are you going?
안녕, 제리. 어디에 가고 있니?

I'm going to / the library / to study for the exam.
나는 ~에 가고 있어 / 도서관 / 시험공부하려고.

Then, can I ask you a favor?
그러면, 너에게 부탁을 해도 되니?

Sure. What is it?
물론. 그게 뭐니?

Can you return this book / for me? I have to / go to the dentist.
이 책을 반납해 줄 수 있니 / 날 위해? 나는 ～해야 해 / 치과에 가다.

Okay. No problem.
좋아. 문제없어.

Chapter 04 내용 일치 판단

Mission Question 01

There are many things / we can do / to keep our environment clean. First, we should / save energy. Turn off the light / when you leave the room. Second, we should / recycle paper, cans and bottles. Finally, we can / take buses or subways / instead of cars.

많은 것들이 있다 / 우리가 할 수 있는 / 자연을 깨끗하게 하는. 처음으로, 에너지를 아껴야 한다. / 불을 꺼라 / 방을 나갈 때. 두 번째로, 우리는 종이, 캔과 병을 재활용 해야한다. 마지막으로 우리는 버스나 지하철을 탈 수 있다 / 차 대신에.

Mission Question 02

I'm looking for / a shirt.
나는 찾고 있어요 / 셔츠를.

Come this way please. Here are / blue, black and gray ones.
이쪽으로 오세요. 여기 ～있어요 / 파란색, 까만색 그리고 회색 셔츠가.

What color / do you want?
무슨 색을 / 원하세요?

The blue one, please.
파란색으로 주세요.

What size / do you want?
어떤 사이즈를 / 원하세요?

Large, please. How much is it?
라지 사이즈요. 얼마에요?

$40.
40달러요.

Mission Question 03

Can I / see you again / next Friday, Suji?
내가 당신을 다시 볼 수 있을까요 / 다음 토요일에, 수지씨?

I'm sorry, but I'm going / to China / next week.
미안해요, 그렇지만 나는 중국에 가요 / 다음 주 토요일에.

Why are you going / to China? To see the Beijing Olympics?
당신은 왜 중국에 가나요? 보기 위해 / 베이징 올림픽을?

You're right. I'm leaving / on August 7th.
당신이 맞아요. 나는 떠납니다 / 8월 7일에.

Wow, that'll be / a good experience for you.
와, 그건 좋은 경험이 될 거예요 / 당신에게.

Yeah. I don't know / much about Chinese culture and history yet, but I'll learn more / on this trip.
네. 나는 몰라요 / 중국 문화에 대해 많이 / 그리고 역사에 대해 아직, 나는 더 배울 거예요 / 이 여행에서.

Mission Question 04

Can I talk to you / for a minute?
너하고 얘기 할 수 있니 / 잠시 동안

Sure. What is it?
물론. 무슨 일이니?

I came to Korea / last year, but I am still not good at / Korean.
나는 한국에 왔다 / 작년에. 하지만 나는 여전히 ～에 능숙하지 않다 / 한국어.

Do you have time / to teach me Korean?
너는 시간이 있니 / 나에게 한국어를 가르쳐 줄?

What do you mean? Your Korean is fine.
무슨 뜻이니? 너의 한국어는 훌륭하다.

I think / some people make fun of me / when I speak Korean.
나는 생각한다 / 몇 명의 사람들이 나를 놀린다 / 내가 한국어를 말할 때.

This makes me very nervous, and I have problems / making Korean friends here.
이것이 나를 매우 초조하게 한다. 그리고 나는 문제가 있다 / 여기서 한국인 친구들을 만드는 것에.

Mission Question 05

Do you have / any plans / for tomorrow?
너는 가지고 있니 / 어떤 계획들을 / 내일을 위한?

Well, I'm going to be / really busy / all day.
음, 나는 ~일 것이다 / 정말 바쁜 / 하루 종일.

What are you going to do?
너는 무엇을 할 거니?

First, my mom asked me / to help her / clean the house / in the morning, and then I have / a dentist appointment / at 11:30.
우선, 엄마가 나에게 요구했다 / 그녀를 도울 것을 / 집을 청소하다 / 아침에, 그리고 나서 나는 ~가 있다 / 치과 예약 / 11시 30분에.

After that, I need to / meet Jennifer / at 3 / to help her / with her science homework.
그 후에, 나는 ~할 필요가 있다 / 제니퍼를 만나다 / 3시에 / 그녀를 돕다 / 그녀의 과학 숙제 하는 것.

Wow, you are really going to be / busy.
와, 너는 정말 ~일 것이다 / 바쁜.

That's not all. I also have to / practice the piano.
그것이 전부가 아니다. 나는 또한 ~해야 한다 / 피아노를 연습하다.

Well, do you think / you'll have time / in the evening / to play some online computer games?
음, 너는 생각하니 / 네가 시간이 있을 것이다 / 저녁에 / 온라인 게임들을 하는 것?

That would be great, but my computer is broken.
그것은 좋을 것이다, 하지만 내 컴퓨터는 고장 났다.

Oh, no!
오, 안 돼!

Mission Question 06

Hana Airlines. How may I help you?
하나 항공사입니다. 어떻게 도와드릴까요?

I'd like to / book a flight / from Busan to Tokyo.
나는 ~하고 싶어요 / 비행을 예약하다 / 부산에서 도쿄까지.

Would that be / one-way or round-trip?
그것은 ~일 까요 / 편도 또는 왕복?

Round-trip, please.
왕복으로 부탁 드립니다.

When would you like to / leave?
당신은 언제 ~하고 싶나요 / 떠나다?

I want to / leave this Friday / and return next Sunday.
나는 ~하기를 원해요 / 이번 금요일에 떠나다 / 그리고 다음 일요일에 돌아오다.

Which class / would you like?
어떤 등급을 / 당신은 원하나요?

Economy class, please.
보통석으로 부탁드립니다.

Chapter 05 수치 정보 파악

Mission Question 01

That shirt / looks nice. How much is it?
저 셔츠가 / 좋아 보이네요. 얼마입니까?

It's on sale. It was $18, but now it's only $15.
그것은 세일 중이에요. 그것은 18달러였지만, 지금은 15달러예요.

Do you have / one in size 10?
당신은 가지고 있습니까 / 10 사이즈의 것을?

Sure. Here you are.
물론이죠. 여기 있습니다.

Great! I'll take it.
좋아요! 그것을 살게요.

Mission Question 02

Hello. This is ABC Computer. How can I help you?
안녕하세요. ABC 컴퓨터입니다. 어떻게 도와드릴까요?

My computer / is not working. Can you send / someone to check it?
제 컴퓨터가 / 작동하지 않습니다. 보내줄 수 있나요 / 그것을 점검할 사람을?

I can come / this afternoon. What is a good time for you?
제가 갈 수 있습니다 / 오늘 오후에. 언제가 적당한 시간입니까 / 당신에게?

Can you come / at two?
2시에 올 수 있습니까?

Sorry. I have appointments / from one thirty to three.
미안합니다. 저는 약속이 있습니다 / 1시 30분부터 3시까지.

How about / three thirty?
어떻습니까 / 3시 30분은?

That's good. See you then.
괜찮습니다. 그 때 봅시다.

Mission Question 03

🗨 Kate, can I borrow / some money?
케이트, 내가 빌릴 수 있니 / 조금의 돈을?

🗨 What for?
무엇 때문에?

🗨 I want / a soda, but I don't have / enough money.
나는 탄산을 마시고 싶지만 / 가지고 있지 않아 / 충분한 돈을.

🗨 Okay. How much / do you need?
알았어. 얼마나 / 필요하니?

🗨 I have / one dollar, but a soda costs / one fifty.
나는 가지고 있어 / 1달러를, 하지만 탄산은 1달러 50센트야.

🗨 Okay. Here's / fifty cents.
알았어. 여기 있어 / 50센트.

Mission Question 04

🗨 May I help you?
도와드릴까요?

🗨 Yes, please. I'm looking for / a digital camera / for my son.
네, 부탁드립니다. 저는 찾고 있습니다 / 디지털 카메라를 / 내 아들을 위해.

🗨 What type of / digital camera / does he want?
어떤 종류의 / 디지털 카메라를 / 그는 원하나요?

🗨 My son wants / a slim one.
내 아들은 원합니다 / 얇은 것을.

🗨 Then how about / this model?
그러면 어떻습니까 / 이 모델이?

🗨 It looks good. How much is it?
좋아 보이네요. 얼마입니까?

🗨 It was $400, but it's / on sale / now / for 10% off.
그것은 400달러 였습니다, 하지만 그것은 / 세일 중입니다 / 지금 / 10%.

🗨 Oh, is it? I'll take it.
오, 그렇습니까? 이걸로 하겠습니다.

Mission Question 05

🗨 May I help you?
도와드릴까요?

🗨 I'd like to / borrow these books.

🗨 Can you show me / your library card?
저에게 보여줄 수 있나요 / 당신의 도서관 카드를?

🗨 Here it is. Can I keep the books / for a month?
여기 있습니다. 제가 이 책들을 가지고 있어도 되나요 / 한 달 동안?

🗨 I'm afraid not.
죄송하지만 안 됩니다.

🗨 How long / can I have them for?
얼마나 오래 / 그것들을 가지고 있을 수 있나요?

🗨 For two weeks. If you want them longer, just call the library / and you can keep them / for one more week.
2주 동안요. 만약 당신이 더 오래 가지고 있기 원하시면, 도서관에 전화하세요 / 그럼 빌릴 수 있어요 / 그것들을 / 일주일 더.

Mission Question 06

🗨 When did you come to / Korea?
너는 언제 왔니 / 한국에?

🗨 I came here / on the first day of July.
나는 여기에 왔어 / 7월 첫 날에.

🗨 What is / your impression of Korea?
무엇이니 / 한국에 대한 너의 인상?

🗨 It is very beautiful / and the people are really nice.
그것은 매우 아름다워 / 그리고 사람들은 매우 좋아.

🗨 How much longer / will you stay?
얼마나 더 오래 / 너는 머무를 거니?

🗨 I was thinking of / staying for twenty days, but my friend's birthday is on July 25th.
나는 생각하고 있었어 / 20일 동안 머무를 것을, 하지만 내 친구의 생일이 7월 25일이야.

So, I won't leave / until the end of this month.
그래서, 나는 떠나지 않을 거야 / 이 달 말까지.

🗨 You mean / you will stay here / until July 31st?
너는 의미하니 / 네가 여기에 머무를 것이라고 / 7월 31일까지?

🗨 Yes. I'll leave the next day.
응. 나는 그 다음날 떠날 거야.

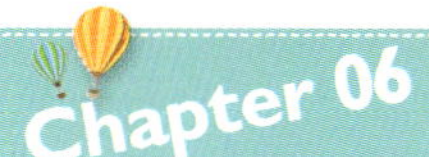

Chapter 06　주제·요지 추론

Mission Question 01

Hello, everybody! Welcome to / S-Mart. We're having / a special sale / in our food corner. Fifty percent off! You can buy / all fruits and vegetables / at half price.

안녕, 여러분! 환영해요 / S-Mart에 온 것을. 우리는 하고 있어요 / 특별한 세일을 / 음식 코너에서. 50% 할인! 여러분은 살 수 있어요 / 모든 과일과 채소를 / 반값에.

Mission Question 02

Attention all shoppers! We're looking for / a woman's bag. It's small, blue / and made of leather. If you find this bag, please bring it / to the information center / on the second floor. Thank you.

집중해주세요, 모든 쇼핑객들! 우리는 찾고 있습니다 / 여성의 가방을. 그건 작고, 파란색입니다 / 그리고 깃털로 만들어졌어요. 만약에 당신이 찾으면, 이 가방을 가져와주세요 / 안내데스크에 / 이층에 있는. 감사합니다.

Mission Question 03

Do you know / the teacher / over there? He looks / really scary.

너 아니 / 선생님을 / 저기에 있는? 그는 보인다 / 매우 무섭게.

No, he is not.

아니, 그는 아니야.

How do you know?

어떻게 알아?

He is / my homeroom teacher. He is / really kind / to students.

그는 / 나의 담임선생님이야. 그는 / 매우 친절해 / 학생들에게.

Oh! Is he?

오! 그가?

Yes. Many students / like him.

응. 많은 학생들이 / 그를 좋아해.

Mission Question 04

Please / have a seat, Mrs. Brown.

부디 / 앉으세요, 브라운 부인.

Thank you.

감사합니다.

How's Amy doing / at home?

에이미는 어떻게 지내나요 / 집에서?

She seems to be / doing fine. Is she in trouble?

그녀는 ~인 것처럼 보입니다 / 잘 지내는 것. 그녀에게 문제가 있나요?

Well, she's very shy / and doesn't get along well / with other classmates.

음. 그녀는 매우 수줍어해요 / 그리고 잘 지내지 못해요 / 다른 급우들과.

I didn't know that.

나는 그것을 알지 못했어요.

She's also having trouble / focusing on her studies.

그녀는 또한 문제가 있습니다 / 그녀의 공부에 집중하는 것에.

That's why / her scores are getting lower.

그것이 ~하는 이유입니다 / 그녀의 성적이 내려가는.

What should I do / with her?

제가 무엇을 해야 하나요 / 그녀와?

Why don't you / take her / to a counselor? She can get some help.

~하시는 게 어떨까요 / 그녀를 ~데리고 가다 / 상담전문가에게? 그녀는 약간의 도움을 받을 수 있습니다.

Mission Question 05

Mom, is there anything / to eat? I'm starving.

엄마, 어떤 것이 있어요 / 먹을? 저 배고파요.

There's / some chicken soup / but you don't like that. Dinner will be ready / soon.

있다 / 조금의 치킨 스프가 / 하지만 너는 그걸 좋아하지 않는다. 저녁이 곧 준비가 될 거다.

Can't you wait / a little?

기다릴 수 없니 / 조금만?

I can't wait / another minute. I'll try / some chicken soup.

저는 기다릴 수 없어요 / 1분도. 저는 먹어볼게요 / 치킨 수프를 조금.

Sure. Here you go.

그래. 여기 있다.

Oh, it's delicious. I think / I do like chicken soup.

오, 그것은 맛있어요. ~인 것 같아요 / 나도 치킨 수프를 좋아하는 것.

May I have some more?

제가 조금 더 먹어도 되요?

Here you are. You remind me / of the old saying / that when you are hungry, everything tastes delicious.

여기 있다. 너는 나에게 ~을 생각나게 하는 구나 / 오래된 격언을 / 네가 배가 고플 때는 모든 것이 맛있다.

Some of my friends drink coffee. They say / it helps them / stay awake / when they are studying, / but I don't agree with them. We should not drink coffee / because it makes us jittery / and we will have trouble studying. I think / more sleep and no coffee is / a better way to study.

나의 몇몇 친구들이 커피를 마신다. 그들은 말한다 / 그것이 도와준다 / 그들을 깨어있게 / 그들이 공부할 때, / 하지만 나는 그들에게 동의하지 않는다 / 우리는 커피를 마시면 안 된다 / 왜냐하면 그것은 우리를 신경질적으로 만든다 / 그리고 우리가 공부하는 데 어려움이 있을 것이다. 나는 생각한다 / 더 많은 잠과 커피를 마시지 않는 것이 / 더 나은 공부 방법이다.

Chapter 07 직업 · 장소 추론

Mission Question 01

Do you like / your job?
당신은 좋아합니까 / 당신의 직업을?

Sure. Sometimes / it's very dangerous though. It's not easy / to put out a big fire, but I feel happy / when I save people's lives.

물론. 가끔 / 비록 그것이 매우 위험하긴 하지만. 쉽지 않다 / 큰 불을 끄는 것이. 하지만 나는 행복을 느낀다 / 내가 사람들의 생명을 구할 때.

Did you want to be / a fire fighter / when you were young?
당신은 ~가 되길 원했나 / 소방관이 / 당신이 어렸을 때?

No, I didn't. I wanted to be / a soccer player. But one day, I saw / a fire fighter helping people, so I changed my mind.
아니, 안 그랬다. 나는 ~가 되고 싶었다 / 축구선수. 하지만 어느 날, 나는 보았다 / 한 소방관이 사람들을 돕는 것을, 그래서 나의 마음을 바꾸었다.

Mission Question 02

How can I help you?
어떻게 도와드릴까요?

I left my bag / on the train. Do you have it here?
나는 내 가방을 두었어요 / 기차에. 여기에 그것이 있습니까?

Let me check. What does it look like?
확인해볼게요. 그것이 어떻게 생겼습니까?

It is red / and has a flower print.
그것은 빨간색입니다 / 그리고 꽃무늬가 있습니다.

Is this your bag?
이것이 당신의 가방입니까?

Yes. That's mine. Thank you.
네. 그것이 나의 것입니다. 고맙습니다.

You're welcome.
천만에요.

Mission Question 03

It's very quiet / in the mall today.
매우 조용하다 / 오늘 쇼핑몰 안이.

Everybody is probably / at the beach.
모두들 아마 있을 것이다 / 해변에.

You're right. It's summer time.
네가 옳아. 여름이야.

Are you enjoying / your summer vacation?
너는 즐기고 있니 / 너의 여름방학을?

No, I was sick / last week.
아니, 나 아팠어 / 지난주에.

I'm sorry / to hear that. Oh, what do you think / of this swimsuit?
유감이야 / 그 소식을 들어서. 오, 너는 어떻게 생각해 / 이 수영복에 대해서?

It looks nice, but it's too expensive.
좋아 보여. 하지만 그건 너무 비싸.

Mission Question 04

I'd like to / rent these two movies. How much / do I owe you?
나는 ~하고 싶어요. / 이 2개의 DVD를 빌리다. 얼마를 / 내가 당신에게 내야 하죠?

2,000 won. What's your / phone number?
2000원입니다. 당신의 ~은 무엇입니까 / 휴대전화 번호?

736-9842. Aren't they 500 won / each?
736-9842. 500원 아닌가요 / 각각?

No. The old movies are 500 won, but the new ones are 1,000 won.
아니오. 오래된 영화들은 500원입니다. 그러나 새 영화는 1000원입니다.

Oh, I see. Here you are. When should I return these?
오, 알겠어요. 여기요. 언제 이것들을 반납해야 하나요?

By Friday / or there will be a late fee.
금요일까지 / 아니면 연체료가 있을 거예요.

Hi, everybody. Today / we will learn / how to use / a word processor.
안녕하세요, 여러분. 오늘 / 우리는 배울 거예요 / 어떻게 사용하는지 / 워드프로세서를.

Please / turn on your computers / first. Can you see / the Hangeul icon?
~해주세요 / 당신의 컴퓨터를 켜다 / 먼저. 볼 수 있나요 / 한글 아이콘을?

Uh-oh, hold on / please. I cannot find it! Where is it?
어, 기다리다 / ~해주세요. 그것을 못 찾겠어요! 그것이 어디에 있죠?

Don't worry. Click the start menu / and find the Hangeul program.
걱정마세요. 시작메뉴를 누르세요 / 그리고 한글프로그램을 찾으세요.

OK. Let me see.
네. 제가 볼게요.

Did you find it?
찾으셨어요?

Oh, I'm sorry. Could you show me / where it is?
오, 미안해요. 보여줄 수 있나요 / 그것이 어디에 있는지?

Sure. Let me show you.
물론이죠. 제가 보여드릴게요.

Mission Question 06

Steve, you are getting better / everyday.
스티브, 너는 나아지고 있다 / 매일.

Thanks.
고마워.

Do you want to be / a soccer player?
너는 ~가 되고 싶니 / 축구선수가?

No, I play soccer / just for fun. I'm planning to / study medical science / in college.
아니, 나는 축구를 한다 / 단지 재미로. 나는 계획하고 있다 / 의학을 공부하다 / 대학에서.

I'd like to be / a doctor. / What about you?
나는 ~가 되고 싶다 / 의사. / 너는 어떻니?

I'm interested in / math. I want to be / a math teacher.
나는 ~에 관심이 있다 / 수학에. 나는 ~가 되고 싶다 / 수학선생님이.

Now / I understand / why you're so good / with numbers.
이제 / 나는 이해한다 / 왜 그렇게 네가 뛰어난지 / 수에 관련해서.

Chapter 08 심정 · 요청 추론

Mission Question 01

Hi, Tom. How are you?
안녕, 톰. 어떻게 지내?

Not so good.
별로 좋지 않아.

What's wrong?
뭐가 문제야?

You know / I have an English speech contest / tomorrow. I am very nervous.
알다시피 / 나는 영어말하기 대회에 나간다 / 내일. 난 매우 긴장된다.

Don't worry. I know / you practiced / a lot.
걱정하지마. 난 알고 있다 / 네가 연습했다는 것을 / 많이.

But this is my first time. I haven't had / a chance to speak / in front of / many people
하지만 이번이 처음이야. 난 가져본 적이 없었어 / 말할 기회를 / 앞에서 / 많은 사람들.

Don't worry. You'll be fine.
걱정마. 넌 잘 할 거야.

Mission Question 02

How's / your new apartment?
어때 / 너의 새 아파트가?

At first, I liked it, but not any more.
처음엔, 난 그것을 좋아했어, 하지만 더 이상은 아니야.

Why? Arc there any problems?
왜? 거기에 문제라도 있니?

I can't sleep / because the kids upstairs / are running around / every night.
나는 잘 수가 없어 / 왜냐하면 위층의 아이들이 / 뛰어다녀서 / 매일 밤마다.

That's terrible. Do they make / a lot of noise?
끔찍하구나. 그들이 만드니 / 많은 소음을?

Yes.
응.

Did you tell them / about it?
그들에게 말해보았니 / 그것에 관해서?

Yes, I did, but they didn't stop!
응, 했어, 하지만 그들은 멈추지 않았어!

Mission Question 03

Did you have a nice weekend?
좋은 주말 보냈니?

Yes. I volunteered / at a fire station.
응. 난 자원봉사를 했어 / 소방서에서.

What did you do / there?
넌 무엇을 했니 / 거기서?

I washed the fire truck / and learned / how to use the fire hose.
난 소방차를 씻었어 / 그리고 배웠어 / 소방용 호스를 어떻게 사용하는지.

That sounds difficult.
그거 참 어려울 것 같아.

It was. I am tired now, but I'm proud of myself.
그랬어. 난 지금 피곤해, 하지만 난 내 자신이 자랑스러워.

Mission Question 04

Did you see / the Seoul International Marathon / yesterday?
너는 보았니 / 서울국제마라톤을 / 어제?

No, I didn't. I usually / get up late / on Sundays, / so I missed it.
아니, 안 봤어. 난 보통 / 늦게 일어나 / 일요일에, / 그래서 그것을 놓쳤어.

Yi Bong-ju / took first place / in the race.
이봉주가 / 일등을 했어 / 경주에서.

That's amazing / for a thirty-eight year old man.
그것 참 놀라운 일이야 / 38세 나이의 남자에게는.

It's because / he trains hard / all the time.
그건 왜냐하면 ~때문이다 / 그가 열심히 훈련했다 / 항상.

Oh, I wish / I had seen it.
오, 나는 소망한다 / 내가 그것을 보았었기를.

Mission Question 05

Andy was sitting / in a chair / looking around / the room. After a while, / the dentist came in / and sat down / next to him. She asked Andy / to open his mouth. She looked very kind, / so Andy thought / it would not hurt much. However, / as soon as / the dentist pushed something / into his mouth, / he nearly jumped / out of his seat. He held on tightly / to the arms of the chair / and kept his eyes closed.

앤디는 앉아있는 중이었다 / 의자에 / 둘러보면서 / 방을. 잠시 후, / 치과의사가 들어왔다 / 그리고 앉았다 / 그의 옆에. 그녀가 앤디에게 부탁했다 / 그의 입을 열라고. 그녀는 매우 친절해 보였다. / 그래서 앤디는 생각했다 / 많이 아프지 않을 것이라고. 그러나, / ~하자마자 / 치과의사가 무언가를 넣자 / 그의 입에 / 그는 거의 뛰쳐나올 뻔 했다. 그의 좌석을 / 그는 꽉 붙잡았다 / 의자의 팔을 / 그리고 그의 눈을 감은채로 있었다.

Mission Question 06

Hi. Where are you headed?
안녕. 넌 어디로 가고 있니?

To the library. / I'm in a hurry. / It will close / in 20 minutes.
도서관으로. / 난 지금 급해. / 그것은 닫을거야 / 20분후에.

What for?
무엇 때문에?

I have to / return this book / by today.
난 ~해야해 / 이 책을 돌려주다 / 오늘까지.

I'll give you a ride. / I think / you can make it / then.
내가 너를 태워다줄게. / 내 생각에 / 네가 해낼 수 있을 것 같아 / 그러면.

Chapter 09 목적 · 이유 추론

Mission Question 01

Hello?
여보세요?

Hello, this is Mike. May I speak to / Jane, please?
여보세요, 마이크입니다. 내가 통화할 수 있을까요 / Jane과?

Hi, Mike. It's me, Jane. What's up?
안녕, 마이크. 나야 제인. 무슨 일이야?

My mother bought / a cell phone for me / yesterday.
우리 엄마가 사 주셨어 / 나에게 핸드폰을 / 어제.

Can you tell me / how to download music?
말해줄 수 있니 / 어떻게 음악을 다운로드하는지?

Sorry, but I'm taking / a piano lesson now.
미안, 하지만 나는 받고 있어 / 지금 피아노 레슨을.

Can I call you back / after I finish the lesson?
내가 다시 전화해도 되겠니 / 내 레슨이 끝나면?

No problem!
괜찮아!

Mission Question 02

What happened / to your leg?
어떻게 된 거야 / 다리가?

I fell over / while playing soccer.
내가 넘어졌어 / 축구를 하는 중에.

Again? You had your leg broken / a few months ago, didn't you?
또? 너 다리 부러졌잖아 / 몇 달 전에도, 그렇지 않니?

Yes, it's my second time.
응. 이제 두 번째야.

Maybe / you should try / another sport / like swimming.
아마도 / 너는 해야겠어 / 다른 스포츠를 / 수영 같은.

Mission Question 03

Mike, you look serious. What are you doing?
마이크, 너 심각해보여. 뭐하고 있니?

I'm writing / a letter / to Jane.
나는 쓰고 있어 / 편지를 / 제인에게.

But you just talked to her / on the phone.
하지만 너 방금 그녀와 얘기했잖아 / 전화로.

I know. I wasn't very nice to her.
알아. 나는 그녀에게 잘하지 못했어.

What did you do?
뭐를 어쨌기에?

I said / her new hair style / looked funny.
나는 말했어 / 그녀의 새로운 헤어스타일이 / 웃겨 보인다고.

She must have been upset.
그녀는 틀림없이 짜증났을 거야.

Yes. So I want to say / I'm sorry.
응. 그래서 나는 말하고 싶어 / 내가 미안하다고.

Mission Question 04

Hello. This is Magic Customer Service. My name is Mark. How can I help you?
여보세요. 매직 고객 서비스입니다. 제 이름은 마크입니다. 어떻게 도와드릴까요?

Hello. I'm having a problem / with my new washing machine.
여보세요. 나는 문제가 있어요 / 나의 새로운 세탁기에.

It's making / a lot of funny noises.
그것은 만들고 있어요 / 많은 웃긴 소음들.

Can you please send someone over / to fix the problem?
당신은 누군가를 보내줄 수 있나요 / 그 문제를 고치기 위해서?

Sure, we can come / by tomorrow. When will you be at home?
물론입니다. 우리는 갈 수 있어요 / 내일까지. 언제 집에 있으실 건가요?

I'll be at home / around 6 o'clock.
나는 집에 있을 거예요 / 6시쯤.

What's your address?
주소가 어떻게 되세요?

I live / at 2508 Washington Street.
나는 삽니다 / 2508 워싱턴 가에.

Great. We'll be there tomorrow / at six. See you then.
좋아요. 저희는 내일 그곳에 있을 겁니다 / 6시에. 그 때 봅시다.

Thank you.
감사합니다.

Mission Question 05

Do you know / anything about computers?
너는 ~아니 / 컴퓨터에 관한 어떤 것을?

I know / a little. What's up?
나는 알아 / 조금. 무슨 일이니?

My friend sent me an e-mail / with an attachment, but I can't open the file.
내 친구가 이메일을 나에게 보냈어 / 첨부파일과 함께, 하지만 나는 그 파일을 열 수 없어.

Let me take a look. Oh, it's an audio file.
내가 한 번 볼게. 오, 그것은 음성 파일이야.

Oh, really? What should I do?
오, 정말? 내가 무엇을 해야 하니?

You need to / download a media player / to open this file.
너는 ~할 필요가 있어 / 미디어 플레이어를 다운로드하다 / 이 파일을 열기 위해서.

I can show you / how to do it.
나는 너에게 보여줄 수 있어 / 그것을 어떻게 하는지.

Mission Question 06

Hi, I'd like to / get a refund / for this bag.
안녕하세요, 나는 ~하기를 원합니다 / 환불받다 / 이 가방을.

Okay. Do you have a receipt?
좋아요. 당신은 영수증을 가지고 있나요?

Sure. Here it is.
물론입니다. 여기에 있습니다.

Your receipt says / that you bought this / over a month ago.
당신의 영수증에 적혀있네요 / 당신이 이것을 샀다는 것 / 한 달 이상 전에.

That's right. Is there a problem?
맞아요. 문제가 있나요?

Yes. We can only / give you a refund / within 30 days.
네. 우리는 단지 할 수 있어요 / 당신에게 환불하다 / 30일 이내에.

What? I've never used it / and the price tag is still on.
뭐라구요? 나는 그것을 절대 사용하지 않았습니다 / 그리고 가격표는 여전히 달려 있습니다.

I'm sorry, there's nothing / I can do, sir.
죄송합니다. 아무것도 없습니다 / 제가 할 수 있다. 손님.

That's our store policy.
그것이 우리 가게 규정입니다.

Chapter 10 그림 상황 파악

Mission Question 01

①
Can I try this on?
제가 이걸 입어봐도 될까요?

Sure. This way, please.
물론이죠. 이쪽으로 오세요.

②
May I help you?
도와드릴까요?

I'm just looking around.
그냥 둘러보는 중이에요.

③
May I have your passport, please?
여권 좀 보여주실래요?

Yes, here you are.
네, 여기 있어요.

④
Are you ready to order?
주문하시겠어요?

Just a minute, please.
잠시만요.

Mission Question 02

①
Two students / are going / to the library.
두 명의 학생은 / 갈 것이다 / 도서관에.

②
Two students / are talking on the phone.
두 명의 학생은 / 통화 중이다.

③
Two students / are reading a book.
두 명의 학생은 / 책을 읽고 있다.

④
Two students / are taking care of / a baby.
두 명의 학생이 / 돌보고 있다 / 아기를.

Mission Question 03

①
How can I help you?
무엇을 도와드릴까요?

I want / to send this package / to London.
난 원해요 / 이 소포를 보내기를 / 런던에.

②
How / do you want / me to cut your hair?
어떻게 / 원하세요 / 제가 당신의 머리를 자르기를.

I'd like / to have my hair cut short.
전 ~하고 싶어요 / 제 머리를 짧게 자르고.

③
There is a hair / in my sandwich.
머리카락이 있어요 / 제 샌드위치 안에.

I'm terribly sorry. I'll get you a new one.
정말 죄송합니다. 새 걸로 가져다 드릴게요.

④
How would you like / your steak?
어떻게 해 드릴까요 / 스테이크를?

Medium, please.
중간 정도로 구워주세요.

Mission Question 04

①
Can I help you?
도와드릴까요?

Yes, I'm looking for / a blouse.
네, 나는 찾고 있어요. / 블라우스를.

②
What are you doing / now?
너는 무엇을 하고 있니 / 지금?

I'm / washing the dishes.
나는 ~이다 / 설거지를 하고 있는.

③
I got a poor grade / in English.
나는 형편없는 점수를 받았다 / 영어에서.

Cheer up. You'll do better / next time.
힘내. 너는 더 잘 할 것이다 / 다음에.

④
I've lost some weight.
나는 약간의 몸무게를 뺐다.

Good for you.
잘했다.

⑤
I broke my arm.
내 팔이 부러졌다.

What happened?
무슨 일이 있었니?

Mission Question 05

①
How much / is the fee?
얼마 / 요금은 ~입니까?

It's five dollars / for an adult.
그것은 5달러입니다 / 어른은.

②
Where can I find / travel books?
내가 어디서 찾을 수 있나요 / 여행 책들을?

They're / on the next shelf.
그것들은 ~에 있어요 / 다음 선반에.

③
May I help you?
도와드릴까요?

I'd like to / send this package / to Canada.
나는 ~하고 싶어요 / 이 소포를 보내다 / 캐나다로.

④
What's the purpose / of your visit?
목적이 무엇이죠 / 당신의 방문의?

I'm here / on holiday.
나는 여기에 왔어요 / 휴가로.

⑤
How often / should I take this medicine?
얼마나 자주 / 나는 이 약을 먹어야 하나요?

Three times a day / after meals.
하루에 3번 / 식후에

Mission Question 06

①
What is your favorite hobby?
네가 가장 좋아하는 취미가 뭐니?

I love swimming.
나는 수영하는 것을 좋아해.

②
Can I try on / this shirt?
나는 입어 볼 수 있나요 / 이 셔츠를?

Sure, go ahead.
물론이죠, 입어보세요.

③
Does this bus / go to City Hall?
이 버스는 ~하나요 / 시청까지 가다?

No, you should / take bus number 301.
아니오, 당신은 ~해야 합니다 / 301번 버스를 타다.

④
How would you like to pay?
당신은 어떻게 지불하고 싶나요?

I'll pay / with cash.
나는 지불할 것입니다 / 현금으로.

⑤
Excuse me, is there a restroom / nearby?
실례합니다. 화장실이 있나요 / 근처에?

Yes, it's just around the corner.
네, 그것은 모퉁이 지나서 바로 있습니다.

Chapter 11  마지막 말에 이어질 응답 추론

Mission Question 01

What are you doing?
무엇을 하고 있니?

I'm listening to music. I've just bought / 'Big Bang's new CD.
나는 음악을 듣고 있어. 나는 방금 샀어 / 빅뱅의 새 CD를.

Really? I love / their music. What do you think of / their new songs?
정말? 나는 좋아해 / 그들의 음악을. 너는 어떻게 생각해 / 그들의 새로운 노래를?

They are great.
그것들은 정말 멋져.

I knew it! Can I / borrow it / later?
그럴 줄 알았어! 내가 할 수 있니 / 그것을 빌리다 / 나중에?

Mission Question 02

Can I / borrow your camera / this weekend?
내가 ~해도 될까 / 너의 카메라를 빌리다 / 이번 주말에?

I'm afraid you can't. It's broken.
그럴 수 없을 꺼 같아. 고장 났어.

What happened?
어떻게 되었는데?

I dropped it / while I was riding my bike.
나는 그것을 떨어뜨렸어 / 내가 자전거를 타는 동안.

Mission Question 03

Hi, Alice. How are you / and your brother doing?
안녕, Alice. 어떻게 지내니 / 그리고 너의 동생은?

I'm fine, but my brother is / in the hospital.
나는 괜찮아. 그런데 나의 동생은 / 병원에 있어.

Why? What happened to him?
왜? 그에게 무슨 일이 있었어?

He broke his arm.
그는 팔이 부러졌어.

Really? Did he / have a car accident?
정말? 했니 / 차 사고가 나다?

No. He fell down / while riding his bike.
아니. 그는 넘어졌어 / 자전거를 타는 동안에.

Mission Question 04

What are you doing, Steve?
너 뭐하니, 스티브?

I'm picking up / some trash. People don't care about / the environment / these days.
나는 줍고 있어 / 쓰레기를. 사람들은 ~을 신경 쓰지 않아 / 환경을 / 요즘에는.

They're just destroying / the environment.
그들은 그저 파괴하고 있어 / 환경을.

Right. I recycle / and ride my bike / instead of driving.
맞아. 나는 재활용해 / 그리고 자전거를 타 / 운전하는 대신에.

Good for you! We need to / do more / to save the earth.
그거 좋은데! 우리 ~할 필요가 있어 / 더 많은 것을 하다 / 지구를 지키기 위해서.

What else / do you do?
그것 말고 / 너는 무엇을 하니?

Mission Question 05

So, how did the test go?
그래서 시험은 어떻게 되었니?

I don't want to talk / about it. I don't think / I'm going to pass.
말하고 싶지 않아 / 그것에 대해. 나는 생각하지 않아 / 내가 통과할 것이라고.

Really? Tell me / what happened.

정말? 나에게 말해줘 / 무슨 일이 일어났는지.

I was ten minutes late / because / there was / a car accident, so I didn't have / enough time / to finish the exam.
나는 십 분 늦었어. / 왜냐하면 / ~가 있었다 / 교통사고. / 그래서 나는 없었어 / 충분한 시간 / 시험을 마치기 위한.

Mission Question 06

Hello.
안녕하세요.

Hello. This is Speed Delivery Service. We have a package / for you.
안녕하세요. Speed Delivery 서비스입니다. 소포가 있습니다 / 당신에게.

Is it okay / if I visit your office / this afternoon?
괜찮은가요 / 만약 내가 당신의 사무실을 방문한다면 / 오늘 오후에?

What time / will you be coming?
몇 시에 / 오실건가요?

I will be coming / around 3.
나는 올 거예요 / 3시쯤에.

Oh, I'll be at a meeting. / Can you come / at 2?
오, 나는 회의를 하고 있을 거예요. 오실 수 있나요 / 2시에?

I'm sorry I can't. / I have a delivery / downtown at that time.
죄송하지만 그럴 수 없습니다. / 나는 배달이 있습니다 / 그 시간에 시내에서.

Then, how about / 6 this evening?
그럼, ~는 어떤가요 / 오늘 저녁 6시?

Chapter 12 상황에 적절한 말 추론

Mission Question 01

I'm a middle school student. I enjoy music / very much / and I like / to play the violin. I want to be / a violinist like Sarah Chang. I play the violin / every day, but I can't play it well. I make / a lot of mistakes. What can I do?

나는 중학교 학생이다. 나는 음악을 즐긴다 / 아주 많이 / 그리고 나는 좋아한다 / 바이올린 연주하는 것을. 나는 되고 싶다 / 사라 장과 같은 바이올리니스트가. 나는 바이올린을 연주한다 / 매일. 하지만 나는 잘 연주하지 못한다. 나는 한다 / 많은 실수를. 나는 무엇을 할 수 있겠는가?

Mission Question 02

You want / to enter the classroom, but the door is closed. You are holding a bag / and some books in both hands. At that moment, a student is passing by you. What would you say / to the student?

너는 원한다 / 교실을 들어가기를. 하지만 문이 닫혀있다. 너는 가방을 잡고 있다 / 그리고 책 몇 권을 양손에. 이 순간에, 한 학생이 너를 지나간다. 너는 그 학생에게 무엇이라 말 할 것인가?

Mission Question 03

Hey, what are you doing / over there?
어이, 너 무엇을 하니 / 거기에서?

I'm feeding / the squirrels.
나는 먹이를 주고 있어 / 다람쥐들에게.

You shouldn't do that! Can't you see / the sign over there?
너는 그것을 하면 안 돼! 너는 볼 수 없니 / 저기 표지판을?

I'm terribly sorry! I didn't see that.
정말 미안해! 나는 그것을 보지 못했어.

Giving animals / something to eat / can be harmful.
동물들에게 주는 것은 / 먹을 무엇을 / 해로울 수 있어.

Oh, I see. I'll keep that in mind.
오, 알겠어. 기억할게.

Mission Question 04

The other day, Sally bought some bed sheets / at a small store / near her home. But when she got home / and examined the sheets, Sally was shocked. One of them had a big hole / in the middle / and the others were very dirty. Sally was very angry / and went back immediately to complain. In this situation, what would Sally most likely say / to the salesperson?

어느 날, 샐리는 침대 시트를 샀다 / 작은 가게에서 / 그녀의 집 가까이에 있는. 그러나 그녀가 집에 갔을 때 / 시트를 점검했을 때, 샐리는 놀랐다. 그것들 중 하나가 큰 구멍이 있었다 / 중간에 / 그리고 다른 것들은 매우 더러웠다. 샐리는 매우 화났다 / 그리고 불평하기 위해 바로 돌아갔다. 이러한 상황에서, 샐리는 뭐라고 말할까 / 점원에게?

Mission Question 05

Peter went to the library / to prepare / for his mid-term exam. There were / so many people / that he couldn't find an empty seat. After he looked around the library / for five minutes, he finally found a seat / next to a girl. Peter wanted / to make sure / that there was no one / in that seat. In this situation, what would Peter say / to her?

피터는 도서관에 갔다 / ~를 준비하기 위하여 / 그의 중간고사를. 그곳엔 ~이 있었다 / 많은 사람들 / 그래서 그는 빈자리를 찾을 수 없었다. 도서관을 돌아본 뒤 / 5분 동안, 그는 마침내 자리를 찾았다 / 여자아이 옆에. 피터는 확인하고 싶었다 / 아무도 없다는 것을 / 그 자리에. 이러한 상황에서, 피터가 뭐라고 말할까 / 그녀에게?

Mission Question 06

Minho decides / to buy a new jacket. He enters a shop / and chooses one / he wants to buy. But he realizes / that he left his wallet / on the desk / in his room. So, he changes his mind / and decides / to enjoy window shopping / instead. A clerk comes to him / and asks / if she can help him. In this situation, what would Minho say / to her?

민호는 결정한다 / 새로운 자켓을 사기로. 그는 가게에 들어간다 / 그리고 하나를 고른다 / 그가 사고 싶은. 그러나 그는 깨닫는다 / 지갑을 두고 왔다는 것을 / 책상 위에 / 그의 방에. 그래서 그는 그의 마음을 바꾼다 / 그리고 결정한다 / 윈도우 쇼핑을 즐기기로 / 대신. 점원이 그에게 다가간다 / 그리고 묻는다 / 그녀가 도울 것이 있는지. 이러한 상황에서, 민호는 뭐라고 할까 / 그녀에게?

하루 20분
영어 낭독 훈련 시리즈로
영어 체질 만들기!

영어 낭독 훈련에 답이 있다

박광희 저 | 신국판 | 236쪽, 별책 부록 40쪽
(MP3 음원 다운로드) | 13,000원

영어를 외국어로 배우는 한국적 환경에서 원어민과의 대화에 곧장 내몰리는 것은 '잘못된 스피킹 교육'이다. 주니어 영어 교육 현장에서 다양한 교육 노하우를 쌓아온 저자는 영어 낭독 훈련으로 '스피킹 기본기'부터 쌓아야 비로소 영어를 '언어'로 체득할 수 있다고 말한다. 영어 낭독 훈련의 방법과 그 효과를 자세히 알아보고 실천할 수 있는 확실한 가이드를 제시한다.

하루 20분 영어 낭독 훈련 실천 다이어리

박광희 · 캐나다 교사 영낭훈 연구팀 저 | 신국판 변형 | 400쪽,
MP3 CD 1장 | 18,000원

영어 교육계에 '영낭훈' 열풍을 몰고 온 책, 〈영어 낭독 훈련에 답이 있다〉의 [실천편]. 수준별 3단계로 구성되어 있어 누구나 쉽게 낭독 훈련에 도전할 수 있게 해준다. Picture Telling(사진 보고 설명하기) 20편, Tale Telling(동화 읽기) 15편, Novel Telling(소설 읽기) 15편이 각 권으로 분리되어 있어 휴대 학습이 가능하며 예쁜 삽화가 곁들여져 있어 스토리북을 읽듯 부담 없이 100일간의 영어 낭독 훈련을 완주할 수 있도록 돕고 있다.

왕초보도 달인 만드는 보보샘의
영어의 달인이 되는 시리즈

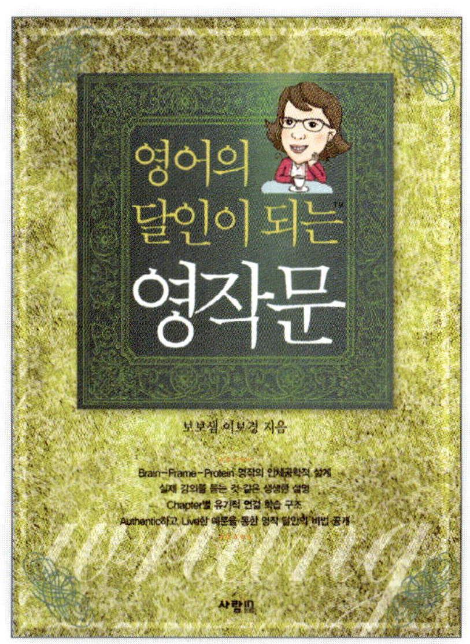

영어의 달인이 되는 영문법

이보경 저 | 4×6배판 변형 | 344쪽 | 12,800원

보보샘의 친절한 '수다'로 초보자도 쉽게 영문법의 달인으로 만들어 주는 책. 머리−뼈대−영양이라는 특화된 문법 설명으로 수준에 따라 단계적으로 학습할 수 있도록 하였다. 흥미를 유발하기 위해서 다양한 생활 속 영어 자료를 활용했고, 거미줄처럼 얽힌 단원간 연결기능으로 학습자들은 의문사항을 바로바로 확인할 수 있다.

머리, 골격, 영양으로 특화된 문법 설명 • 옆에 있는 듯 느껴지는 보보샘의 친절한 '스토리텔링' • 거미줄처럼 얽힌 챕터간 참고 기능 • 재미있고 정선된 지문을 활용하여 흥미유발 • 영문법을 한 번에 정리해주는 보보샘 비빌노트 제공 영문법의 큰 그림을 그릴 수 있는 영문법 특강 무료 제공

영어의 달인이 되는 영작문

이보경 저 | 4×6배판 변형 | 320쪽 | 14,800원

전편인 '영어의 달인이 되는 영문법과 마찬가지로 친절한 설명으로 초보자도 영작문의 달인이 되는 방법을 알려주고 있다. 머리−뼈대−영양이라는 특화된 설명 구조와 흥미를 유발할 수 있는 다양한 생활 속 영어 자료를 활용하여 학습자들이 좀 더 살아있는 영작을 배울 수 있도록 구성하였다.

Brain−Frame−Protein 영작의 인체공학적 설계 • 실제 강의를 듣는 것 같은 생생한 설명 • Chapter별 유기적 연결 학습 구조 • Authentic하고 Live한 예문을 통한 영작 달인의 비법 공개